PASSAGES FOR
UNSEEN TRANSLATION

PASSAGES FOR UNSEEN TRANSLATION

FROM LATIN AND GREEK AUTHORS

COMPILED BY

GEOFFREY GRANT MORRIS, M.A.

*Fellow of Corpus Christi College, Cambridge; formerly
Sixth Form Tutor at Sherborne School*

AND

W. R. SMALE, M.A.

Assistant Master at Radley College

CAMBRIDGE

AT THE UNIVERSITY PRESS

1923

CAMBRIDGE
UNIVERSITY PRESS

University Printing House, Cambridge CB2 8BS, United Kingdom

Cambridge University Press is part of the University of Cambridge.

It furthers the University's mission by disseminating knowledge in the pursuit of
education, learning and research at the highest international levels of excellence.

www.cambridge.org
Information on this title: www.cambridge.org/9781316612606

© Cambridge University Press 1923

First published 1923
First paperback edition 2016

A catalogue record for this publication is available from the British Library

ISBN 978-1-316-61260-6 Paperback

PREFACE

IN issuing for the use of Schools a new collection of extracts for Unseen Translation from Greek and Latin authors, we do not wish to appear in any way to be finding fault with the many admirable volumes of the same scope that have already been published. Both of us have every reason to be grateful to such works for the help afforded to us during our time as teachers; we are, however, sufficiently sensible of the love of variety and novelty naturally inherent in both teachers and taught to believe that a new collection of passages may, if not actually filling a gap, at any rate prove an attractive change. The present volume is accordingly submitted to the judgment of school-masters and college teachers.

As regards its contents, we have attempted, while keeping strictly within the limits of the Classical Period, to give as great a variety as possible, and, where an author himself embraces widely different subjects, to exhibit him in all his phases. With these ends in view, we have in Latin included extracts from Valerius Flaccus, Manilius, Seneca's Tragedies, and Petronius' poetry, and, in Greek, extracts from the Homeric Hymns, Pratinas, the Laws of Plato, Menander, Dinarchus, and Musaeus. In the case of dramatists we have in most instances avoided giving more than one selection from any one play.

The level of difficulty of the extracts is very largely uniform, and we hope that the length and arrangement of the volume will be found such that a complete training in more advanced Unseen Translation may thereby be given to a boy during his period of study in a Sixth (or corresponding) Form. We trust also that it may not be beyond the bounds of possibility for College teachers to find the book of some value in their training of undergraduate pupils. A few passages, which appear to us to be of particular difficulty, have been asterisked in the Table of Contents, and a few passages of a length noticeably shorter or greater than the normal have been included in order to meet any special circumstances.

In regard to the text of each extract, we have in each case attempted to present what was best in our own judgment. Accordingly on many occasions we have been compelled to be eclectic and to print readings derived from widely different sources. We are, however, deeply indebted for the permission to make use of their texts conveyed to us in most courteous terms by the Clarendon Press (publishers of the Oxford Classical Texts), by Messrs William Heinemann (publishers of the Loeb Classics), and by the world-famous Leipzig firm of B. G. Teubner.

To these three firms we are indebted for the main body of the text (as it stands in this volume) of extracts from the following authors:

Plautus, Terence, Cicero, Catullus, Horace, Propertius, Homer, Aeschylus, Herodotus, Euripides, Aristophanes, Thucydides, Plato, Demosthenes (in part), and Apollonius Rhodius (the Clarendon Press).

Seneca's Letters, Petronius, Quintilian, Menander, and Lucian (the Loeb Classics).

Livy, Seneca's Tragedies, Tacitus, Pliny, Demosthenes (in part), the Orators, and Aristotle (the Teubner Classics).

Should there be any other obligations beyond those

recorded above, we offer our most grateful thanks to the firm concerned.

Finally, we wish to express our most cordial sense of gratitude to the Cambridge University Press, not only for the free permission to make use of its own texts, but also for all the kindly assistance rendered to us by the members of its staff during the period of compilation. And, in particular, we cannot omit to record how indebted we are to Mr G. V. Carey, by whose advice and encouragement the production of this volume has been made possible.

G. G. M.
W. R. S.

September 1923.

CONTENTS

CONTENTS

PART II. GREEK

CONTENTS

PART I. LATIN

Titus Maccius Plautus

254—184 B.C.

Writer of Comedy

1. *An* INTERVIEW *with a prospective* FATHER-IN-LAW

Evc. heia, Megadore, hau decorum facinus tuis factis facis,
ut inopem atque innoxium aps te atque aps tuis me inrideas.
nam de te neque re neque uerbis merui uti faceres quod facis.
ME. neque edepol ego te derisum uenio neque derideo,
neque dignum arbitror. Evc. qur igitur poscis meam gna-
    tam tibi?
ME. ut propter me tibi sit melius mihique propter te et tuos.
Evc. uenit hoc mihi, Megadore, in mentem, ted esse
    hominem diuitem,
factiosum, me item esse hominem pauperum pauper-
    rumum;
nunc si filiam locassim meam tibi, in mentem uenit
te bouem esse et me esse asellum: ubi tecum coniunctus
    siem,
ubi onus nequeam ferre pariter, iaceam ego asinus in luto,
tu me bos magis hau respicias gnatus quasi numquam siem.
et te utar iniquiore et meu' me ordo inrideat,
neutrubi habeam stabile stabulum, si quid diuorti fuat:
asini me mordicibus scindant, boues incursent cornibus.
hoc magnum est periclum, ab asinis ad boues transcendere.
ME. quam ad probos propinquitate proxume te adiunxeris,

tam optumumst. tu condicionem hanc accipe, ausculta
    mihi,
atque eam desponde mi. Evc. at nihil est dotis quod dem.
    ME. ne duas.
dum modo morata recte ueniat, dotata est satis.

(Aulularia 220–239)

2. A PARASITE'S lament

miser homo est qui ipse sibi quod edit quaerit et id aegre
    inuenit,
sed ille est miserior qui et aegre quaerit et nihil inuenit;
ille miserrumust, qui quom esse cupit, tum quod edit non
    habet.
nam hercle ego huic die, si liceat, oculos ecfodiam lubens,
ita malignitate onerauit omnis mortalis mihi;
neque ieiuniosiorem neque magis ecfertum fame
uidi nec quoi minu' procedat quidquid facere occeperit,
ita uenter gutturque resident essurialis ferias.
ilicet parasiticae arti maxumam malam crucem,
ita iuuentus iam ridiculos inopesque ab se segregat.
nil morantur iam Lacones unisubselli uiros,
plagipatidas, quibu' sunt uerba sine penu et pecunia:
eos requirunt qui lubenter, quom ederint, reddant domi;
ipsi opsonant, quae parasitorum ante erat prouincia,
ipsi de foro tam aperto capite ad lenones eunt
quam in tribu sontes aperto capite condemnant reos;
neque ridiculos iam terrunci faciunt, sese omnes amant.
nam uti dudum hinc abii, accessi ad adulescentes in foro.
'saluete' inquam. 'quo imus una?' inquam: atque illi
    tacent.
'quis ait "hoc" aut quis profitetur?' inquam. quasi muti
    silent,

neque me rident. 'ubi cenamus?' inquam. atque illi abnuont.
dico unum ridiculum dictum de dictis melioribus,
quibu' solebam menstrualis epulas ante adipiscier:
nemo ridet; sciui extemplo rem de compecto geri;
ne canem quidem irritatam uoluit quisquam imitarier,
saltem, si non adriderent, dentes ut restringerent.
abeo ab illis, postquam uideo me sic ludificarier;
pergo ad alios, uenio ad alios, deinde ad alios: una res!
omnes de compecto rem agunt, quasi in Velabro olearii.

(*Captiui* 461–489)

3. *An impudent* SLAVE

PE. ubi illum quaeram gentium?
AP. dum sine me quaeras, quaeras mea caussa uel medio
    in mari.
EP. quid me quaeris? quid laboras? quid hunc sollicitas?
    ecce me.
num te fugi, num ab domo apsum, num oculis concessi tuis?

        *   *

nec tibi supplico. uincire uis? em, ostendo manus;
tu habes lora, ego te emere uidi: quid nunc cessas? conliga.
PE. ilicet! uadimonium ultro mihi hic facit. EP. quin
    conligas?
AP. edepol mancupium scelestum! EP. te profecto, Apoe-
    cides,—
nil moror mihi deprecari. AP. facile exoras, Epidice.
EP. ecquid agis? PE. tuon arbitratu? EP. meo hercle
    uero atque hau tuo
conligandae haec sunt tibi hodie. PE. at non lubet, non
    conligo.
AP. tragulam in te inicere adornat, nescioquam fabricam
    facit.

EP. tibi moram faci' quom ego solutus asto. age, inquam,
conliga.

PE. at mihi magi' lubet solutum te rogitare. EP. at nihil scies.

PE. quid ago? AP. quid agas? mos geratur. EP. frugi es
tu homo, Apoecides.

PE. cedo manus igitur. EP. morantur nihil. atque arte
conliga,

nihil uero hoc obnoxiosse. PE. facto opere arbitramino.

(*Epidicus* 678–695)

4. *A good* BARGAIN

TR. quid tibi uisum est mercimoni? TH. totus, totus
gaudeo.

TR. num nimio emptae tibi uidentur? TH. nusquam
edepol ego me scio

uidisse umquam abiectas aedis nisi modo hasce. TR. ecquid
placent?

TH. ecquid placeant me rogas? immo hercle uero per-
placent.

TR. quoiusmodi gynaeceum? quid porticum? TH. in-
sanum bonam.

non equidem ullam in publico esse maiorem hac existumo.

TR. quin ego ipse et Philolaches in publico omnis porticus

sumu' commensi. TH. quid igitur? TR. longe omnium
longissuma est.

TH. di inmortales, mercimoni lepidi! si hercle nunc ferat

sex talenta magna argenti pro istis praesentaria,

numquam accipiam. TR. si hercle accipere cupies, ego
numquam sinam.

TH. bene res nostra conlocata est istoc mercimonio.

TR. me suasore atque impulsore id factum audacter dicito,

qui subegi faenore argentum ab danista ut sumeret,

quod isti dedimus arraboni. Tн. seruauisti omnem ratem.
nempe octoginta debentur huic minae? Tʀ. hau nummo
    amplius.
Tн. hodie accipiat. Tʀ. ita enim uero, ne qua caussa
    supsiet.
uel mihi denumerato, ego illi porro denumerauero.
Tн. at enim ne quid captioni mihi sit, si dederim tibi.
Tʀ. egone te ioculo modo ausim dicto aut facto fallere?
Tн. egone aps te ausim non cauere, ni quid committam
    tibi?
Tʀ. quia tibi umquam quicquam, postquam tuo' sum,
    uerborum dedi?
Tн. ego enim caui recte: eam dis gratiam atque animo meo!
sat sapio si aps te modo uno caueo. Tʀ. tecum sentio.
Tн. nunc abi rus, dic me aduenisse filio. Tʀ. faciam ut
    iubes. *(Mostellaria* 904–928)

5. *The new* COOK

Co. habe modo bonum animum. Bᴀ. quaeso qui possum
    doce
bonum animum habere qui te ad me adducam domum?
Co. quia sorbitione faciam ego hodie te mea,
item ut Medea Peliam concoxit senem,
quem medicamento et suis uenenis dicitur
fecisse rusus ex sene adulescentulum,
item ego te faciam. Bᴀ. eho, an etiam ueneficu's?
Co. immo edepol uero hominum seruator magis. Bᴀ. ehem!
quanti istuc unum me coquinare perdoces?
Co. quid? Bᴀ. ut te seruem ne quid surrupias mihi.
Co. si credis, nummo; si non, ne mina quidem.
sed utrum tu amicis hodie an inimicis tuis
daturu's cenam? Bᴀ. pol ego amicis scilicet.

Co. quin tu illo inimicos potius quam amicos uocas?
nam ego ita conuiuis cenam conditam dabo
hodie atque ita suaui suauitate condiam:
ut quisque quidque conditum gustauerit,
ipsus sibi faciam ut digitos praerodat suos.
BA. quaeso hercle, priu' quam quoiquam conuiuae dabis,
gustato tute prius et discipulis dato,
ut praerodatis uostras furtificas manus.
Co. fortasse haec tu nunc mihi non credis quae loquor.
BA. molestus ne sis; nimium iam tinnis; tace.
em illic ego habito. intro abi et cenam coque.
propera.   (*Pseudolus* 866–891)

6. *A* PROLOGUE

qui gentis omnis mariaque et terras mouet,
eiius sum ciuis ciuitate caelitum.
ita sum ut uidetis splendens stella candida,
signum quod semper tempore exoritur suo
hic atque in caelo: nomen Arcturo est mihi.
noctu sum in caelo clarus atque inter deos,
inter mortalis ambulo interdius.
et alia signa de caelo ad terram accidunt:
qui est imperator diuom atque hominum Iuppiter,
is nos per gentis alios alia disparat
qui facta hominum moresque, pietatem et fidem
noscamus, ut quemque adiuuet opulentia.
qui falsas litis falsis testimoniis
petunt quique in iure abiurant pecuniam,
eorum referimus nomina exscripta ad Iouem;
cottidie ille scit quis hic quaerat malum:
qui hic litem apisci postulant peiiurio
mali, res falsas qui impetrant apud iudicem,

iterum ille eam rem iudicatam iudicat;
maiore multa multat quam litem auferunt.
bonos in aliis tabulis exscriptos habet.
atque hoc scelesti in animum inducunt suom,
Iouem se placare posse donis, hostiis:
et operam et sumptum perdunt; id eo fit quia
nihil ei acceptumst a peiiuris supplici.

(Rudens 1–25)

Publius Terentius Afer

195—159 B.C.

Writer of Comedy

7. *An angry* OLD MAN

DE. egon illi non suscenseam? ipsum gestio
dari mi in conspectum, nunc sua culpa ut sciat
lenem patrem illum factum me esse acerrumum.
PH. atqui nihil fecit, patrue, quod suscenseas.
DE. ecce autem similia omnia! omnes congruont:
unum quom noris omnis noris. PH. haud itast.
DE. hic in noxiast, ille ad defendendam causam adest;
quom illest, hic praestost: tradunt operas mutuas.
GE. probe horum facta inprudens depinxit senex.
DE. nam ni haec ita essent, cum illo haud stares, Phaedria.
PH. si est, patrue, culpam ut Antipho in se admiserit,
ex qua re minus rei foret aut famae temperans,
non causam dico quin quod meritus sit ferat.
sed si quis forte malitia fretus sua

insidias nostrae fecit adulescentiae
ac uicit, nostran culpa east an iudicum,
qui saepe propter inuidiam adimunt diuiti
aut propter misericordiam addunt pauperi?
GE. ni nossem causam, crederem uera hunc loqui.
DE. an quisquam iudex est qui possit noscere
tua iusta, ubi tute uerbum non respondeas,
ita ut ille fecit? PH. functus adulescentulist
officium liberalis: postquam ad iudices
uentumst, non potuit cogitata proloqui;
ita eum tum timidum subito stupefecit pudor.

(Phormio 260–284)

8. *A genial* GUARDIAN

DE. pro Iuppiter, tu homo adigis me ad insaniam!
non est flagitium facere haec adulescentulum? MI. ah,
ausculta, ne me optundas de hac re saepius:
tuom filium dedisti adoptandum mihi;
is meus est factus: si quid peccat, Demea,
mihi peccat; ego illi maxumam partem fero.
obsonat, potat, olet unguenta: de meo;
amat: dabitur a me argentum, dum erit commodum;
ubi non erit, fortasse excludetur foras.
fores ecfregit: restituentur; discidit
uestem: resarcietur; est—dis gratia—
est unde haec fiant, et adhuc non molesta sunt.
postremo aut desine aut cedo quemuis arbitrum:
te plura in hac re peccare ostendam. DE. ei mihi,
pater esse disce ab illis, qui uere sciunt.
MI. natura tu illi pater es, consiliis ego.
DE. tun consiliis quicquam? MI. ah, si pergis, abiero.
DE. sicine agis? MI. an ego totiens de eadem re audiam?

Dᴇ. curaest mihi. Mɪ. et mihi curaest. uerum, Demea,
curemus aequam uterque partem: tu alterum,
ego item alterum; nam ambos curare propemodum
reposcere illum est quem dedisti. Dᴇ. ah, Micio!
Mɪ. mihi sic uidetur. Dᴇ. quid istic? si tibi istuc placet,
profundat perdat pereat, nil ad me attinet.

(Adelphi 111–134)

Tɪᴛᴜs Lᴜᴄʀᴇᴛɪᴜs Cᴀʀᴜs

94—55 ʙ.ᴄ.

Philosophic poet

9. *The legends of* Hᴀᴅᴇs *are allegories*

atque ea nimirum quaecumque Acherunte profundo
prodita sunt esse, in uita sunt omnia nobis.
nec miser impendens magnum timet aere saxum
Tantalus, ut famast, cassa formidine torpens;
sed magis in uita diuum metus urget inanis
mortalis casumque timent quem cuique ferat fors.
nec Tityon uolucres ineunt Acherunte iacentem
nec quod sub magno scrutentur pectore quicquam
perpetuam aetatem possunt reperire profecto.
quamlibet immani proiectu corporis exstet,
qui non sola nouem dispessis iugera membris
obtineat, sed qui terrai totius orbem,
non tamen aeternum poterit perferre dolorem
nec praebere cibum proprio de corpore semper.
sed Tityos nobis hic est, in amore iacentem

quem uolucres lacerant atque exest anxius angor
aut alia quauis scindunt cuppedine curae.
Sisyphus in uita quoque nobis ante oculos est
qui petere a populo fascis saeuasque securis
imbibit et semper uictus tristisque recedit.
nam petere imperium quod inanest nec datur umquam,
atque in eo semper durum sufferre laborem,
hoc est aduerso nixantem trudere monte
saxum quod tamen e summo iam uertice rursum
uoluitur et plani raptim petit aequora campi.

(De Rerum Natura III. 978–1002)

10. LUCRETIUS *expounds the cause of sleep*

nunc quibus ille modis somnus per membra quietem
irriget atque animi curas e pectore soluat,
suauidicis potius quam multis uersibus edam;
paruus ut est cycni melior canor, ille gruum quam
clamor in aetheriis dispersus nubibus austri.
tu mihi da tenuis auris animumque sagacem,
ne fieri negites quae dicam posse retroque
uera repulsanti discedas pectore dicta,
tutemet in culpa cum sis neque cernere possis.
principio somnus fit ubi est distracta per artus
uis animae partimque foras eiecta recessit
et partim contrusa magis concessit in altum.
dissoluuntur enim tum demum membra fluuntque.
nam dubium non est, animai quin opera sit
sensus hic in nobis, quem cum sopor impedit esse,
tum nobis animam perturbatam esse putandumst
eiectamque foras; non omnem; namque iaceret
aeterno corpus perfusum frigore leti.
quippe ubi nulla latens animai pars remaneret

in membris, cinere ut multa latet obrutus ignis,
unde reconflari sensus per membra repente
posset, ut ex igni caeco consurgere flamma?

(Id. IV. 907–928)

11. DREAMS *reproduce* LIFE

et quo quisque fere studio deuinctus adhaeret
aut quibus in rebus multum sumus ante morati
atque in ea ratione fuit contenta magis mens,
in somnis eadem plerumque uidemur obire;
causidici causas agere et componere leges,
induperatores pugnare ac proelia obire,
nautae contractum cum uentis degere bellum,
nos agere hoc autem et naturam quaerere rerum
semper et inuentam patriis exponere chartis.
cetera sic studia atque artis plerumque uidentur
in somnis animos hominum frustrata tenere.
et quicumque dies multos ex ordine ludis
assiduas dederunt operas, plerumque uidemus,
cum iam destiterunt ea sensibus usurpare,
reliquas tamen esse uias in mente patentis,
qua possint eadem rerum simulacra uenire.
per multos itaque illa dies eadem obuersantur
ante oculos, etiam uigilantes ut uideantur
cernere saltantis et mollia membra mouentis
et citharae liquidum carmen chordasque loquentis
auribus accipere et consessum cernere eundem
scaenaique simul uarios splendere decores.
usque adeo magni refert studium atque uoluptas,
et quibus in rebus consuerint esse operati
non homines solum sed uero animalia cuncta.

(Id. IV. 962–986)

12. EARTH *the* MOTHER *of all things*

principio genus herbarum uiridemque nitorem
terra dedit circum collis camposque per omnis,
florida fulserunt uiridanti prata colore,
arboribusque datumst uariis exinde per auras
crescendi magnum immissis certamen habenis.
ut pluma atque pili primum saetaeque creantur
quadrupedum membris et corpore pennipotentum,
sic nova tum tellus herbas uirgultaque primum
sustulit, inde loci mortalia saecla creauit
multa modis multis uaria ratione coorta.
nam neque de caelo cecidisse animalia possunt
nec terrestria de salsis exisse lacunis.
linquitur ut merito maternum nomen adepta
terra sit, e terra quoniam sunt cuncta creata.
multaque nunc etiam exsistunt animalia terris
imbribus et calido solis concreta uapore;
quo minus est mirum si tum sunt plura coorta
et maiora, noua tellure atque aethere adulta.
principio genus alituum uariaeque uolucres
oua relinquebant exclusae tempore uerno,
folliculos ut nunc teretes aestate cicadae
linquunt sponte sua uictum uitamque petentes.
tum tibi terra dedit primum mortalia saecla.

(Id. v. 783–805)

13. EPICURUS

primae frugiparos fetus mortalibus aegris
dididerunt quondam praeclaro nomine Athenae
et recreauerunt uitam legesque rogarunt,
et primae dederunt solacia dulcia uitae,

cum genuere uirum tali cum corde repertum,
omnia ueridico qui quondam ex ore profudit;
cuius et extincti propter diuina reperta
diuolgata uetus iam ad caelum gloria fertur.
nam cum uidit hic ad uictum quae flagitat usus
omnia iam ferme mortalibus esse parata
et, proquam posset, uitam consistere tutam,
diuitiis homines et honore et laude potentis
adfluere atque bona gnatorum excellere fama,
nec minus esse domi cuiquam tamen anxia corda,
atque animi ingratis uitam uexare sine ulla
pausa atque infestis cogi saeuire querellis,
intellegit ibi uitium uas efficere ipsum
omniaque illius uitio corrumpier intus
quae collata foris et commoda cumque uenirent;
partim quod fluxum pertusumque esse uidebat,
ut nulla posset ratione explerier umquam;
partim quod taetro quasi conspurcare sapore
omnia cernebat, quaecumque receperat, intus.

(Id. VI. 1–23)

14. LUCRETIUS *explains the rising of the* NILE

Nilus in aestatem crescit campisque redundat
unicus in terris, Aegypti totius amnis.
is rigat Aegyptum medium per saepe calorem,
aut quia sunt aestate aquilones ostia contra,
anni tempore eo qui etesiae esse feruntur,
et contra fluuium flantes remorantur et undas
cogentes sursus replent coguntque manere.
nam dubio procul haec aduerso flabra feruntur
flumine, quae gelidis ab stellis axis aguntur.
ille ex aestifera parti uenit amnis ab austro,

inter nigra uirum percocto saecla colore
exoriens penitus media ab regione diei.
est quoque uti possit magnus congestus harenae
fluctibus aduersis oppilare ostia contra,
cum mare permotum uentis ruit intus harenam;
quo fit uti pacto liber minus exitus amni
et procliuis item fiat minus impetus undis.
fit quoque uti pluuiae forsan magis ad caput ei
tempore eo fiant, quod etesia flabra aquilonum
nubila coniciunt in eas tunc omnia partis.
scilicet ad mediam regionem eiecta diei
cum conuenerunt, ibi ad altos denique montis
contrusae nubes coguntur uique premuntur.
forsitan Aethiopum penitus de montibus altis
crescat, ubi in campos albas descendere ningues
tabificis subigit radiis sol omnia lustrans.

(*Id.* VI. 712–737)

GAIUS JULIUS CAESAR

102—44 B.C.

Historian

15. CURIO *rejects advice*

Curio utrumque improbans consilium, quantum alteri
sententiae deesset animi, tantum alteri superesse dicebat;
hos turpissimae fugae rationem habere, illos etiam iniquo
loco dimicandum putare. 'qua enim,' inquit, 'fiducia et
opere et natura loci munitissima castra expugnari posse
confidimus? aut uero quid proficimus, si accepto magno

detrimento ab oppugnatione castrorum discedimus? quasi
non et felicitas rerum gestarum exercitus beneuolentiam
imperatoribus et res aduersae odia concilient! castrorum
autem mutatio quid habet nisi turpem fugam et despera-
tionem omnium et alienationem exercitus? nam neque
pudentis suspicari oportet sibi parum credi neque improbos
scire sese timeri, quod illis licentiam timor augeat noster,
his studia deminuat. quod si iam,' inquit 'haec explorata
habeamus quae de exercitus alienatione dicuntur, quae
quidem ego aut omnino falsa aut certe minora opinione esse
confido, quanto haec dissimulari et occultari quam per nos
confirmari praestet? an non, uti corporis uulnera, ita
exercitus incommoda sunt tegenda, ne spem aduersariis
augeamus? at etiam ut media nocte proficiscamur addunt,
quo maiorem, credo, licentiam habeant qui peccare conentur. namque huius modi res aut pudore aut metu
tenentur, quibus rebus nox maxime aduersaria est. quare
neque tanti sum animi ut sine spe castra oppugnanda cen-
seam neque tanti timoris uti spe deficiam, atque omnia
prius experienda arbitror magnaque ex parte iam me una
uobiscum de re iudicium facturum confido.'

(De Bello Ciuili II. 31)

16. *Seditious behaviour of* CAELIUS

isdem temporibus M. Caelius Rufus praetor causa de-
bitorum suscepta initio magistratus tribunal suum iuxta
C. Treboni, praetoris urbani, sellam collocauit et, si quis
appellauisset de aestimatione et de solutionibus quae per arbitrum fierent, ut Caesar praesens constituerat, fore auxilio
pollicebatur. sed fiebat aequitate decreti et humanitate
Treboni, qui his temporibus clementer et moderate ius
dicendum existimabat, ut reperiri non possent a quibus

initium appellandi nasceretur. nam fortasse inopiam ex-
cusare et calamitatem aut propriam suam aut temporum
queri et difficultates auctionandi proponere etiam mediocris
est animi; integras uero tenere possessiones qui se debere
fateantur, cuius animi aut cuius impudentiae est? itaque
hoc qui postularet reperiebatur nemo, atque ipsis ad quorum
commodum pertinebat durior inuentus est Caelius; et ab
hoc profectus initio, ne frustra ingressus turpem causam
uideretur, legem promulgauit, ut sexenni die sine usuris
creditae pecuniae soluantur. cum resisteret Seruilius consul
reliquique magistratus et minus opinione sua efficeret, ad
hominum excitanda studia sublata priore lege duas promulgauit, unam qua mercedes habitationum annuas conduc-
toribus donauit, aliam tabularum nouarum, impetuque
multitudinis in C. Trebonium facto et non nullis uulneratis
eum de tribunali deturbauit.   (*Id.* III. 20, 21)

Marcus Tullius Cicero

106—43 B.C.

Orator, Philosopher, Rhetorician, and Letter-writer

17. *The* CORRUPTION *of the* COURTS

omnia non modo commemorabuntur, sed etiam expositis
certis rebus agentur, quae inter decem annos, posteaquam
iudicia ad senatum translata sunt, in rebus iudicandis
nefarie flagitioseque facta sunt. cognoscet ex me populus
Romanus quid sit quam ob rem, cum equester ordo iudi-

caret, annos prope quinquaginta continuos in nullo, iudices, equite Romano iudicante ne tenuissima quidem suspicio acceptae pecuniae ob rem iudicandam constituta sit; quid sit quod, iudiciis ad senatorium ordinem translatis sublataque populi Romani in unum quemque uestrum potestate, Q. Calidius damnatus dixerit minoris HS triciens praetorium hominem honeste non posse damnari; quid sit quod, P. Septimio senatore damnato Q. Hortensio praetore de pecuniis repetundis, lis aestimata sit eo nomine, quod ille ob rem iudicandam pecuniam accepisset. quid? quod in C. Herennio, quod in C. Popilio, senatoribus, qui ambo peculatus damnati sunt, quod in M. Atilio, qui de maiestate damnatus est, hoc planum factum est, eos pecuniam ob rem iudicandam accepisse, quod inuenti sunt senatores qui C. Verre praetore urbano sortiente exirent in eum reum quem incognita causa condemnarent, quod inuentus est senator qui, cum iudex esset, in eodem iudicio et ab reo pecuniam acciperet quam iudicibus diuideret, et ab accusatore ut reum condemnaret. iam uero quo modo ego illam labem ignominiam calamitatemque totius ordinis conquerar, hoc factum esse in hac ciuitate, cum senatorius ordo iudicaret, ut discoloribus signis iuratorum hominum sententiae notarentur? haec omnia me diligenter seuereque acturum esse polliceor.   (*In Verrem* i. xiii)

18. *The* ACCUSER'S *unhappy lot*

omnes qui alterum, iudices, nullis impulsi inimicitiis, nulla priuatim laesi iniuria, nullo praemio adducti in iudicium rei publicae causa uocant prouidere debent non solum quid oneris in praesentia tollant, sed quantum in omnem uitam negoti suscipere conentur. legem enim sibi ipsi dicunt innocentiae continentiae uirtutumque omnium qui

ab altero rationem uitae reposcunt, atque eo magis si id, ut
ante dixi, faciunt nulla re commoti alia nisi utilitate communi. nam qui sibi hoc sumpsit, ut corrigat mores aliorum
ac peccata reprehendat, quis huic ignoscat si qua in re ipse
ab religione offici declinarit? quapropter hoc etiam magis
ab omnibus eius modi ciuis laudandus ac diligendus est, quod
non solum ab re publica ciuem improbum remouet, uerum
etiam se ipsum eius modi fore profitetur ac praestat ut sibi
non modo communi uoluntate uirtutis atque offici, sed
etiam ui quadam magis necessaria recte sit honesteque
uiuendum. itaque hoc, iudices, ex homine clarissimo atque
eloquentissimo, L. Crasso, saepe auditum est, cum se nullius
rei tam paenitere diceret quam quod C. Carbonem umquam
in iudicium uocauisset; minus enim liberas omnium rerum
uoluntates habebat, et uitam suam pluribus quam uellet
obseruari oculis arbitrabatur. atque ille his praesidiis ingeni
fortunaeque munitus tamen hac cura continebatur, quam
sibi nondum confirmato consilio sed ineunte aetate susceperat, cum minus etiam praecipitur eorum uirtus et inte-
gritas qui ad hanc rem adulescentuli, quam qui iam firmata
aetate descendunt. illi enim, ante quam potuerunt existi-
mare quanto liberior uita sit eorum qui neminem accusarint,
gloriae causa atque ostentationis accusant: nos qui iam et
quid facere et quantum iudicare possemus ostendimus, nisi
facile cupiditates nostras teneremus, numquam ipsimet nobis
praecideremus istam licentiam libertatemque uiuendi.

(Id. II. iii. 1–3)

19. CICERO at the beginning of his CONSULSHIP

haec ego uos concupisse pro uestra stultitia atque intem-
perantia non miror, sperasse me consule adsequi posse
demiror. nam cum omnium consulum grauis in re publica

custodienda cura ac diligentia debet esse, tum eorum maxime, qui non in cunabulis, sed in campo sunt consules facti. nulli populo Romano pro me maiores mei spoponderunt; mihi creditum est; a me petere, quod debeo, me ipsum appellare debetis. quem ad modum, cum petebam, nulli me uobis auctores generis mei commendarunt, sic, si quid deliquero, nullae sunt imagines, quae me a uobis deprecentur. quare, modo mihi uita suppetat, quam ego conabor ab istorum scelere insidiisque defendere, polliceor hoc uobis, Quirites, bona fide: rem publicam uigilanti homini, non timido, diligenti, non ignauo, commisistis. ego is consul, qui contionem metuam, qui tribunum plebis perhorrescam, qui saepe et sine causa tumultuer, qui timeam, ne mihi in carcere habitandum sit, si tribunus plebis duci iusserit? ego cum uestris armis armatus sim imperio, auctoritate insignibusque amplissimis exornatus non horreo in hunc locum progredi posse uobisque auctoribus improbitati hominis resistere nec uereor, ne res publica tantis munita praesidiis ab istis uinci aut opprimi possit. si antea timuissem, tamen hac contione, hoc populo certe non uererer. quis enim umquam tam secunda contione legem agrariam suasit, quam ego dissuasi? si hoc dissuadere est ac non disturbare atque peruertere. ex quo intellegi, Quirites, potest nihil esse tam populare quam id, quod ego uobis in hunc annum consul popularis adfero, pacem, tranquillitatem, otium. (*De Lege Agraria* II. xxxvi, xxxvii)

20. *Defence of* MURENA'S *character*

saltatorem appellat L. Murenam Cato. maledictum est, si uere obicitur, uehementis accusatoris, sin falso, maledici conuiciatoris. qua re cum ista sis auctoritate, non debes,

M. Cato, adripere maledictum ex triuio aut ex scurrarum
aliquo conuicio neque temere consulem populi Romani
saltatorem uocare, sed circumspicere quibus praeterea uitiis
adfectum esse necesse sit eum cui uere istud obici possit.
nemo enim fere saltat sobrius, nisi forte insanit, neque in
solitudine neque in conuiuio moderato atque honesto.
tempestiui conuiui, amoeni loci, multarum deliciarum
comes est extrema saltatio. tu mihi adripis hoc quod
necesse est omnium uitiorum esse postremum, relinquis
illa quibus remotis hoc uitium omnino esse non potest?
nullum turpe conuiuium, non amor, non comissatio, non
libido, non sumptus ostenditur, et, cum ea non reperiantur
quae uoluptatis nomen habent quamquam uitiosa sunt,
in quo ipsam luxuriam reperire non potes, in eo te
umbram luxuriae reperturum putas? nihil igitur in uitam
L. Murenae dici potest, nihil, inquam, omnino, iudices.
sic a me consul designatus defenditur ut eius nulla fraus,
nulla auaritia, nulla perfidia, nulla crudelitas, nullum petu-
lans dictum in uita proferatur. bene habet; iacta sunt
fundamenta defensionis. nondum enim nostris laudibus,
quibus utar postea, sed prope inimicorum confessione
uirum bonum atque integrum hominem defendimus. quo
constituto facilior est mihi aditus ad contentionem digni-
tatis, quae pars altera fuit accusationis.

(Pro Murena vi, vii)

21. *Attack on* VATINIUS' *conduct as* TRIBUNE

tribunus pl. fuisti; seiunge te a consule; collegas
habuisti uiros fortis nouem. ex iis tres erant, quos tu
cotidie sciebas seruare de caelo, quos irridebas, quos priuatos
esse dicebas; de quibus duos praetextatos sedentis uides, te
aediliciam praetextam togam, quam frustra confeceras,

uendidisse, tertium scis ex illo obsesso atque adflicto tribunatu consularem auctoritatem hominem esse adulescentem consecutum. reliqui sex fuerunt, e quibus partim plane tecum sentiebant, partim medium quendam cursum tenebant; omnes habuerunt leges promulgatas, in eis multas meus necessarius, etiam de mea sententia, C. Cosconius, iudex noster, quem tu dirumperis cum aedilicium uides. uolo, uti mihi respondeas, num quis ex toto collegio legem sit ausus ferre praeter unum te; quae tanta in te fuerit audacia, quae tanta uis, ut, quod nouem tui conlegae sibi timendum esse duxerint, id unus tu emersus e caeno, omnium facile omnibus rebus infimus contemnendum, despiciendum, inridendum putares; num quem post urbem conditam scias tribunum pl. egisse cum plebe, cum constaret seruatum esse de caelo. simul etiam illud uolo uti respondeas, cum te tribuno pl. esset etiam tum in re publica lex Aelia et Fufia, quae leges saepe numero tribunicios furores debilitarunt et represserunt, quas contra praeter te nemo umquam est facere conatus (quae quidem leges anno post sedentibus in templo duobus non consulibus, sed proditoribus huius ciuitatis ac pestibus una cum auspiciis, cum intercessionibus, cum omni iure publico conflagrauerunt), ecquando dubitaris contra eas leges cum plebe agere et concilium conuocare; num quem ex omnibus tribunis pl., quicumque seditiosi fuerunt, tam audacem audieris fuisse, ut umquam contra legem Aeliam aut Fufiam concilium aduocaret. (*In Vatinium* vii)

22. CICERO *testifies to* CAELIUS' *good character*

M. uero Caelius cur in hoc iudicium uocatur? cui neque proprium quaestionis crimen obicitur nec uero aliquod eius modi quod sit a lege seiunctum, cum uestra seueritate coniunctum. cuius prima aetas disciplinae dedita fuit eisque artibus quibus instruimur ad hunc usum forensem, ad capessendam rem publicam, ad honorem, gloriam, dignitatem. eis autem fuit amicitiis maiorum natu quorum imitari industriam continentiamque maxime uellet, eis studiis aequalium ut eundem quem optimi ac nobilissimi petere cursum laudis uideretur. cum autem paulum iam roboris accessisset aetati, in Africam profectus est Q. Pompeio pro consule contubernalis, castissimo homini atque omnis offici diligentissimo; in qua prouincia cum res erant et possessiones paternae, tum etiam usus quidam prouincialis non sine causa a maioribus huic aetati tributus. decessit illinc Pompei iudicio probatissimus, ut ipsius testimonio cognoscetis. uoluit uetere instituto et eorum adulescentium exemplo qui post in ciuitate summi uiri et clarissimi ciues exstiterunt industriam suam a populo Romano ex aliqua inlustri accusatione cognosci. uellem alio potius eum cupiditas gloriae detulisset; sed abiit huius tempus querelae. accusauit C. Antonium, conlegam meum, cui misero praeclari in rem publicam benefici memoria nihil profuit, nocuit opinio malefici cogitati. postea nemini umquam concessit aequalium plus ut in foro, plus ut in negotiis uersaretur causisque amicorum, plus ut ualeret inter suos gratia. quae nisi uigilantes homines, nisi sobrii, nisi industrii consequi non possunt, omnia labore et diligentia est consecutus.   (*Pro Caelio* xxx, xxxi)

23. *The return of* Piso *from* Macedonia

habes reditum meum. confer nunc uicissim tuum, quando quidem amisso exercitu nihil incolume domum praeter os illud tuum pristinum rettulisti. qui primum qua

ueneris cum laureatis tuis lictoribus, quis scit? quos tu
Maeandros, dum omnis solitudines persequeris, quae de-
uerticula flexionesque quaesisti? quod te municipium uidit,
quis amicus inuitauit, quis hospes adspexit? nonne tibi nox
erat pro die, solitudo pro frequentia, caupona pro oppido,
non ut redire ex Macedonia nobilis imperator, sed ut
mortuus infamis referri uideretur? Romam uero ipsam, o
familiae non dicam Calpurniae, sed Caluentiae, neque huius
urbis, sed Placentini municipii, neque paterni generis, sed
bracatae cognationis dedecus! quem ad modum ingressus es?
quis tibi non dicam horum aut ciuium ceterorum, sed
tuorum legatorum obuiam uenit? mecum enim L. Flaccus,
uir tua legatione indignissimus atque iis consiliis, quibus
mecum in consulatu meo coniunctus fuit ad conseruandam
rem publicam, dignior, mecum fuit tum, cum te quidam
non longe a porta cum lictoribus errantem uisum esse
narraret; scio item uirum fortem in primis, belli ac rei
militaris peritum, familiarem meum, Q. Marcium, quorum
tu legatorum opera in proelio imperator appellatus eras,
cum longe afuisses, aduentu isto tuo domi fuisse otiosum.
sed quid ego enumero, qui tibi obuiam non uenerint? quin
dico uenisse paene neminem ne de officiosissima quidem
natione candidatorum, cum uulgo essent et illo ipso et
multis ante diebus admoniti et rogati? togulae lictoribus
ad portam praesto fuerunt; quibus illi acceptis sagula reie-
cerunt, cateruam imperatori suo nouam praebuerunt. sic
iste a tanto exercitu tantae prouinciae triennio post Mace-
donicus imperator in urbem se intulit, ut nullius nego-
tiatoris obscurissimi reditus umquam fuerit desertior.

(In Pisonem xxii, xxiii)

24. *The causes of* PLANCIUS' *success*

omnia, quae dico de Plancio, dico expertus in nobis;
sumus enim finitimi Atinatibus. laudanda est uel etiam
amanda uicinitas retinens ueterem illum officii morem non
infuscata maliuolentia, non adsueta mendaciis, non fucosa,
non fallax, non erudita artificio simulationis uel suburbano
uel etiam urbano. nemo Arpinas non Plancio studuit,
nemo Soranus, nemo Casinas, nemo Aquinas. tractus ille
celeberrimus Venafranus, Allifanus, tota denique nostra
illa aspera et montuosa et fidelis et simplex et fautrix
suorum regio se huius honore ornari, se augeri dignitate
arbitrabatur, isdemque nunc ex municipiis adsunt equites
Romani publice cum legatione testimonio nec minore nunc
sunt sollicitudine quam tum erant studio. etenim est
grauius spoliari fortunis quam non augeri dignitate. ergo,
ut alia in te erant illustriora, Laterensis, quae tibi maiores
tui reliquerant, sic te Plancius hoc non solum municipii,
uerum etiam uicinitatis genere uincebat; nisi forte te
Labicana aut Gabina aut Bouillana uicinitas adiuuabat,
quibus e municipiis uix iam, qui carnem Latinis petant,
reperiuntur. adiungamus, si uis, id, quod tu huic obesse
etiam putas, patrem publicanum; qui ordo quanto adiu-
mento sit in honore, quis nescit? flos enim equitum
Romanorum, ornamentum ciuitatis, firmamentum rei publicae publicanorum ordine continetur. quis est igitur, qui
neget ordinis eius studium fuisse in honore Planci singulare?
neque iniuria, uel quod erat pater is, qui est princeps iam
diu publicanorum, uel quod is ab sociis unice diligebatur
uel quod diligentissime rogabat uel quia pro filio suppli-
cabat, uel quod huius ipsius in illum ordinem summa officia
quaesturae tribunatusque constabant, uel quod illi in hoc

ornando ordinem se ornare et consulere liberis suis arbitra-
bantur. (*Pro Plancio* ix)

25. *The opening of the* DEFENCE *of* MILO

etsi uereor, iudices, ne turpe sit pro fortissimo uiro dicere
incipientem timere minimeque deceat, cum T. Annius ipse
magis de rei publicae salute quam de sua perturbetur, me
ad eius causam parem animi magnitudinem adferre non
posse, tamen haec noui iudici noua forma terret oculos,
qui quocumque inciderunt, ueterem consuetudinem fori et
pristinum morem iudiciorum requirunt. non enim corona
consessus uester cinctus est, ut solebat; non usitata frequentia stipati sumus; non illa praesidia, quae pro templis
omnibus cernitis, etsi contra uim conlocata sunt, non ad-
ferunt tamen oratori terroris aliquid, ut in foro et in iudicio,
quamquam praesidiis salutaribus et necessariis saepti sumus,
tamen ne non timere quidem sine aliquo timore possimus.
quae si opposita Miloni putarem, cederem tempori, iudices,
nec enim inter tantam uim armorum existimarem esse
orationi locum. sed me recreat et reficit Cn. Pompei,
sapientissimi et iustissimi uiri, consilium, qui profecto nec
iustitiae suae putaret esse, quem reum sententiis iudicum
tradidisset, eundem telis militum dedere, nec sapientiae
temeritatem concitatae multitudinis auctoritate publica
armare. quam ob rem illa arma, centuriones, cohortes non
periculum nobis, sed praesidium denuntiant, neque solum
ut quieto, sed etiam ut magno animo simus hortantur, nec
auxilium modo defensioni meae, uerum etiam silentium
pollicentur. reliqua uero multitudo, quae quidem est
ciuium, tota nostra est, nec eorum quisquam, quos undique
intuentis, unde aliqua fori pars aspici potest, et huius exitum

iudici exspectantis uidetis, non cum uirtuti Milonis fauet, tum de se, de liberis suis, de patria, de fortunis hodierno die decertari putat. (*Pro Milone* i)

26. *A tirade against* ANTONIUS

imbuti gladii sunt, patres conscripti, legionum exercituumque nostrorum uel madefacti potius duobus consulum, tertio Caesaris proelio. si hostium fuit ille sanguis, summa militum pietas: nefarium scelus, si ciuium. quo usque igitur is, qui omnis hostis scelere superauit, nomine hostis carebit? nisi mucrones etiam nostrorum militum tremere uoltis dubitantis utrum in ciue an in hoste figantur. supplicationem decernitis: hostem non appellatis. gratae uero nostrae dis immortalibus gratulationes erunt, gratae uictimae, cum interfecta sit ciuium multitudo! 'de improbis' inquit 'et audacibus.' nam sic eos appellat clarissimus uir: quae sunt urbanarum maledicta litium, non inustae belli interneciui notae. testamenta, credo, subiciunt aut eiciunt uicinos aut adulescentulos circumscribunt: his enim uitiis adfectos et talibus malos aut audacis appellare consuetudo solet. bellum inexpiabile infert quattuor consulibus unus omnium latronum teterrimus; gerit idem bellum cum senatu populoque Romano; omnibus—quamquam ruit ipse suis cladibus—pestem, uastitatem, cruciatum, tormenta denuntiat: Dolabellae ferum et immane facinus, quod nulla barbaria posset agnoscere, id suo consilio factum esse testatur; quaeque esset facturus in hac urbe, nisi eum hic ipse Iuppiter ab hoc templo atque moenibus reppulisset, declarauit in Parmensium calamitate, quos optimos uiros honestissimosque homines, maxime cum auctoritate huius ordinis populique Romani dignitate coniunctos, crudelis-

simis exemplis interemit propudium illud et portentum,
L. Antonius, insigne odium omnium hominum uel, si
etiam di oderunt quos oportet, deorum.

(Philippicae XIV. iii)

27. CICERO *writes from his province in the* EAST *to his friend* CAELIUS RUFUS

putaresne umquam accidere posse, ut mihi uerba deessent,
neque solum ista uestra oratoria, sed haec etiam leuia
nostratia? desunt autem propter hanc causam, quod miri-
fice sum sollicitus, quidnam de prouinciis decernatur.
mirum me desiderium tenet urbis, incredibile meorum
atque in primis tui, satietas autem prouinciae, uel quia uidemur eam famam consecuti, ut non tam accessio quaerenda
quam fortuna metuenda sit, uel quia totum negotium non
est dignum uiribus nostris, qui maiora onera in re publica
sustinere et possim et soleam, uel quia belli magni timor
impendet, quod uidemur effugere, si ad constitutam diem
decedemus. de pantheris per eos, qui uenari solent, agitur
mandatu meo diligenter; sed mira paucitas est, et eas, quae
sunt, ualde aiunt queri, quod nihil cuiquam insidiarum in
mea prouincia nisi sibi fiat. itaque constituisse dicuntur in
Cariam ex nostra prouincia decedere. sed tamen sedulo
fit et in primis a Patisco. quicquid erit, tibi erit, sed quid
esset plane nesciebamus. mihi me hercule magnae curae
est aedilitas tua; ipse dies me admonebat; scripsi enim haec
ipsis Megalensibus. tu uelim ad me de omni rei publicae
statu quam diligentissime perscribas; ea enim certissima
putabo, quae ex te cognoro.

(Epistulae ad Familiares II. xi)

28. CICERO *excuses himself for having left his friend* SITTIUS *so long without a* LETTER

non obliuione amicitiae nostrae neque intermissione con-
suetudinis meae superioribus temporibus ad te nullas litteras
misi, sed quod priora tempora in ruinis rei p. nostrisque
iacuerunt, posteriora autem me a scribendo tuis iniustissimis
atque acerbissimis incommodis retardarunt. cum uero et
interuallum iam satis longum fuisset et tuam uirtutem
animique magnitudinem diligentius essem mecum recor-
datus, non putaui esse alienum institutis meis haec ad te
scribere. ego te, P. Sitti, et primis temporibus illis, quibus
in inuidiam absens et in crimen uocabare, defendi et, cum
in tui familiarissimi iudicio ac periculo tuum crimen
coniungeretur, ut potui accuratissime te tuamque causam
tutatus sum et proxime recenti aduentu meo, cum rem
aliter institutam offendissem ac mihi placuisset, si adfuissem,
tamen nulla re saluti tuae defui; cumque eo tempore inuidia
annonae, inimici non solum tui, uerum etiam amicorum
tuorum, iniquitas totius iudici multaque alia rei p. uitia
plus quam causa ipsa ueritasque ualuissent, Publio tuo
neque opera neque consilio neque labore neque gratia
neque testimonio defui. quam ob rem omnibus officiis
amicitiae diligenter a me sancteque seruatis ne hoc quidem
praetermittendum esse duxi, te ut hortarer rogaremque, ut
et hominem te et uirum esse meminisses, id est ut et communem incertumque casum, quem neque uitare quisquam
nostrum nec praestare ullo pacto potest, sapienter ferres et
dolori fortiter ac fortunae resisteres cogitaresque et in nostra
ciuitate et in ceteris, quae rerum potitae sunt, multis
fortissimis atque optimis uiris iniustis iudiciis talis casus

incidisse. illud utinam ne uere scriberem, ea te re p. carere,
in qua neminem prudentem hominem res ulla delectet!

(*Id.* v. xvii. 1–3)

29. CICERO *tells* CASSIUS *how* ANTONY *is behaving in the October following* CAESAR'S *assassination*

auget tuus amicus furorem in dies. primum in statua
quam posuit in rostris inscripsit 'PARENTI OPTIME MERITO,'
ut non modo sicarii sed iam etiam parricidae iudicemini,
quid dico 'iudicemini'? iudicemur potius; uestri enim
pulcherrimi facti ille furiosus me principem dicit fuisse.
utinam quidem fuissem! molestus nobis non esset. sed hoc
uestrum est; quod quoniam praeteriit, utinam haberem
quid uobis darem consili! sed ne mihi quidem ipsi reperio
quid faciendum sit. quid enim est quod contra uim sine
ui fieri possit? consilium omne autem hoc est illorum, ut
mortem Caesaris persequantur. itaque ante diem VI Non.
Oct. productus in contionem a Cannutio turpissime ille
quidem discessit, sed tamen ea dixit de conseruatoribus
patriae quae dici deberent de proditoribus; de me quidem
non dubitanter quin omnia de meo consilio et uos fecissetis
et Cannutius faceret. cetera cuius modi sint ex hoc iudica,
quod legato tuo uiaticum eripuerunt. quid eos interpretari
putas, cum hoc faciunt? ad hostem scilicet portari. o rem
miseram! dominum ferre non potuimus, conseruo seruimus.
et tamen me quidem fauente magis quam sperante etiam
nunc residet spes in uirtute tua. sed ubi sunt copiae? de
reliquo malo te ipsum tecum loqui quam nostra dicta
cognoscere. uale. (*Id.* XII. iii)

30. Cicero's *own position in* 61 B.C.

noster autem status est hic. apud bonos iidem sumus quos reliquisti, apud sordem urbis et faecem multo melius est nunc quam reliquisti. nam et illud nobis non obest, uideri nostrum testimonium non ualuisse; missus est sanguis inuidiae sine dolore atque etiam hoc magis quod omnes illi fautores illius flagiti rem manifestam illam redemptam esse a iudicibus confitentur. accedit illud, quod illa contionalis hirudo aerari, misera ac ieiuna plebecula, me ab hoc Magno unice diligi putat, et hercule multa et iucunda consuetudine coniuncti inter nos sumus usque eo ut nostri isti comissatores coniurationis barbatuli iuvenes illum in sermonibus 'Cn. Ciceronem' appellent. itaque et ludis et gladiatoribus mirandas ἐπισημασίας sine ulla pastoricia fistula auferebamus. nunc est exspectatio comitiorum; in quae omnibus inuitis trudit noster Magnus Auli filium atque in eo neque auctoritate neque gratia pugnat sed quibus Philippus omnia castella expugnari posse dicebat, in quae modo asellus onustus auro posset ascendere. consul autem ille deterioris histrionis similis suscepisse negotium dicitur et domi diuisores habere; quod ego non credo. sed senatus consulta duo iam facta sunt odiosa, quod in consulem facta putantur, Catone et Domitio postulante, unum, ut apud magistratus inquiri liceret, alterum, cuius domi diuisores habitarent, aduersus rem publicam. Lurco autem tribunus pl., qui magistratum insimulatum lege Aelia iniit, solutus est et Aelia et Fufia ut legem de ambitu ferret, quam ille bono auspicio claudus homo promulgauit. ita comitia in a. d. vi Kal. Sext. dilata sunt. noui est in lege hoc, ut qui nummos in tribus pronuntiarit, si non dederit, impune sit, sin dederit, ut quoad uiuat singulis tribulibus HS ↀ ↀ ↀ debeat.

dixi hanc legem P. Clodium iam ante seruasse; pronuntiare enim solitum esse et non dare. sed heus tu! uidesne consulatum illum nostrum, quem Curio antea ἀποθέωσιν uocabat, si hic factus erit, fabam mimum futurum? qua re, ut opinor, φιλοσοφητέον, id quod tu facis, et istos consulatus non flocci facteon.

(*Epistulae ad Atticum* I. xvi. 11–13)

31. Cicero *gives* Atticus *the latest news of the dialogue called* DE REPUBLICA, *on which he is engaged*

nunc pergam ad cetera. Varro, de quo ad me scribis, includetur in aliquem locum, si modo erit locus. sed nosti genus dialogorum meorum. ut in oratoriis, quos tu in caelum fers, non potuit mentio fieri cuiusquam ab iis qui disputant, nisi eius qui illis notus aut auditus esset, ita hanc ego de re publica quam institui disputationem in Africani personam et Phili et Laeli et Manili contuli. adiunxi adulescentis Q. Tuberonem, P. Rutilium, duo Laeli generos, Scaeuolam et Fannium. itaque cogitabam, quoniam in singulis libris utor prohoemiis ut Aristoteles in iis quos ἐξωτερικοὺς uocat, aliquid efficere ut non sine causa istum appellarem; id quod intellego tibi placere. utinam modo conata efficere possim! rem enim, quod te non fugit, magnam complexus sum et grauem et plurimi oti, quo ego maxime egeo. quod in iis libris quos laudas personam desideras Scaeuolae, non eam temere dimoui sed feci idem quod in πολιτείᾳ deus ille noster Plato. cum in Piraeum Socrates uenisset ad Cephalum, locupletem et festiuum senem, quoad primus ille sermo habetur, adest in disputando senex, deinde cum ipse quoque commodissime locutus esset,

ad rem diuinam dicit se uelle discedere neque postea re-
uertitur. credo Platonem uix putasse satis consonum fore
si hominem id aetatis in tam longo sermone diutius re-
tinuisset. multo ego magis hoc mihi cauendum putaui in
Scaeuola, qui et aetate et ualetudine erat ea qua eum esse
meministi et iis honoribus ut uix satis decorum uideretur
eum pluris dies esse in Crassi Tusculano. et erat primi
libri sermo non alienus a Scaeuolae studiis, reliqui libri
τεχνολογίαν habent, ut scis. huic ioculatorem senem
illum, ut noras, interesse sane nolui.   (*Id.* IV. xvi. 2, 3)

32. *An interview with* POMPEY *in* 50 B.C.

Pompeium uidi IIII Idus Decembris. fuimus una horas
duas fortasse. magna laetitia mihi uisus est adfici meo
aduentu; de triumpho hortari, suscipere partis suas, monere
ne ante in senatum accederem quam rem confecissem, ne
dicendis sententiis aliquem tribunum alienarem. quid
quaeris? in hoc officio sermonis nihil potuit esse prolixius.
de re publica autem ita mecum locutus est quasi non
dubium bellum haberemus, nihil ad spem concordiae.
plane illum a se alienatum cum ante intellegeret, tum uero
proxime iudicasse. uenisse Hirtium a Caesare qui esset illi
familiarissimus, ad se non accessisse et, cum ille a. d. VIII
Idus Decembr. uesperi uenisset, Balbus de tota re con-
stituisset a. d. VII ad Scipionem ante lucem uenire, multa
de nocte eum profectum esse ad Caesarem. hoc illi τεκμη-
ριῶδες uidebatur esse alienationis. quid multa? nihil me
aliud consolatur nisi quod illum, quoi etiam inimici alterum
consulatum, fortuna summam potentiam dederit, non
arbitror fore tam amentem ut haec in discrimen adducat.
quod si ruere coeperit, ne ego multa timeo, quae non audeo

scribere. sed ut nunc est, a. d. III Nonas Ian. ad urbem
cogito.   (*Id.* VII. iv. 2, 3)

33. *More news of* POMPEY *in* 50 B.C.

quod putasti fore ut ante quam istuc uenirem Pompeium
uiderem, factum est ita; nam VI Kal. ad Lauernium me
consecutus est. una Formias uenimus et ab hora octaua ad
uesperum secreto conlocuti sumus. quod quaeris ecquae
spes pacificationis sit, quantum ex Pompei multo et accurato
sermone perspexi, ne uoluntas quidem est. sic enim
existimat, si ille uel dimisso exercitu consul factus sit,
σύγχυσιν τῆς πολιτείας fore, atque etiam putat eum, cum
audierit contra se diligenter parari, consulatum hoc anno
neglecturum ac potius exercitum prouinciamque reten-
turum. sin autem ille fureret, uehementer hominem con-
temnebat et suis et rei publicae copiis confidebat. quid
quaeris? etsi mihi crebro 'ξυνὸς Ἐνυάλιος' occurrebat,
tamen leuabar cura uirum fortem et peritum et plurimum
auctoritate ualentem audiens πολιτικῶς de pacis simulatae
periculis disserentem. habebamus autem in manibus Antoni
contionem habitam x Kal. Ianuar., in qua erat accusatio
Pompei usque a toga pura, querela de damnatis, terror
armorum. in quibus ille 'Quid censes' aiebat 'facturum esse
ipsum, si in possessionem rei publicae uenerit, cum haec
quaestor eius infirmus et inops audeat dicere?' quid multa?
non modo non expetere pacem istam sed etiam timere
uisus est. ex illa autem sententia indignitas relinquendae
urbis mouet hominem, ut puto maxime. mihi autem illud
molestissimum est, quod soluendi sunt nummi Caesari et
instrumentum triumphi eo conferendum. est enim ἄμορφον
ἀντιπολιτευομένου χρεωφειλέτην esse. sed haec et multa
alia coram.   (*Id.* VII. viii. 4, 5)

34. CICERO *tells* ATTICUS *about the second edition of his* ACADEMICA

commotus tuis litteris, quod ad me de Varrone scripseras, totam Academiam ab hominibus nobilissimis abstuli, transtuli ad nostrum sodalem et ex duobus libris contuli in quattuor. grandiores sunt omnino quam erant illi sed tamen multa detracta. tu autem mihi peruelim scribas qui intellexeris illum uelle; illud uero utique scire cupio quem intellexeris ab eo ζηλοτυπεῖσθαι nisi forte Brutum. id hercle restabat! sed tamen scire peruelim. libri quidem ita exierunt, nisi forte me communis φιλαυτία decipit, ut in tali genere ne apud Graecos quidem simile quicquam. tu illam iacturam feres aequo animo quod illa quae habes frustra descripta sunt. multo tamen haec erunt splendidiora, breuiora, meliora. nunc autem ἀπορῶ quo me uertam. uolo Dolabellae ualde desideranti; non reperio quid, et simul 'αἰδέομαι Τρῶας' neque, si aliquid, potero μέμψιν effugere. aut cessandum igitur aut aliquid excogitandum. sed quid haec leuia curamus?

Attica mea, obsecro te, quid agit? quae me ualde angit. sed crebro regusto tuas litteras; in his acquiesco. tamen exspecto nouas.

Brinni libertus coheres noster scripsit ad me uelle, si mihi placeret, coheredes se et Sabinum Albium ad me uenire. id ego plane nolo. hereditas tanti non est. et tamen obire auctionis diem facile poterunt (est enim III Idus), si me in Tusculano postridie Nonas mane conuenerint. quod si laxius uolent proferre diem, poterunt uel biduum uel triduum uel ut uidebitur; nihil enim interest. qua re nisi iam profecti sunt, retinebis homines. de Bruto, si quid egerit, de Caesare, si quid scies, si quid erit praeterea scribes.

illud etiam atque etiam consideres uelim, placeatne tibi mitti ad Varronem quod scripsimus. etsi etiam ad te aliquid pertinet. nam scito te ei dialogo adiunctum esse tertium. opinor igitur consideremus. etsi nomina iam facta sunt; sed uel induci uel mutari possunt.

(*Id.* XIII. xiii, xiv)

35. *A letter on miscellaneous* MATTERS *shortly after* CAESAR'S *assassination*

v Nonas conscendens ab hortis Cluuianis in phaselum epicopum has dedi litteras, cum Piliae nostrae uillam ad Lucrinum, uilicos, procuratores tradidissem. ipse autem eo die in Paeti nostri tyrotarichum imminebam; perpaucis diebus in Pompeianum, post in haec Puteolana et Cumana regna renauigaro. o loca ceteroqui ualde expetenda, inter-pellantium autem multitudine paene fugienda!

sed ad rem ut ueniam, o Dolabellae nostri magnam ἀριστείαν! quanta est ἀναθεώρησις! equidem laudare eum et hortari non desisto. recte tu omnibus epistulis significas quid de re, quid de uiro sentias. mihi quidem uidetur Brutus noster iam uel coronam auream per forum ferre posse. quis enim audeat laedere proposita cruce aut saxo, praesertim tantis plausibus, tanta approbatione infimorum?

nunc, mi Attice, me fac ut expedias. cupio, quom Bruto nostro adfatim satis fecerim, excurrere in Graeciam. magni interest Ciceronis uel mea potius uel me hercule utriusque me interuenire discenti. nam epistula Leonidae quam ad me misisti quid habet, quaeso, in quo magno opere laete-mur? numquam ille mihi satis laudari uidebitur cum ita laudabitur, 'quo modo nunc est.' non est fidentis hoc testimonium sed potius timentis. Herodi autem mandaram ut mihi κατὰ μίτον scriberet. a quo adhuc nulla littera est. uereor ne nihil habuerit quod mihi, cum cognossem, iucundum putaret fore.

quod ad Xenonem scripsisti, ualde mihi gratum est; nihil enim deesse Ciceroni cum ad officium tum ad existimationem meam pertinet. Flammam Flaminium audio Romae esse. ad eum scripsi me tibi mandasse per litteras ut de Montani negotio cum eo loquerere, et uelim cures epistulam quam ad eum misi reddendam et ipse, quod commodo tuo fiat, cum eo conloquare. puto, si quid in homine pudoris est, praestaturum eum ne sero cum damno dependatur. de Attica pergratum mihi fecisti quod curasti ante scirem recte esse quam non belle fuisse. (*Id.* XIV. xvi)

36. SOCRATES' *contribution to* PHILOSOPHY

tum Varro ita exorsus est: 'Socrates mihi uidetur, id quod constat inter omnis, primus a rebus occultis et ab ipsa natura inuolutis, in quibus omnes ante eum philosophi occupati fuerunt, auocauisse philosophiam et ad uitam communem adduxisse, ut de uirtutibus et uitiis omninoque de bonis rebus et malis quaereret, caelestia autem uel procul esse a nostra cognitione censeret uel, si maxime cognita essent, nihil tamen ad bene uiuendum. hic in omnibus fere sermonibus, qui ab eis qui illum audierunt perscripti uarie copioseque sunt, ita disputat ut nihil adfirmet ipse, refellat alios, nihil se scire dicat nisi id ipsum, eoque praestare ceteris, quod illi quae nesciant scire se putent, ipse se nihil scire, id unum sciat, ob eamque rem se arbitrari ab Apolline omnium sapientissimum esse dictum, quod haec esset una omnis sapientia non arbitrari sese scire quod nesciat. quae cum diceret constanter et in ea sententia permaneret, omnis

eius oratio tamen in uirtute laudanda et in hominibus ad
uirtutis studium cohortandis consumebatur, ut e Socrati-
corum libris, maximeque Platonis, intellegi potest. Platonis
autem auctoritate, qui uarius et multiplex et copiosus fuit,
una et consentiens duobus uocabulis philosophiae forma
instituta est, Academicorum et Peripateticorum, qui rebus
congruentes nominibus differebant; nam cum Speusippum,
sororis filium, Plato philosophiae quasi heredem reliquisset,
duos autem praestantissimo studio atque doctrina, Xeno-
craten Calchedonium et Aristotelen Stagiriten, qui erant
cum Aristotele Peripatetici dicti sunt, quia disputabant
inambulantes in Lycio, illi autem, qui Platonis instituto
in Academia, quod est alterum gymnasium, coetus erant et
sermones habere soliti, e loci uocabulo nomen habuerunt.

(Academica Posteriora I. 15–17)

37. THEORIES *as to what is to be* DESIRED

dicunt appetitionem animi moueri, cum aliquid ei secundum naturam esse uideatur, omniaque, quae secundum
naturam sint, aestimatione aliqua digna, eaque pro eo,
quantum in quoque sit ponderis, esse aestimanda; quaeque
secundum naturam sint, partim nihil habere in sese eius
appetitionis, de qua saepe iam diximus, quae nec honesta
nec laudabilia dicantur, partim, quae uoluptatem habeant in
omni animante, sed in homine rationem etiam: ex ea quae
sint apta, ea honesta, ea pulcra, ea laudabilia, illa autem
superiora naturalia nominantur, quae coniuncta cum honestis uitam beatam perficiunt et absoluunt. omnium
autem eorum commodorum, quibus non illi plus tribuunt,
qui illa bona esse dicunt, quam Zeno, qui negat, longe
praestantissimum esse quod honestum esset atque laudabile;

sed si duo honesta proposita sint, alterum cum ualetudine
alterum cum morbo, non esse dubium ad utrum eorum
natura nos ipsa deductura sit; sed tamen tantam uim esse
honestatis, tantumque eam rebus omnibus praestare et
excellere, ut nullis nec suppliciis nec praemiis demoueri
possit ex eo, quod rectum esse decreuerit, omniaque, quae
dura, difficilia, aduersa uideantur, ea uirtutibus iis, quibus
a natura essemus ornati, obteri posse: non faciles illas
quidem nec contemnendas—quid enim esset in uirtute
tantum?—sed ut hoc iudicaremus, non esse in his partem
maximam positam beate aut secus uiuendi. ad summam
ea, quae Zeno aestimanda et sumenda et apta naturae esse
dixit, eadem illi bona appellant; uitam autem beatam illi
eam, quae constaret ex iis rebus, quas dixi, aut plurimis aut
grauissimis. Zeno autem, quod suam, quod propriam
speciem habeat cur appetendum sit, id solum bonum
appellat, beatam autem uitam eam solam, quae cum uirtute
degatur.   (*De Finibus Bonorum et Malorum* IV. xxi.)

38. CICERO *condemns the unscrupulous* SEEKER *after* POWER

quid? qui omnia recta et honesta negligunt, dummodo
potentiam consequantur, nonne idem faciunt, quod is, qui
etiam socerum habere uoluit eum, cuius ipse audacia potens
esset? utile ei uidebatur plurimum posse alterius inuidia.
id quam iniustum in patriam, quam inutile, quam turpe
esset, non uidebat. ipse autem socer in ore semper Graecos
uersus de Phoenissis habebat, quos dicam ut potero, in-
condite fortasse, sed tamen, ut res possit intelligi:

Nam, si uiolandum est ius, regnandi gratia
Violandum est: aliis rebus pietatem colas.

capitalis Eteocles uel potius Euripides, qui id unum, quod omnium sceleratissimum fuerit, exceperit. quid igitur minuta colligimus, hereditates, mercaturas, uenditiones fraudulentas? ecce tibi, qui rex populi Romani dominusque omnium gentium esse concupiuerit idque perfecerit. hanc cupiditatem si honestam quis esse dicit, amens est: probat enim legum et libertatis interitum, earumque oppressionem tetram et detestabilem gloriosam putat. qui autem fatetur, honestum non esse in ea ciuitate, quae libera fuit quaeque esse debeat, regnare, sed ei, qui id facere possit, esse utile, qua hunc obiurgatione aut quo potius conuicio a tanto errore coner auellere? potest enim, dii immortales! cuiquam esse utile foedissimum et teterrimum parricidium patriae, quamuis is, qui se eo obstrinxerit, ab oppressis ciuibus Parens nominetur? honestate igitur dirigenda utilitas est, et quidem sic, ut haec duo uerbo inter se discrepare, re tamen unum sonare uideantur. non habeo, ad uolgi opinionem quae maior utilitas, quam regnandi, esse possit: nihil contra inutilius ei, qui id iniuste consecutus sit, inuenio, cum ad ueritatem coepi reuocare rationem.

(De Officiis III. xxi)

39. *The letter* H.

Views of CICERO, CATULLUS, *and* QUINTILIAN

(*a*) quin ego ipse, cum scirem ita maiores locutos esse, ut nusquam nisi in uocali aspiratione uterentur, loquebar sic, ut pulcros, Cetegos, triumpos, Cartaginem dicerem; aliquando, idque sero, conuicio aurium cum extorta mihi ueritas esset, usum loquendi populo concessi, scientiam mihi reseruaui.   (*Orator* XLVIII. 160)

(b)   chommoda dicebat, si quando commoda uellet
           dicere, et insidias Arrius hinsidias,
       et tum mirifice sperabat se esse locutum,
           cum quantum poterat dixerat hinsidias.
       credo, sic mater, sic Liber auunculus eius,
           sic maternus auus dixerat atque auia.
       hoc misso in Syriam requierant omnibus aures:
           audibant eadem haec leniter et leuiter,
       nec sibi postilla metuebant talia uerba,
           cum subito affertur nuntius horribilis,
       Ionios fluctus, postquam illuc Arrius isset,
           iam non Ionios esse, sed Hionios.

(Catullus lxxxiv)

(c) parcissime ea ueteres usi etiam in uocalibus, cum
aedos ircosque dicebant; diu deinde seruatum, ne conso-
nantibus aspirarent, ut in Graccis et in triumpis; erupit
breui tempore nimius usus, ut choronae, chenturiones,
praechones adhuc quibusdam in inscriptionibus maneant,
qua de re Catulli nobile epigramma est.

(Quintilian, Inst. i. v. 20)

GAIUS (?) VALERIUS CATULLUS
87—54 (?) B.C.
Poet

40. (*a*) *A vulgar* JOKER

Marrucine Asini, manu sinistra
non belle uteris in ioco atque uino:
tollis lintea neglegentiorum.
hoc salsum esse putas? fugit te, inepte:
quamuis sordida res et inuenusta est.
non credis mihi? crede Pollioni
fratri, qui tua furta uel talento
mutari uelit: est enim leporum
disertus puer ac facetiarum.
quare aut hendecasyllabos trecentos
exspecta, aut mihi linteum remitte,
quod me non mouet aestimatione,
uerum est mnemosynum mei sodalis.
nam sudaria Saetaba ex Hiberis
miserunt mihi muneri Fabullus
et Veranius: haec amem necesse est
ut Veraniolum meum et Fabullum.   (XII)

(*b*) *Rough* WEATHER

Furi, uillula nostra non ad Austri
flatus opposita est neque ad Fauoni
nec saeui Boreae aut Apheliotae,
uerum ad milia quindecim et ducentos.
o uentum horribilem atque pestilentem!   (XXVI)

41. *A bad* HABIT

Egnatius, quod candidos habet dentes,
renidet usque quaque: si ad rei uentum est
subsellium, cum orator excitat fletum,
renidet ille: si ad pii rogum fili
lugetur, orba cum flet unicum mater,
renidet ille: quidquid est, ubicumque est,
quodcumque agit, renidet: hunc habet morbum,
neque elegantem, ut arbitror, neque urbanum.
quare monendum est te mihi, bone Egnati.
si urbanus esses aut Sabinus aut Tiburs,
aut parcus Vmber aut obesus Etruscus,
aut Lanuinus ater atque dentatus,
aut Transpadanus, ut meos quoque attingam,
aut qui lubet, qui puriter lauit dentes,
tamen renidere usque quaque te nollem:
nam risu inepto res ineptior nulla est.

(XXXIX. 1–16)

42. MEMORIES *of a pleasant evening*

hesterno, Licini, die otiosi
multum lusimus in meis tabellis,
ut conuenerat esse delicatos.
scribens uersiculos uterque nostrum
ludebat numero modo hoc modo illoc,
reddens mutua per iocum atque uinum.
atque illinc abii tuo lepore
incensus, Licini, facetiisque,
ut nec me miserum cibus iuuaret,
nec somnus tegeret quiete ocellos,
sed toto indomitus furore lecto
uersarer, cupiens uidere lucem,

ut tecum loquerer, simulque ut essem.
at defessa labore membra postquam
semimortua lectulo iacebant,
hoc, iucunde, tibi poema feci,
ex quo perspiceres meum dolorem.
nunc audax caue sis, precesque nostras,
oramus, caue despuas, ocelle,
ne poenas Nemesis reposcat a te.
est uehemens dea: laedere hanc caueto.   (L)

43. ARIADNE'S *complaint, when deserted*
by THESEUS

sicine me patriis auectam, perfide, ab aris,
perfide, deserto liquisti in litore, Theseu?
sicine discedens neglecto numine diuum,
immemor a deuota domum periuria portas?
nullane res potuit crudelis flectere mentis
consilium? tibi nulla fuit clementia praesto,
immite ut nostri uellet miserescere pectus?
at non haec quondam nobis promissa dedisti
uoce: mihi non haec miserae sperare iubebas,
sed conubia laeta, sed optatos hymenaeos,
quae cuncta aerei discerpunt irrita uenti.
tum iam nulla uiro iuranti femina credat,
nulla uiri speret sermones esse fideles;
quis dum aliquid cupiens animus praegestit apisci,
nil metuunt iurare, nihil promittere parcunt:
sed simul ac cupidae mentis satiata libido est,
dicta nihil metuere, nihil periuria curant.
certe ego te in medio uersantem turbine leti
eripui, et potius germanum amittere creui,

quam tibi fallaci supremo in tempore deessem.
pro quo dilaceranda feris dabor alitibusque
praeda, neque iniacta tumulabor mortua terra.

                                        (LXIV. 132–153)

44. *A* LOVER'S *last prayer*

siqua recordanti benefacta priora uoluptas
    est homini, cum se cogitat esse pium,
nec sanctam uiolasse fidem, nec foedere in ullo
    diuum ad fallendos numine abusum homines,
multa parata manent in longa aetate, Catulle,
    ex hoc ingrato gaudia amore tibi.
nam quaecumque homines bene cuiquam aut dicere possunt
    aut facere, haec a te dictaque factaque sunt.
omnia quae ingratae perierunt credita menti.
    quare iam te cur amplius excrucies?
quin tu animo offirmas atque istinc te ipse reducis,
    et dis inuitis desinis esse miser?
difficile est longum subito deponere amorem.
    difficile est, uerum hoc qua lubet efficias:
una salus haec est, hoc est tibi peruincendum,
    hoc facias, siue id non pote siue pote.
o di, si uestrum est misereri, aut si quibus umquam
    extremam iam ipsa in morte tulistis opem,
me miserum aspicite et, si uitam puriter egi,
    eripite hanc pestem perniciemque mihi,
quae mihi surrepens imos ut torpor in artus
    expulit ex omni pectore laetitias.
non iam illud quaero, contra ut me diligat illa,
    aut, quod non potis est, esse pudica uelit:
ipse ualere opto et taetrum hunc deponere morbum.
    o di, reddite mi hoc pro pietate mea.   (LXXVI)

GAIUS SALLUSTIUS CRISPUS
86—34 B.C.
Historian

45. *Unrest and decadence in* ROME

ea tempestate mihi imperium populi Romani multo maxume miserabile uisum est. cui cum ad occasum ab ortu solis omnia domita armis parerent, domi otium atque diuitiae, quae prima mortales putant, adfluerent, fuere tamen ciues qui seque remque publicam obstinatis animis perditum irent. namque duobus senati decretis ex tanta multitudine neque praemio inductus coniurationem pate-fecerat neque ex castris Catilinae quisquam omnium dis-cesserat: tanta uis morbi ac ueluti tabes plerosque ciuium animos inuaserat. neque solum illis aliena mens erat, qui conscii coniurationis fuerant, sed omnino cuncta plebes nouarum rerum studio Catilinae incepta probabat. id adeo more suo uidebatur facere. nam semper in ciuitate quibus opes nullae sunt bonis inuident, malos extollunt, uetera odere, noua exoptant, odio suarum rerum mutari omnia student, turba atque seditionibus sine cura aluntur, quoniam egestas facile habetur sine damno. sed urbana plebes ea uero praeceps erat de multis causis. primum omnium, qui ubique probro atque petulantia maxume praestabant, item alii qui per dedecora patrimoniis amissis, postremo omnes, quos flagitium aut facinus domo expulerat, ei Romam sicut in sentinam confluxerant. deinde multi memores Sullanae uictoriae, quod ex gregariis militibus alios senatores uide-bant, alios ita diuites ut regio uictu atque cultu aetatem agerent, sibi quisque, si in armis foret, ex uictoria talia sperabat. praeterea iuuentus, quae in agris manuum mer-

cede inopiam tolerauerat, priuatis atque publicis largi-
tionibus excita urbanum otium ingrato labori praetulerat.
eos atque alios omnis malum publicum alebat. quo minus
mirandum est homines egentis, malis moribus maxuma spe,
rei publicae iuxta ac sibi consuluisse. praeterea quorum
uictoria Sullae parentes proscripti, bona erepta, ius libertatis inminutum erat, haud sane alio animo belli euentum
expectabant. ad hoc quicumque aliarum atque senatus
partium erant, conturbari rem publicam quam minus ualere
ipsi malebant.   (*De Coniuratione Catilinae* 36. 4–37. 10)

46. CATILINE *addresses his soldiers*

compertum ego habeo, milites, uerba uirtutem non
addere, neque ex ignauo strenuum neque fortem ex timido
exercitum oratione imperatoris fieri. quanta cuiusque
animo audacia natura aut moribus inest, tanta in bello
patere solet. quem neque gloria neque pericula excitant,
nequiquam hortere: timor animi auribus officit. sed ego uos,
quo pauca monerem, aduocaui, simul uti causam mei consili aperirem. scitis equidem, milites, socordia atque ignauia
Lentuli quantam ipsi nobisque cladem attulerit quoque
modo, dum ex urbe praesidia opperior, in Galliam proficisci
nequiuerim. nunc uero quo loco res nostrae sint, iuxta
mecum omnes intellegitis. exercitus hostium duo, unus ab
urbe alter a Gallia obstant. diutius in his locis esse, si
maxume animus ferat, frumenti atque aliarum rerum
egestas prohibet. quocumque ire placet, ferro iter aperi-
undum est. qua propter uos moneo uti forti atque parato
animo sitis et, cum proelium inibitis, memineritis uos
diuitias decus gloriam, praeterea libertatem atque patriam
in dextris uostris portare. si uincimus, omnia nobis tuta
erunt, commeatus abunde, municipia atque coloniae pate-

bunt: si metu cesserimus, eadem illa aduorsa fient, neque
locus neque amicus quisquam teget quem arma non texerint.
praeterea, milites, non eadem nobis et illis necessitudo impendet: nos pro patria pro libertate pro uita certamus, illis
superuacaneum est pro potentia paucorum pugnare. quo
audacius adgrediamini memores pristinae uirtutis. licuit
uobis cum summa turpitudine in exilio aetatem agere,
potuistis nonnulli Romae amissis bonis alienas opes expectare:
quia illa foeda atque intoleranda uiris uidebantur, haec sequi
decreuistis. si haec relinquere uoltis, audacia opus est: nemo
nisi uictor pace bellum mutauit.   (*Id.* 58. 1–15)

47. ROME *hears news of a* DEFEAT

   sed ubi ea Romae comperta sunt, metus atque maeror
ciuitatem inuasere. pars dolere pro gloria imperi, pars
insolita rerum bellicarum timere libertati, Aulo omnes
infesti ac maxume qui bello saepe praeclari fuerant, quod
armatus dedecore potius quam manu salutem quaesiuerat.
ob ea consul Albinus ex delicto fratris inuidiam ac deinde
periculum timens senatum de foedere consulebat et tamen
interim exercitui supplementum scribere, ab sociis et
nomine Latino auxilia accersere, denique omnibus modis
festinare. senatus ita uti par fuerat decernit suo atque
populi iniussu nullum potuisse foedus fieri. consul im-
peditus a tribunis plebis, ne quas parauerat copias secum
portaret, paucis diebus in Africam proficiscitur: nam omnis
exercitus, uti conuenerat, Numidia deductus in prouincia
hiemabat. postquam eo uenit, quamquam persequi Iugur-
tham et mederi fraternae inuidiae animo ardebat, cognitis
militibus, quos praeter fugam soluto imperio licentia atque
lasciuia conruperat, ex copia rerum statuit sibi nihil
agitandum. interim Romae C. Mamilius Limetanus

tribunus plebis rogationem ad populum promulgat, uti
quaereretur in eos, quorum consilio Iugurtha senati decreta
neglegisset, quique ab eo in legationibus aut imperiis
pecunias accepissent, qui elephantos quique perfugas tradi-
dissent, item qui de pace aut bello cum hostibus pactiones
fecissent. huic rogationi partim conscii sibi alii ex partium
inuidia pericula metuentes, quoniam aperte resistere non
poterant, quin illa et alia talia placere sibi faterentur,
occulte per amicos ac maxume per homines nominis Latini
et socios Italicos inpedimenta parabant. sed plebes incredibile memoratu est quam intenta fuerit quantaque ui
rogationem iusserit, magis odio nobilitatis cui mala illa
parabantur, quam cura rei publicae: tanta lubido in
partibus erat.   (*De Bello Iugurthino* 39. 1–40. 3)

48. *Hard fighting at* ZAMA

eodem tempore apud Zamam magna ui certabatur. ubi
quisque legatus aut tribunus curabat, eo acerrume niti,
neque alius in alio magis quam in sese spem habere pariterque oppidani agere: obpugnare aut parare omnibus locis,
auidius alteri alteros sauciare quam semet tegere, clamor
permixtus hortatione laetitia gemitu, item strepitus armorum ad caelum ferri, tela utrimque uolare. sed illi qui
moenia defensabant, ubi hostes paulum modo pugnam
remiserant, intenti proelium equestre prospectabant. eos,
uti quaeque Iugurthae res erant, laetos modo modo pauidos
animaduorteres ac, sicuti audiri a suis aut cerni possent,
monere alii alii hortari aut manu significare aut niti
corporibus et ea huc et illuc quasi uitabundi aut iacientes
tela agitare. quod ubi Mario cognitum est—nam is in ea
parte curabat—consulto lenius agere ac diffidentiam rei
simulare, pati Numidas sine tumultu regis proelium uisere.

ita illis studio suorum adstrictis repente magna ui murum aggreditur. et iam scalis egressi milites prope summa ceperant, cum oppidani concurrunt, lapides ignem alia praeterea tela ingerunt. nostri primo resistere, deinde, ubi unae atque alterae scalae conminutae, qui supersteterant adflicti sunt, ceteri quoquo modo potuere, pauci integri magna pars uolneribus confecti abeunt. denique utrimque proelium nox diremit. (*Id.* 60)

PUBLIUS VERGILIUS MARO

70—19 B.C.

Poet

49. MOERIS *explains to* LYCIDAS *his unhappy case*

L. quo te, Moeri, pedes? an, quo uia ducit, in urbem?
M. o Lycida, uiui peruenimus, aduena nostri
 (quod numquam ueriti sumus) ut possessor agelli
 diceret: 'haec mea sunt; ueteres migrate coloni.'
 nunc uicti, tristes, quoniam fors omnia uersat,
 hos illi (quod nec uertat bene) mittimus haedos.
L. certe equidem audieram, qua se subducere colles
 incipiunt mollique iugum demittere cliuo,
 usque ad aquam et ueteres, iam fracta cacumina, fagos,
 omnia carminibus uestrum seruasse Menalcan.
M. audieras, et fama fuit; sed carmina tantum
 nostra ualent, Lycida, tela inter Martia quantum
 Chaonias dicunt aquila ueniente columbas.
 quod nisi me quacumque nouas incidere lites
 ante sinistra caua monuisset ab ilice cornix,
 nec tuus hic Moeris nec uiueret ipse Menalcas.

4—2

L. heu, cadit in quemquam tantum scelus? heu, tua nobis
     paene simul tecum solacia rapta, Menalca?
     quis caneret Nymphas? quis humum florentibus herbis
     spargeret aut uiridi fontis induceret umbra?
     uel quae sublegi tacitus tibi carmina nuper,
     cum te ad delicias ferres Amaryllida nostras?
     'Tityre, dum redeo (breuis est uia) pasce capellas,
     et potum pastas age, Tityre, et inter agendum
     occursare capro (cornu ferit ille) caueto.'

                                   (*Eclogues* IX. 1–25)

50. *The cultivation of* TREES

sponte sua quae se tollunt in luminis oras,
infecunda quidem, sed laeta et fortia surgunt;
quippe solo natura subest. tamen haec quoque, si quis
inserat aut scrobibus mandet mutata subactis,
exuerint siluestrem animum, cultuque frequenti
in quascumque uoles artis haud tarda sequentur.
nec non et, sterilis quae stirpibus exit ab imis,
hoc faciat, uacuos si sit digesta per agros:
nunc altae frondes et rami matris opacant
crescentique adimunt fetus uruntque ferentem.
iam quae seminibus iactis se sustulit arbos,
tarda uenit seris factura nepotibus umbram,
pomaque degenerant sucos oblita priores
et turpis auibus praedam fert uua racemos.
scilicet omnibus est labor impendendus, et omnes
cogendae in sulcum ac multa mercede domandae.
sed truncis oleae melius, propagine uites
respondent, solido Paphiae de robore myrtus;
plantis et durae coryli nascuntur et ingens
fraxinus Herculeaeque arbos umbrosa coronae,

Chaoniique patris glandes; etiam ardua palma
nascitur et casus abies uisura marinos.
inseritur uero et fetu nucis arbutus horrida,
et steriles platani malos gessere ualentis,
castaneae fagos; ornusque incanuit albo
flore piri, glandemque sues fregere sub ulmis.

(Georgics II. 47–72)

51. *The training of* HORSES

sin ad bella magis studium turmasque ferocis,
aut Alphea rotis praelabi flumina Pisae
et Iouis in luco currus agitare uolantis:
primus equi labor est animos atque arma uidere
bellantum lituosque pati, tractuque gementem
ferre rotam et stabulo frenos audire sonantis;
tum magis atque magis blandis gaudere magistri
laudibus et plausae sonitum ceruicis amare.
atque haec iam primo depulsus ab ubere matris
audeat, inque uicem det mollibus ora capistris
inualidus etiamque tremens, etiam inscius aeui.
at tribus exactis ubi quarta accesserit aestas,
carpere mox gyrum incipiat gradibusque sonare
compositis, sinuetque alterna uolumina crurum,
sitque laboranti similis; tum cursibus auras
tum uocet, ac per aperta uolans ceu liber habenis
aequora uix summa uestigia ponat harena,
qualis Hyperboreis Aquilo cum densus ab oris
incubuit, Scythiaeque hiemes atque arida differt
nubila: tum segetes altae campique natantes
lenibus horrescunt flabris, summaeque sonorem
dant siluae, longique urgent ad litora fluctus;

ille uolat simul arua fuga simul aequora uerrens.
hinc uel ad Elei metas et maxima campi
sudabit spatia et spumas aget ore cruentas,
Belgica uel molli melius feret esseda collo.

(Id. III. 179–204*)*

52. *Military* SPORTS

postquam omnem laeti consessum oculosque suorum
lustrauere in equis, signum clamore paratis
Epytides longe dedit insonuitque flagello.
olli discurrere pares atque agmina terni
diductis soluere choris, rursusque uocati
conuertere uias infestaque tela tulere.
inde alios ineunt cursus aliosque recursus
aduersi spatiis, alternosque orbibus orbis
impediunt pugnaeque cient simulacra sub armis;
et nunc terga fuga nudant, nunc spicula uertunt
infensi, facta pariter nunc pace feruntur.
ut quondam Creta fertur Labyrinthus in alta
parietibus textum caecis iter ancipitemque
mille uiis habuisse dolum, qua signa sequendi
frangeret indeprensus et inremeabilis error:
haud alio Teucrum nati uestigia cursu
impediunt texuntque fugas et proelia ludo,
delphinum similes qui per maria umida nando
Carpathium Libycumque secant luduntque per undas.
hunc morem cursus atque haec certamina primus
Ascanius, Longam muris cum cingeret Albam,
rettulit et priscos docuit celebrare Latinos,
quo puer ipse modo, secum quo Troia pubes;
Albani docuere suos; hinc maxima porro
accepit Roma et patrium seruauit honorem;

Troiaque nunc pueri, Troianum dicitur agmen.
hac celebrata tenus sancto certamina patri.

(*Aeneid* V. 577–603)

53. *The frenzy of* AMATA

his ubi nequiquam dictis experta Latinum
contra stare uidet, penitusque in uiscera lapsum
serpentis furiale malum totamque pererrat,
tum uero infelix ingentibus excita monstris
immensam sine more furit lymphata per urbem.
ceu quondam torto uolitans sub uerbere turbo,
quem pueri magno in gyro uacua atria circum
intenti ludo exercent—ille actus habena
curuatis fertur spatiis; stupet inscia supra
impubesque manus mirata uolubile buxum;
dant animos plagae—non cursu segnior illo
per medias urbes agitur populosque ferocis.
quin etiam in siluas simulato numine Bacchi
maius adorta nefas maioremque orsa furorem
euolat et natam frondosis montibus abdit,
quo thalamum eripiat Teucris taedasque moretur,
euhoe Bacche fremens, solum te uirgine dignum
uociferans: etenim mollis tibi sumere thyrsos,
te lustrare choro, sacrum tibi pascere crinem.
fama uolat, furiisque accensas pectore matres
idem omnis simul ardor agit noua quaerere tecta:
deseruere domos, uentis dant colla comasque;
ast aliae tremulis ululatibus aethera complent
pampineasque gerunt incinctae pellibus hastas.

(*Id.* VII. 373–396)

54. Vulcan *visits his* workshop

inde ubi prima quies medio iam noctis abactae
curriculo expulerat somnum, cum femina primum,
cui tolerare colo uitam tenuique Minerua
impositum, cinerem et sopitos suscitat ignis
noctem addens operi, famulasque ad lumina longo
exercet penso, castum ut seruare cubile
coniugis et possit paruos educere natos:
haud secus ignipotens nec tempore segnior illo
mollibus e stratis opera ad fabrilia surgit.
insula Sicanium iuxta latus Aeoliamque
erigitur Liparen fumantibus ardua saxis,
quam subter specus et Cyclopum exesa caminis
antra Aetnaea tonant, ualidique incudibus ictus
auditi referunt gemitus, striduntque cauernis
stricturae Chalybum et fornacibus ignis anhelat,
Volcani domus et Volcania nomine tellus.
hoc tunc ignipotens caelo descendit ab alto.
ferrum exercebant uasto Cyclopes in antro,
Brontesque Steropesque et nudus membra Pyracmon.
his informatum manibus iam parte polita
fulmen erat, toto genitor quae plurima caelo
deicit in terras, pars imperfecta manebat.
tris imbris torti radios, tris nubis aquosae
addiderant, rutuli tris ignis et alitis Austri.
fulgores nunc terrificos sonitumque metumque
miscebant operi flammisque sequacibus iras.

(*Id.* VIII. 407–432)

55. *The* farmer's meal

dextera pistillo primum fraglantia mollit
alia, tum pariter mixto terit omnia suco.

it manus in gyrum: paulatim singula uiris
deperdunt proprias, color est e pluribus unus,
nec totus uiridis, quia lactea frusta repugnant,
nec de lacte nitens, quia tot uariatur ab herbis.
saepe uiri naris acer iaculatur apertas
spiritus et simo damnat sua prandia uultu,
saepe manu summa lacrimantia lumina terget
immeritoque furens dicit conuicia fumo.
procedebat opus: non iam salebrosus, ut ante,
sed grauior lentos ibat pistillus in orbis.
ergo Palladii guttas instillat oliui
exiguique super uiris infundit aceti,
atque iterum commiscet opus mixtumque retractat.
tum demum digitis mortaria tota duobus
circuit inque globum distantia contrahit unum,
constet ut effecti species nomenque moreti.
eruit interea Scybale quoque sedula panem:
quem tertis recipit manibus, pulsoque timore
iam famis, inque diem securus Simylus illam,
ambit crura ocreis paribus, tectusque galero
sub iuga parentis cogit lorata iuuencos,
atque agit in segetes et terrae condit aratrum.

(App. Verg. *Moretum* 101–124)

56. *The* GOOD *man*

uir bonus et sapiens, qualem uix repperit unum
milibus e cunctis hominum consultus Apollo,
iudex ipse sui totum se explorat ad unguem,
quid proceres, uanique leuis quid opinio uulgi,
securus, mundi instar habens, teres atque rotundus,
externae ne quid labis per leuia sidat.
ille diem quam longus erit sub sidere Cancri,

quantaque nox tropico se porrigit in Capricorno,
cogitat et iusto trutinae se examine pendit,
ne quid hiet, ne quid protuberet, angulus aequis
partibus ut coeat, nil ut deliret amussis,
sit solidum quodcumque subest nec inania subtus
indicet admotus digitis pellentibus ictus,
non prius in dulcem declinans lumina somnum
omnia quam longi reputauerit acta diei.
quo praetergressus, quid gestum in tempore, quid non?
cur isti facto decus afuit aut ratio illi?
quid mihi praeteritum, cur haec sententia sedit
quam melius mutare fuit? miseratus egentem
cur aliquem fracta persensi mente dolorem?
quid uolui quod nolle bonum foret? utile honesto
cur malus antetuli? num dicto aut denique uultu
perstrictus quisquam? cur me natura magis quam
disciplina trahit? sic dicta et facta per omnia
ingrediensque ortoque a uespere cuncta reuoluens
offensus prauis dat palmam et praemia rectis.

(Id. Vir Bonus)

Quintus Horatius Flaccus
65—8 B.C.
Poet

57. *The ruin of* Cleopatra

antehac nefas depromere Caecubum
cellis auitis, dum Capitolio
   regina dementis ruinas
      funus et imperio parabat

contaminato cum grege turpium
morbo uirorum, quidlibet impotens
   sperare fortunaque dulci
      ebria. sed minuit furorem

uix una sospes nauis ab ignibus,
mentemque lymphatam Mareotico
   redegit in ueros timores
      Caesar ab Italia uolantem

remis adurgens, accipiter uelut
mollis columbas aut leporem citus
   uenator in campis niualis
      Haemoniae, daret ut catenis

fatale monstrum; quae generosius
perire quaerens nec muliebriter
   expauit ensem nec latentis
      classe cita reparauit oras;

ausa et iacentem uisere regiam
uultu sereno, fortis et asperas
   tractare serpentis, ut atrum
      corpore combiberet uenenum,

deliberata morte ferocior,
saeuis Liburnis scilicet inuidens
   priuata deduci superbo
      non humilis mulier triumpho.

                (*Odes* I. xxxvii. 5–32)

58. *To a perjured* BEAUTY

ulla si iuris tibi peierati
poena, Barine, nocuisset umquam,
dente si nigro fieres uel uno
   turpior ungui,

crederem. sed tu, simul obligasti
perfidum uotis caput, enitescis
pulchrior multo iuuenumque prodis
   publica cura.

expedit matris cineres opertos
fallere et toto taciturna noctis
signa cum caelo gelidaque diuos
   morte carentis.

ridet hoc, inquam, Venus ipsa, rident
simplices Nymphae, ferus et Cupido,
semper ardentis acuens sagittas
   cote cruenta.

adde quod pubes tibi crescit omnis,
seruitus crescit noua, nec priores
impiae tectum dominae relinquunt,
    saepe minati.

te suis matres metuunt iuuencis,
te senes parci, miseraeque nuper
uirgines nuptae, tua ne retardet
    aura maritos.   (*Id.* II. viii)

59. *The counsel of* REGULUS

hoc cauerat mens prouida Reguli
dissentientis condicionibus
    foedis et exemplo trahentis
        perniciem ueniens in aeuum,

si non periret immiserabilis
captiua pubes. 'signa ego Punicis
    adfixa delubris et arma
        militibus sine caede' dixit

'derepta uidi; uidi ego ciuium
retorta tergo bracchia libero
    portasque non clausas et arua
        Marte coli populata nostro.

auro repensus scilicet acrior
miles redibit. flagitio additis
    damnum: neque amissos colores
        lana refert medicata fuco,

nec uera uirtus, cum semel excidit,
curat reponi deterioribus.
    si pugnat extricata densis
        cerua plagis, erit ille fortis

qui perfidis se credidit hostibus,
et Marte Poenos proteret altero,
    qui lora restrictis lacertis
        sensit iners timuitque mortem.

hic, unde uitam sumeret inscius,
pacem duello miscuit. o pudor!
    o magna Carthago, probrosis
        altior Italiae ruinis!'

(*Id.* III. v. 13–40)

60. *Address to* Maecenas

ibis Liburnis inter alta nauium,
    amice, propugnacula,
paratus omne Caesaris periculum
    subire, Maecenas, tuo.
quid nos, quibus te uita si superstite
    iucunda, si contra, grauis?
utrumne iussi persequemur otium,
    non dulce, ni tecum simul,
an hunc laborem mente laturi decet
    qua ferre non mollis uiros?
feremus et te uel per Alpium iuga
    inhospitalem et Caucasum
uel Occidentis usque ad ultimum sinum
    forti sequemur pectore.
roges, tuum labore quid iuuem meo,
    imbellis ac firmus parum?
comes minore sum futurus in metu,
    qui maior absentis habet;
ut adsidens implumibus pullis auis
    serpentium allapsus timet

magis relictis, non, ut adsit, auxili
   latura plus praesentibus.
libenter hoc et omne militabitur
   bellum in tuae spem gratiae,
non ut iuuencis illigata pluribus
   aratra nitantur mea,
pecusue Calabris ante sidus feruidum
   Lucana mutet pascuis,
neque ut superni uilla candens Tusculi
   Circaea tangat moenia.
satis superque me benignitas tua
   ditauit: haud parauero,
quod aut auarus ut Chremes terra premam,
   discinctus aut perdam nepos.   (*Epodes* 1)

61. *Human* DISCONTENT

qui fit, Maecenas, ut nemo, quam sibi sortem
seu ratio dederit seu fors obiecerit, illa
contentus uiuat, laudet diuersa sequentis?
'o fortunati mercatores!' grauis annis
miles ait multo iam fractus membra labore.
contra mercator, nauem iactantibus Austris,
'militia est potior. quid enim? concurritur: horae
momento cita mors uenit aut uictoria laeta.'
agricolam laudat iuris legumque peritus,
sub galli cantum consultor ubi ostia pulsat.
ille, datis uadibus qui rure extractus in urbem est,
solos felices uiuentis clamat in urbe.
cetera de genere hoc, adeo sunt multa, loquacem
delassare ualent Fabium. ne te morer, audi
quo rem deducam. si quis deus 'en ego' dicat
'iam faciam quod uultis: eris tu, qui modo miles,

mercator; tu, consultus modo, rusticus: hinc uos,
uos hinc mutatis discedite partibus: eia!
quid statis?' nolint. atqui licet esse beatis.
quid causae est merito quin illis Iuppiter ambas
iratus buccas inflet, neque se fore posthac
tam facilem dicat, uotis ut praebeat aurem?

(Satires I. i. 1–22)

62. *A* JOURNEY *by canal*

tum pueri nautis, pueris conuicia nautae
ingerere. 'huc appelle!' 'trecentos inseris: ohe
iam satis est!' dum aes exigitur, dum mula ligatur,
tota abit hora. mali culices ranaeque palustres
auertunt somnos, absentem ut cantat amicam
multa prolutus uappa nauta atque uiator
certatim: tandem fessus dormire uiator
incipit, ac missae pastum retinacula mulae
nauta piger saxo religat stertitque supinus.
iamque dies aderat, nil cum procedere lintrem
sentimus, donec cerebrosus prosilit unus
ac mulae nautaeque caput lumbosque saligno
fuste dolat. quarta uix demum exponimur hora.
ora manusque tua lauimus, Feronia, lympha.
milia tum pransi tria repimus atque subimus
impositum saxis late candentibus Anxur.
huc uenturus erat Maecenas optimus atque
Cocceius, missi magnis de rebus uterque
legati, auersos soliti componere amicos.
hic oculis ego nigra meis collyria lippus
illinere. interea Maecenas aduenit atque
Cocceius Capitoque simul Fonteius, ad unguem
factus homo, Antoni non ut magis alter amicus.

(Id. I. v. 11–33)

63. HORACE *excuses his passion for* WRITING

quid faciam? saltat Milonius, ut semel icto
accessit feruor capiti numerusque lucernis;
Castor gaudet equis, ouo prognatus eodem
pugnis; quot capitum uiuunt, totidem studiorum
milia: me pedibus delectat claudere uerba
Lucili ritu nostrum melioris utroque.
ille uelut fidis arcana sodalibus olim
credebat libris, neque si male cesserat usquam
decurrens alio, neque si bene; quo fit ut omnis
uotiua pateat ueluti descripta tabella
uita senis. sequor hunc, Lucanus an Apulus anceps:
nam Venusinus arat finem sub utrumque colonus,
missus ad hoc, pulsis, uetus est ut fama, Sabellis,
quo ne per uacuum Romano incurreret hostis,
siue quod Apula gens seu quod Lucania bellum
incuteret uiolenta. sed hic stilus haud petet ultro
quemquam animantem et me ueluti custodiet ensis
uagina tectus; quem cur destringere coner
tutus ab infestis latronibus? o pater et rex
Iuppiter, ut pereat positum robigine telum,
nec quisquam noceat cupido mihi pacis! at ille
qui me commorit (melius non tangere, clamo),
flebit et insignis tota cantabitur urbe.

(Id. II. i. 24–46)

64. *A guide to* WEALTH

dixi equidem et dico: captes astutus ubique
testamenta senum, neu, si uafer unus et alter
insidiatorem praeroso fugerit hamo,
aut spem deponas aut artem illusus omittas.

magna minorue foro si res certabitur olim,
uiuet uter locuples sine gnatis, improbus, ultro
qui meliorem audax uocet in ius, illius esto
defensor; fama ciuem causaque priorem
sperne, domi si gnatus erit fecundaue coniunx.
'Quinte,' puta, aut 'Publi,' (gaudent praenomine molles
auriculae) 'tibi me uirtus tua fecit amicum;
ius anceps noui, causas defendere possum;
eripiet quiuis oculos citius mihi quam te
contemptum cassa nuce pauperet; haec mea cura est,
ne quid tu perdas neu sis iocus.' ire domum atque
pelliculam curare iube; fi cognitor ipse,
persta atque obdura, seu rubra Canicula findet
infantis statuas, seu pingui tentus omaso
Furius hibernas cana niue conspuet Alpis.
'nonne uides,' aliquis cubito stantem prope tangens
inquiet, 'ut patiens, ut amicis aptus, ut acer?'
plures adnabunt thynni et cetaria crescent.

(*Id.* II. v. 23–44)

65. *The moral teaching of* HOMER

Troiani belli scriptorem, Maxime Lolli,
dum tu declamas Romae, Praeneste relegi;
qui quid sit pulchrum, quid turpe, quid utile, quid non,
planius ac melius Chrysippo et Crantore dicit.
cur ita crediderim, nisi quid te distinet, audi.
fabula, qua Paridis propter narratur amorem
Graecia Barbariae lento collisa duello,
stultorum regum et populorum continet aestus.
Antenor censet belli praecidere causam:
quid Paris? ut saluus regnet uiuatque beatus
cogi posse negat. Nestor componere litis

inter Peliden festinat et inter Atriden;
hunc amor, ira quidem communiter urit utrumque.
quidquid delirant reges plectuntur Achiui.
seditione, dolis, scelere atque libidine et ira
Iliacos intra muros peccatur et extra.
rursus quid uirtus et quid sapientia possit
utile proposuit nobis exemplar Vlixen,
qui domitor Troiae multorum prouidus urbis
et mores hominum inspexit, latumque per aequor,
dum sibi, dum sociis reditum parat, aspera multa
pertulit, aduersis rerum immersabilis undis.
Sirenum uoces et Circae pocula nosti;
quae si cum sociis stultus cupidusque bibisset,
sub domina meretrice fuisset turpis et excors,
uixisset canis immundus uel amica luto sus.

(Epistles I. ii. 1–26)

66. *Sane* CRITICISM

interdum uulgus rectum uidet, est ubi peccat.
si ueteres ita miratur laudatque poetas
ut nihil anteferat, nihil illis comparet, errat:
si quaedam nimis antique, si pleraque dure
dicere credit eos, ignaue multa fatetur,
et sapit et mecum facit et Ioue iudicat aequo.
non equidem insector delendaue carmina Liui
esse reor, memini quae plagosum mihi paruo
Orbilium dictare; sed emendata uideri
pulchraque et exactis minimum distantia miror;
inter quae uerbum emicuit si forte decorum, et
si uersus paulo concinnior unus et alter,
iniuste totum ducit uenditque poema.
indignor quicquam reprehendi, non quia crasse

compositum illepideue putetur, sed quia nuper;
nec ueniam antiquis, sed honorem et praemia posci.
recte necne crocum floresque perambulet Attae
fabula si dubitem, clament periisse pudorem
cuncti paene patres, ea cum reprehendere coner
quae grauis Aesopus, quae doctus Roscius egit:
uel quia nil rectum nisi quod placuit sibi ducunt,
uel quia turpe putant parere minoribus, et quae
imberbi didicere, senes perdenda fateri.
iam Saliare Numae carmen qui laudat et illud,
quod mecum ignorat, solus uult scire uideri,
ingeniis non ille fauet plauditque sepultis,
nostra sed impugnat, nos nostraque liuidus odit.

(Id. ii. i. 63–89)

67. HORACE <i>excuses his silence</i>

singula de nobis anni praedantur euntes;
eripuere iocos, Venerem, conuiuia, ludum;
tendunt extorquere poemata; quid faciam uis?
denique non omnes eadem mirantur amantque:
carmine tu gaudes, hic delectatur iambis,
ille Bioneis sermonibus et sale nigro.
tres mihi conuiuae prope dissentire uidentur,
poscentes uario multum diuersa palato.
quid dem? quid non dem? renuis tu, quod iubet alter;
quod petis, id sane est inuisum acidumque duobus.
praeter cetera me Romaene poemata censes
scribere posse inter tot curas totque labores?
hic sponsum uocat, hic auditum scripta relictis
omnibus officiis; cubat hic in colle Quirini,
hic extremo in Auentino, uisendus uterque;
interualla uides humane commoda. uerum

purae sunt plateae, nihil ut meditantibus obstet.
festinat calidus mulis gerulisque redemptor,
torquet nunc lapidem, nunc ingens machina tignum,
tristia robustis luctantur funera plaustris,
hac rabiosa fugit canis, hac lutulenta ruit sus:
i nunc et uersus tecum meditare canoros.
scriptorum chorus omnis amat nemus et fugit urbem,
rite cliens Bacchi somno gaudentis et umbra:
tu me inter strepitus nocturnos atque diurnos
uis canere et contracta sequi uestigia uatum?

(*Id.* ii. ii. 55–80)

68. *Advice to* DRAMATISTS

tu quid ego et populus mecum desideret audi:
si plausoris eges aulaea manentis et usque
sessuri donec cantor 'uos plaudite' dicat,
aetatis cuiusque notandi sunt tibi mores,
mobilibusque decor naturis dandus et annis.
reddere qui uoces iam scit puer et pede certo
signat humum, gestit paribus colludere, et iram
colligit ac ponit temere et mutatur in horas.
imberbus iuuenis, tandem custode remoto,
gaudet equis canibusque et aprici gramine campi,
cereus in uitium flecti, monitoribus asper,
utilium tardus prouisor, prodigus aeris,
sublimis cupidusque et amata relinquere pernix.
conuersis studiis aetas animusque uirilis
quaerit opes et amicitias, inseruit honori,
commisisse cauet quod mox mutare laboret.
multa senem circumueniunt incommoda, uel quod
quaerit et inuentis miser abstinet ac timet uti,
uel quod res omnis timide gelideque ministrat,

dilator, spe longus, iners, auidusque futuri,
difficilis, querulus, laudator temporis acti
se puero, castigator censorque minorum.
multa ferunt anni uenientes commoda secum,
multa recedentes adimunt. ne forte seniles
mandentur iuueni partes pueroque uiriles,
semper in adiunctis aeuoque morabimur aptis.

(Ars Poetica 153–178)

ALBIUS TIBULLUS

54—19 B.C.

Elegiac poet

69. On his SICKNESS

ibitis Aegaeas sine me, Messalla, per undas,
    o utinam memores ipse cohorsque mei!
me tenet ignotis aegrum Phaeacia terris:
    abstineas auidas Mors modo nigra manus.
abstineas, Mors atra, precor: non hic mihi mater
    quae legat in maestos ossa perusta sinus,
non soror, Assyrios cineri quae dedat odores
    et fleat effusis ante sepulcra comis,
Delia non usquam quae, me cum mitteret urbe,
    dicitur ante omnes consuluisse deos.
illa sacras pueri sortes ter sustulit: illi
    rettulit e trinis omina certa puer.
cuncta dabant reditus: tamen est deterrita numquam
    quin fleret nostras respiceretque uias.
ipse ego solator, cum iam mandata dedissem,
    quaerebam tardas anxius usque moras.

aut ego sum causatus aues aut omina dira
Saturniue sacram me tenuisse diem.
o quotiens ingressus iter mihi tristia dixi
offensum in porta signa dedisse pedem!
audeat inuito ne quis discedere Amore,
aut sciat egressum se prohibente deo.
quid tua nunc Isis mihi, Delia, quid mihi prosunt
illa tua totiens aera repulsa manu?
nunc, dea, nunc succurre mihi (nam posse mederi
picta docet templis multa tabella tuis)
ut mea uotiuas persoluens Delia uoces
ante sacras lino tecta fores sedeat
bisque die resoluta comas tibi dicere laudes
insignis turba debeat in Pharia.   (I. iii. 1–32)

SEXTUS AURELIUS PROPERTIUS
49—15 (?) B.C.
Elegiac poet

70. Thoughts on DEATH

non ego nunc tristis uereor, mea Cynthia, Manis,
nec moror extremo debita fata rogo;
sed ne forte tuo careat mihi funus amore,
hic timor est ipsis durior exsequiis.
non adeo leuiter noster puer haesit ocellis,
ut meus oblito puluis amore uacet.
illic Phylacides iucundae coniugis heros
non potuit caecis immemor esse locis,

sed cupidus falsis attingere gaudia palmis
    Thessalus antiquam uenerat umbra domum.
illic quidquid ero, semper tua dicar imago:
    traicit et fati litora magnus amor.
illic formosae ueniant chorus heroinae,
    quas dedit Argiuis Dardana praeda uiris;
quarum nulla tua fuerit mihi, Cynthia, forma
    gratior, et (Tellus hoc ita iusta sinat)
quamuis te longae remorentur fata senectae,
    cara tamen lacrimis ossa futura meis.
quae tu uiua mea possis sentire fauilla!
    tum mihi non ullo mors sit amara loco.
quam uereor, ne te contempto, Cynthia, busto
    abstrahat e nostro puluere iniquus Amor,
cogat et inuitam lacrimas siccare cadentis!
    flectitur assiduis certa puella minis.
quare, dum licet, inter nos laetemur amantes:
    non satis est ullo tempore longus amor.   (I. xix)

71. *The* POET *meditates a new theme*

sed tempus lustrare aliis Helicona choreis,
    et campum Haemonio iam dare tempus equo.
iam libet et fortis memorare ad proelia turmas
    et Romana mei dicere castra ducis.
quod si deficiant uires, audacia certe
    laus erit: in magnis et uoluisse sat est.
aetas prima canat Veneres, extrema tumultus:
    bella canam, quando scripta puella mea est.
nunc uolo subducto grauior procedere uultu,
    nunc aliam citharam me mea Musa docet.

surge, anima; ex humili iam carmine sumite uires,
  Pierides: magni nunc erit oris opus.
iam negat Euphrates equitem post terga tueri
  Parthorum et Crassos se tenuisse dolet:
India quin, Auguste, tuo dat colla triumpho,
  et domus intactae te tremit Arabiae;
et si qua extremis tellus se subtrahit oris,
  sentiat illa tuas postmodo capta manus.
haec ego castra sequar; uates tua castra canendo
  magnus ero: seruent hunc mihi fata diem!
ut caput in magnis ubi non est tangere signis,
  ponitur hac imos ante corona pedes,
sic nos nunc, inopes laudis conscendere carmen,
  pauperibus sacris uilia tura damus.
nondum etiam Ascraeos norunt mea carmina fontis,
  sed modo Permessi flumine lauit Amor.   (II. x)

72. *To* Cynthia, *on his funeral*

quandocumque igitur nostros mors claudet ocellos
  accipe quae serues funeris acta mei.
nec mea tunc longa spatietur imagine pompa,
  nec tuba sit fati uana querela mei;
nec mihi tunc fulcro sternatur lectus eburno,
  nec sit in Attalico mors mea nixa toro.
desit odoriferis ordo mihi lancibus, adsint
  plebei paruae funeris exsequiae.
sat mea sit magno, si tres sint pompa libelli,
  quos ego Persephonae maxima dona feram
tu uero nudum pectus lacerata sequeris,
  nec fueris nomen lassa uocare meum,

osculaque in gelidis pones suprema labellis,
  cum dabitur Syrio munere plenus onyx.
deinde, ubi suppositus cinerem me fecerit ardor,
  accipiat Manis paruula testa meos,
et sit in exiguo laurus super addita busto,
  quae tegat exstincti funeris umbra locum,
et duo sint uersus: qui nunc iacet horrida puluis,
  unius hic quondam seruus amoris erat.
nec minus haec nostri notescet fama sepulcri,
  quam fuerant Phthii busta cruenta uiri.
tu quoque si quando uenies ad fata, memento,
  hoc iter ad lapides cana ueni memores.
interea caue sis nos aspernata sepultos:
  non nihil ad uerum conscia terra sapit.

(II. xiii. 17–42)

73. *On his* SICK MISTRESS

Iuppiter, affectae tandem miserere puellae:
  tam formosa tuum mortua crimen erit?
uenit enim tempus, quo torridus aestuat aer,
  incipit et sicco feruere terra Cane.
sed non tam ardoris culpa est neque crimina caeli,
  quam totiens sanctos non habuisse deos.
hoc perdit miseras, hoc perdidit ante puellas:
  quidquid iurarunt, uentus et unda rapit.
non sibi collatam doluit Venus? illa peraeque
  prae se formosis inuidiosa dea est.
an contempta tibi Iunonis templa Pelasgae?
  Palladis aut oculos ausa negare bonos?
semper, formosae, non nostis parcere uerbis.
  hoc tibi lingua nocens, hoc tibi forma dedit.

sed tibi uexatae per multa pericula uitae
 extremo uenit mollior hora die.
Io uersa caput primos mugiuerat annos:
 nunc dea, quae Nili flumina uacca bibit.
Ino etiam prima terris aetate uagata est:
 hanc miser implorat nauita Leucothoen.
Andromede monstris fuerat deuota marinis:
 haec eadem Persei nobilis uxor erat.
Callisto Arcadios errauerat ursa per agros:
 haec nocturna suo sidere uela regit.

         (II. xxviii. 1–24)

74. *The Poet's* DREAM

visus eram molli recubans Heliconis in umbra,
 Bellerophontei qua fluit umor equi,
reges, Alba, tuos et regum facta tuorum,
 tantum operis, neruis hiscere posse meis;
paruaque tam magnis admoram fontibus ora,
 unde pater sitiens Ennius ante bibit;
et cecinit Curios fratres et Horatia pila,
 regiaque Aemilia uecta tropaea rate,
uictricesque moras Fabii pugnamque sinistram
 Cannensem et uersos ad pia uota deos,
Hannibalemque Lares Romana sede fugantis,
 anseris et tutum uoce fuisse Iouem:
cum me Castalia speculans ex arbore Phoebus
 sic ait aurata nixus ad antra lyra:
'quid tibi cum tali, demens, est flumine? quis te
 carminis heroi tangere iussit opus?
non hinc ulla tibi speranda est fama, Properti:
 mollia sunt paruis prata terenda rotis;

ut tuus in scamno iactetur saepe libellus,
  quem legat exspectans sola puella uirum.
cur tua praescripto seuecta est pagina gyro?
  non est ingenii cumba grauanda tui.
alter remus aquas alter tibi radat harenas,
  tutus eris: medio maxima turba mari est.'
dixerat, et plectro sedem mihi monstrat eburno,
  qua noua muscoso semita facta solo est.

(III. iii. 1–26)

75. *A* LOVER'S *acquiescence*

nox media, et dominae mihi uenit epistula nostrae:
  Tibure me missa iussit adesse mora,
candida qua geminas ostendunt culmina turris,
  et cadit in patulos nympha Aniena lacus.
quid faciam? obductis committam mene tenebris,
  ut timeam audaces in mea membra manus?
at si distulero haec nostro mandata timore,
  nocturno fletus saeuior hoste mihi.
peccaram semel, et totum sum postus in annum:
  in me mansuetas non habet illa manus.
nec tamen est quisquam, sacros qui laedat amantis:
  Scironis media sic licet ire uia.
quisquis amator erit, Scythicis licet ambulet oris,
  nemo adeo ut noceat barbarus esse uolet.
luna ministrat iter, demonstrant astra salebras,
  ipse Amor accensas percutit ante faces,
saeua canum rabies morsus auertit hiantis:
  huic generi quouis tempore tuta uia est.
sanguine tam paruo quis enim spargatur amantis
  improbus? exclusis fit comes ipsa Venus.

quod si certa meos sequerentur funera casus,
    tali mors pretio uel sit emenda mihi.
afferet huc unguenta mihi sertisque sepulcrum
    ornabit custos ad mea busta sedens.
di faciant, mea ne terra locet ossa frequenti,
    qua facit assiduo tramite uulgus iter!—
post mortem tumuli sic infamantur amantum.
    me tegat arborea deuia terra coma,
aut humer ignotae cumulis uallatus harenae:
    non iuuat in media nomen habere uia.   (III. xvi)

76. *Good-bye to* ROME

nunc agite, o socii, propellite in aequore nauem,
    remorumque pares ducite sorte uices,
iungiteque extremo felicia lintea malo:
    iam liquidum nautis aura secundat iter.
Romanae turres et uos ualeatis, amici,
    qualiscumque mihi tuque, puella, uale!
ergo ego nunc rudis Hadriaci uehar aequoris hospes,
    cogar et undisonos nunc prece adire deos.
deinde per Ionium uectus cum fessa Lechaeo
    sedarit placida uela phaselus aqua,
quod superest, sufferre pedes properate laborem,
    Isthmos qua terris arcet utrumque mare.
inde ubi Piraei capient me litora portus,
    scandam ego Theseae bracchia longa uiae.
illic uel studiis animum emendare Platonis
    incipiam aut hortis, docte Epicure, tuis;
persequar aut studium linguae, Demosthenis arma,
    librorumque tuos, docte Menandre, sales;
aut certe tabulae capient mea lumina pictae,
    siue ebore exactae, seu magis aere, manus.

aut spatia annorum, aut longa interualla profundi
   lenibunt tacito uulnera nostra sinu:
seu moriar, fato, non turpi fractus amore;
   atque erit illa mihi mortis honesta dies.

(III. xxi. 11–34)

77. CORNELIA *commends her* CHILDREN *to their father's care*

nunc tibi commendo communia pignora natos:
   haec cura et cineri spirat inusta meo.
fungere maternis uicibus, pater: illa meorum
   omnis erit collo turba ferenda tuo.
oscula cum dederis tua flentibus, adice matris:
   tota domus coepit nunc onus esse tuum.
et si quid doliturus eris, sine testibus illis!
   cum uenient, siccis oscula falle genis!
sat tibi sint noctes, quas de me, Paulle, fatiges,
   somniaque in faciem credita saepe meam:
atque ubi secreto nostra ad simulacra loqueris,
   ut responsurae singula uerba iace.
seu tamen aduersum mutarit ianua lectum,
   sederit et nostro cauta nouerca toro,
coniugium, pueri, laudate et ferte paternum:
   capta dabit uestris moribus illa manus.
nec matrem laudate nimis: collata priori
   uertet in offensas libera uerba suas.
seu memor ille mea contentus manserit umbra
   et tanti cineres duxerit esse meos,
discite uenturam iam nunc sentire senectam,
   caelibis ad curas nec uacet ulla uia.

quod mihi detractum est, uestros accedat ad annos:
  prole mea Paullum sic iuuet esse senem.
et bene habet: numquam mater lugubria sumpsi;
  uenit in exsequias tota caterua meas.

(IV. xi. 73–98)

TITUS LIVIUS PATAVINUS

59 B.C.—17 A.D.

Historian

78. NUMA *begins his reign*

qui regno ita potitus urbem nouam, conditam ui et armis,
iure eam legibusque ac moribus de integro condere parat.
quibus cum inter bella adsuescere uideret non posse, quippe
efferari militia animos, mitigandum ferocem populum
armorum desuetudine ratus, Ianum ad infimum Argiletum
indicem pacis bellique fecit, apertus ut in armis esse ciuitatem, clausus pacatos circa omnes populos significaret. bis
deinde post Numae regnum clausus fuit, semel T. Manlio
consule post Punicum primum perfectum bellum, iterum,
quod nostrae aetati dii dederunt ut uideremus, post bellum
Actiacum ab imperatore Caesare Augusto pace terra
marique parta. clauso eo cum omnium circa finitimorum
societate ac foederibus iunxisset animos, positis externorum
periculorum curis ne luxuriarent otio animi, quos metus
hostium disciplinaque militaris continuerat, omnium primum, rem ad multitudinem inperitam et illis saeculis
rudem efficacissimam, deorum metum iniciendum ratus
est. qui cum descendere ad animos sine aliquo commento

miraculi non posset, simulat sibi cum dea Egeria congressus
nocturnos esse; eius se monitu, quae acceptissima diis
essent, sacra instituere, sacerdotes suos cuique deorum
praeficere. atque omnium primum ad cursus lunae in duodecim menses discribit annum; quem, quia tricenos dies
singulis mensibus luna non explet, desuntque dies solido
anno, qui solstitiali circumagitur orbe, intercalariis mensibus interponendis ita dispensauit, ut uicesimo anno ad
metam eandem solis, unde orsi essent, plenis omnium
annorum spatiis dies congruerent. idem nefastos dies
fastosque fecit, quia aliquando nihil cum populo agi utile
futurum erat.   (I. xix)

79. *An inspiring* SPEECH *leads to a* ROMAN *victory*

consul ex altera parte Romanos meminisse iubebat illo
die primum liberos pro libera urbe Romana pugnare:
sibimet ipsis uicturos, non ut decemuirorum uictores prae-
mium essent. non Appio duce rem geri, sed consule Valerio
ab liberatoribus populi Romani orto, liberatore ipso. osten-
derent prioribus proeliis per duces, non per milites stetisse,
ne uincerent; turpe esse contra ciues plus animi habuisse
quam contra hostes et domi quam foris seruitutem magis
timuisse. unam Verginiam fuisse, cuius pudicitiae in pace
periculum esset, unum Appium ciuem periculosae libidinis;
at, si fortuna belli inclinet, omnium liberis ab tot milibus
hostium periculum fore; nolle ominari, quae nec Iuppiter
nec Mars pater passuri sint iis auspiciis conditae urbi
accidere. Auentini Sacrique montis admonebat, ut, ubi
libertas parta esset paucis ante mensibus, eo imperium inli-
batum referrent ostenderentque eandem indolem militibus
Romanis post exactos decemuiros esse, quae ante creatos

fuerit, nec aequatis legibus inminutam uirtutem populi
Romani esse. haec ubi inter signa peditum dicta dedit,
aduolat deinde ad equites: 'agite, iuuenes,' inquit, 'praestate
uirtute peditem, ut honore atque ordine praestatis! primo
concursu pedes mouit hostem, pulsum uos inmissis equis
exigite e campo! non sustinebunt impetum et nunc cunc-
tantur magis quam resistunt.' concitant equos permit-
tuntque in hostem pedestri iam turbatum pugna et perruptis
ordinibus elati ad nouissimam aciem, pars libero spatio
circumuecti iam fugam undique capessentes plerosque a
castris auertunt praeterequitantesque absterrent. peditum
acies et consul ipse uisque omnis belli fertur in castra
captisque cum ingenti caede maiore praeda potitur.

(III. lxi)

80. *The* ROMANS *defeat the* SAMNITES *after the
younger* DECIUS *has sacrificed his life for his country
in imitation of his father*

uix humanae inde opis uideri pugna potuit. Romani
duce amisso, quae res terrori alias esse solet, sistere fugam ac
nouam de integro uelle instaurare pugnam; Galli, et
maxime globus circumstans consulis corpus, uelut alienata
mente uana in cassum iactare tela; torpere quidam et nec
pugnae meminisse nec fugae. at ex parte altera pontifex
Liuius, cui lictores Decius tradiderat iusseratque pro
praetore esse, uociferari uicisse Romanos, defunctos consulis fato, Gallos Samnitesque Telluris matris ac deorum
manium esse; rapere ad se ac uocare Decium deuotam
secum aciem, furiarumque ac formidinis plena omnia ad
hostes esse. superueniunt deinde his restituentibus pugnam
L. Cornelius Scipio et C. Marcius cum subsidiis ex

nouissima acie iussu Q. Fabii consulis ad praesidium collegae missi. ibi auditur P. Decii euentus, ingens hortamen ad omnia pro re publica audenda. itaque cum Galli structis ante se scutis conferti starent, nec facilis pede conlato uideretur pugna, iussu legatorum conlecta humi pila, quae strata inter duas acies iacebant, atque in testudinem hostium coniecta. quibus plerisque in scuta raris in corpora ipsa fixis sternitur cuneus, ita ut magna pars integris corporibus attoniti conciderent. haec in sinistro cornu Romanorum fortuna uariauerat. Fabius in dextro primo, ut ante dictum est, cunctando extraxerat diem; dein, postquam nec clamor hostium nec impetus nec tela missa eandem uim habere uisa, praefectis equitum iussis ad latus Samnitium circumducere alas, ut signo dato in transuersos quanto maximo possent impetu incurrerent, sensim suos signa inferre iussit et commouere hostem. postquam non resisti uidit et haud dubiam lassitudinem esse, tum conlectis omnibus subsidiis, quae ad id tempus reseruauerat, et legiones concitauit et signum ad inuadendos hostes equitibus dedit. nec sustinuerunt Samnites impetum, praeterque aciem ipsam Gallorum relictis in dimicatione sociis ad castra effuso cursu ferebantur.   (x. xxix)

81. MACEDONIA *allies itself with* CARTHAGE *in the* SECOND PUNIC WAR

in hanc dimicationem duorum opulentissimorum in terris populorum omnes reges gentesque animos intenderant, inter quos Philippus Macedonum rex eo magis, quod propior Italiae ac mari tantum Ionio discretus erat. is ubi primum fama accepit Hannibalem Alpis transgressum, ut bello inter Romanum Poenumque orto laetatus erat, ita, utrius populi

mallet uictoriam esse, incertis adhuc uiribus fluctuatus
animo fuerat. postquam tertia iam pugna, tertia uictoria
cum Poenis erat, ad fortunam inclinauit legatosque ad
Hannibalem misit; qui uitantes portus Brundisinum Taren-
tinumque, quia custodiis nauium Romanarum tenebantur,
ad Laciniae Iunonis templum in terram egressi sunt. inde
per Apuliam petentes Capuam media in praesidia Romana
inlati sunt deductique ad Valerium Laeuinum praetorem
circa Luceriam castra habentem. ibi intrepide Xenophanes,
legationis princeps, a Philippo rege se missum ait ad
amicitiam societatemque iungendam cum populo Romano;
mandata habere ad consules ac senatum populumque Romanum. praetor inter defectiones ueterum sociorum noua
societate tam clari regis laetus admodum hostes pro hospitibus
comiter accepit. dat qui prosequantur, itinera cum cura
demonstrent, quae loca quosque saltus aut Romanus aut
hostes teneant. Xenophanes per praesidia Romana in
Campaniam, inde qua proximum fuit in castra Hannibalis
peruenit, foedusque cum eo atque amicitiam iungit legibus
his, ut Philippus rex quam maxima classe—ducentas autem
naues uidebatur effecturus—in Italiam traiceret et uastaret
maritimam oram, bellum pro parte sua terra marique gereret;
ubi debellatum esset, Italia omnis cum ipsa urbe Roma
Carthaginiensium atque Hannibalis esset, praedaque omnis
Hannibali cederet; perdomita Italia nauigarent in Graeciam
bellumque, cum quibus regi placeret, gererent; quae ciuitates continentis quaeque insulae ad Macedoniam uergunt,
eae Philippi regnique eius essent.   (XXIII. xxxiii)

82. *The interview between* SCIPIO *and* HANNIBAL

summotis pari spatio armatis cum singulis interpretibus
congressi sunt, non suae modo aetatis maximi duces, sed

omnis ante se memoriae, omnium gentium cuilibet regum
imperatorumue pares. paulisper alter alterius conspectu,
admiratione mutua prope attoniti conticuere. tum Hannibal
prior: 'si hoc ita fato datum erat, ut qui primus bellum
intuli populo Romano, quique totiens prope in manibus
uictoriam habui, is ultro ad pacem petendam uenirem,
laetor te mihi sorte potissimum datum, a quo peterem. tibi
quoque inter multa egregia non in ultimis laudum hoc
fuerit, Hannibalem, cui tot de Romanis ducibus uictoriam
di dedissent, tibi cessisse, teque huic bello, uestris plus quam
nostris cladibus insigni, finem imposuisse. hoc quoque
ludibrium casus ediderit fortuna, ut cum patre tuo consule
ceperim arma, cum eodem primum Romano imperatore
signa contulerim, ad filium eius inermis ad pacem petendam
ueniam. optimum quidem fuerat eam patribus nostris
mentem datam ab dis esse, ut et uos Italiae et nos Africae
imperio contenti essemus: neque enim ne uobis quidem
Sicilia ac Sardinia satis digna pretia sunt pro tot classibus,
tot exercitibus, tot tam egregiis amissis ducibus. sed prae-
terita magis reprehendi possunt quam corrigi. ita aliena
appetiimus ut de nostris dimicaremus, nec in Italia solum
uobis bellum, nobis in Africa esset, sed et uos in portis
uestris prope ac moenibus signa armaque hostium uidistis,
et nos ab Carthagine fremitum castrorum Romanorum
exaudimus. quod igitur nos maxime abominamur, uos
autem ante omnia optaretis, in meliore uestra fortuna de
pace agitur. agimus ei, quorum maxime interest pacem
esse, et qui quodcumque egerimus, ratum ciuitates nostrae
habiturae sint. animo tantum nobis opus est non abhor-
rente a quietis consiliis. quod ad me attinet, iam aetas
senem in patriam reuertentem, unde puer profectus sum,
iam secundae, iam aduersae res ita fraudauerunt, ut ra-

tionem sequi quam fortunam malim: tuam et adolescentiam
et perpetuam felicitatem, ferociora utraque quam quietis
opus est consiliis, metuo. non temere incerta casuum
reputat, quem fortuna numquam decipit. quod ego fui ad
Trasumennum, ad Cannas, id tu hodie.'

(xxx. xxx)

83. *Owners of* war loan *grumble and are appeased*

expiatis omnibus religionibus—nam etiam Locris sacri-
legium peruestigatum ab Q. Minucio erat, pecuniaque ex
bonis noxiorum in thesauros reposita—cum consules in
prouincias proficisci uellent, priuati frequentes, quibus ex
pecunia, quam M. Valerio M. Claudio consulibus mutuam
dederant, tertia pensio debebatur eo anno, adierunt senatum,
quia consules, cum ad nouum bellum, quod magna classe
magnisque exercitibus gerendum esset, uix aerarium sufficeret, negauerant esse unde iis in praesentia solueretur.
senatus querentes eos non sustinuit: si in Punicum bellum
pecunia data in Macedonicum quoque bellum uti res
publica uellet, aliis ex aliis orientibus bellis quid aliud
quam publicatam pro beneficio tamquam noxia suam pecuniam fore? cum et priuati aequum postularent, nec
tamen soluendo aeri alieno res publica esset, quod medium
inter aequum et utile erat, decreuerunt, ut, quoniam magna
pars eorum agros uulgo uenales esse diceret et sibimet
emptis opus esse, agri publici, qui intra quinquagesimum
lapidem esset, copia iis fieret. consules agrum aestimaturos,
et in iugera asses uectigales, testandi causa publicum agrum
esse, imposituros, ut si quis, cum soluere posset populus,
pecuniam habere quam agrum mallet, restitueret agrum

populo. laeti eam condicionem priuati accepere. trientabulumque is ager, quia pro tertia parte pecuniae datus erat, appellatus. (XXXI. xiii)

84. *Strange* PRODIGIES *in* ITALY

non sum nescius ab eadem neglegentia, qua nihil deos portendere uulgo nunc credant, neque nuntiari admodum nulla prodigia in publicum neque in annales referri. ceterum et mihi uetustas res scribenti nescio quo pacto antiquus fit animus, et quaedam religio tenet, quae illi prudentissimi uiri publice suscipienda censuerint, ea pro dignis habere, quae in meos annales referam. Anagnia duo prodigia eo anno sunt nuntiata, facem in caelo conspectam, et bouem feminam locutam publice ali. Minturnis quoque per eos dies caeli ardentis species adfulserat. Reate imbri lapidauit. Cumis in arce Apollo triduum ac tres noctes lacrimauit. in urbe Romana duo aeditui nuntiarunt, alter in aede Fortunae anguem iubatum a compluribus uisum esse, alter in aede Primigeniae Fortunae, quae in colle est, duo diuersa prodigia, palmam in area enatam, et sanguine interdiu pluuisse. duo non suscepta prodigia sunt, alterum, quod in priuato loco factum esset,—palmam enatam in impluuio suo T. Marcius Figulus nuntiabat—, alterum, quod in loco peregrino: Fregellis in domo L. Atrei hasta, quam filio militi emerat, interdiu plus duas horas arsisse, ita ut nihil eius ambureret ignis, dicebatur. publicorum prodigiorum causa libri a decemuiris aditi: quadraginta maioribus hostiis quibus diis consules sacrificarent ediderunt, et ut supplicatio fieret, cunctique magistratus circa omnia puluinaria uictimis maioribus sacrificarent, populusque coronatus esset. omnia, uti decemuiri praeierunt, facta. (XLIII. xiii)

85. Aemilius Paulus *celebrates Games at* Amphipolis

ab seriis rebus ludicrum, quod ex multo ante praeparato, et in Asiae ciuitates et ad reges missis qui denuntiarent, et cum circumiret ipse Graeciae ciuitates, indixerat principibus, magno apparatu Amphipoli fecit. nam et artificum omnis generis, qui ludicram artem faciebant, ex toto orbe terrarum multitudo, et athletarum et nobilium equorum conuenit, et legationes cum uictimis, et quidquid aliud deorum hominumque causa fieri magnis ludis in Graecia solet, ita factum est, ut non magnificentiam tantum sed prudentiam in dandis spectaculis, ad quae rudes tum Romani erant, admirarentur. epulae quoque legationibus paratae et opulentia et cura eadem. uulgo dictum ipsius ferebant, et conuiuium instruere et ludos parare eiusdem esse qui uincere bello sciret. edito ludicro omnis generis, clipeisque aereis in naues impositis cetera omnis generis arma cumulata, ingentem aceruum, precatus Martem Mineruam Luamque matrem et ceteros deos, quibus spolia hostium dicare ius fasque est, ipse imperator face subdita succendit, deinde circumstantes tribuni militum pro se quisque ignes coniecerunt. notata est in illo conuentu Europae Asiaeque, undique partim ad gratulationem partim ad spectaculum contracta multitudine, tantis naualibus terrestribusque exercitibus ea copia rerum, ea uilitas annonae, ut et priuatis et ciuitatibus et gentibus dona data pleraque eius generis sint ab imperatore, non in usum modo praesentem, sed etiam quod domos aueherent. spectaculo fuit ei quae uenerat turbae non scenicum magis ludicrum, non certamina hominum aut curricula equorum, quam praeda Macedonica omnis, ut uiseretur, exposita statuarum

tabularumque, textilium et uasorum ex auro et argento et
aere et ebore factorum ingenti cura in ea regia, ut non in
praesentem modo speciem, qualibus referta regia Alex-
andreae erat, sed in perpetuum usum fierent. haec in
classem imposita deuehenda Romam Cn. Octauio data.

(XLV. xxxii–xxxiii)

PUBLIUS OVIDIUS NASO

43 B.C.—17 A.D.

Poet

86. ARIADNE *reproaches* THESEUS *for deserting her on* NAXOS

iamque oculis ereptus eras. tum denique fleui:
    torpuerant molles ante dolore genae.
quid potius facerent quam me mea lumina flerent,
    postquam desierant uela uidere tua?
aut ego diffusis erraui sola capillis,
    qualis ab Ogygio concita Baccha deo:
aut mare prospiciens in saxo frigida sedi,
    quamque lapis sedes, tam lapis ipsa fui.
saepe torum repeto, qui nos acceperat ambos,
    sed non acceptos exhibiturus erat,
et tua, quae possum pro te, uestigia tango,
    strataque quae membris intepuere tuis.
incumbo, lacrimisque toro manante profusis
    'pressimus' exclamo 'te duo: redde duos.
uenimus huc ambo: cur non discedimus ambo?
    perfide, pars nostri, lectule, maior ubi est?'

quid faciam? quo sola ferar? uacat insula cultu;
    non hominum uideo, non ego facta boum.
omne latus terrae cingit mare. nauita nusquam,
    nulla per ambiguas puppis itura uias.
finge dari comitesque mihi uentosque ratemque,
    quid sequar? accessus terra paterna negat.
ut rate felici pacata per aequora labar,
    temperet ut uentos Aeolus, exul ero.
non ego te, Crete centum digesta per urbes,
    aspiciam, puero cognita terra Ioui.
at pater et tellus iusto regnata parenti
    prodita sunt facto, nomina cara, meo.

                  (*Heroides* x. 43–70)

87. '*Maiora canamus*'

quaere nouum uatem, tenerorum mater Amorum:
    raditur hic elegis ultima meta meis;
quos ego conposui, Paeligni ruris alumnus
    (nec me deliciae dedecuere meae)˙
siquid id est, usque a proauis uetus ordinis heres,
    non modo militiae turbine factus eques.
Mantua Vergilio gaudet, Verona Catullo;
    Paelignae dicar gloria gentis ego,
quam sua libertas ad honesta coegerat arma,
    cum timuit socias anxia Roma manus.
atque aliquis spectans hospes Sulmonis aquosi
    moenia, quae campi iugera pauca tenent,
'quae tantum' dicat 'potuistis ferre poetam,
    quantulacumque estis, uos ego magna uoco.'
culte puer, puerique parens Amathusia culti,
    aurea de campo uellite signa meo.

corniger increpuit thyrso grauiore Lyaeus:
 pulsanda est magnis area maior equis.
inbelles elegi, genialis Musa, ualete,
 post mea mansurum fata superstes opus.

(Amores III. 15)

88. *Advice to* SUITORS

promittas facito. quid enim promittere laedit?
 pollicitis diues quilibet esse potest.
spes tenet in tempus, semel est si credita, longum:
 illa quidem fallax, sed tamen apta dea est.
si dederis aliquid, poteris ratione relinqui:
 praeteritum tulerit, perdideritque nihil.
at quod non dederis, semper uideare daturus.
 sic dominum sterilis saepe fefellit ager:
sic, ne perdiderit, non cessat perdere lusor,
 et reuocat cupidas alea saepe manus.
hoc opus, hic labor est, primo sine munere iungi.
 ne dederit gratis quae dedit, usque dabit.
ergo eat et blandis peraretur littera uerbis
 exploretque animos primaque temptet iter.
littera Cydippen pomo perlata fefellit,
 insciaque est uerbis capta puella suis.
disce bonas artes, moneo, Romana iuuentus,
 non tantum trepidos ut tueare reos.
quam populus iudexque grauis lectusque senatus,
 tam dabit eloquio uicta puella manus.
sed lateant uires, nec sis in fronte disertus.
 effugiant uoces uerba molesta tuae.
quis, nisi mentis inops, tenerae declamat amicae?
 saepe ualens odii littera causa fuit.

sit tibi credibilis sermo consuetaque uerba,
blanda tamen, praesens ut uideare loqui.

(Ars Amatoria I. 443–468)

89. *The Rape of* PROSERPINE

haud procul Hennaeis lacus est a moenibus altae,
nomine Pergus, aquae. non illo plura Caystros
carmina cygnorum labentibus audit in undis.
silua coronat aquas cingens latus omne suisque
frondibus ut uelo Phoebeos submouet ignes.
frigora dant rami, Tyrios humus umida flores;
perpetuum uer est. quo dum Proserpina luco
ludit et aut uiolas aut candida lilia carpit,
dumque puellari studio calathosque sinumque
inplet et aequales certat superare legendo,
paene simul uisa est dilectaque raptaque Diti;
usque adeo est properatus amor. dea territa maesto
et matrem et comites, sed matrem saepius, ore
clamat; et ut summa uestem laniarat ab ora,
collecti flores tunicis cecidere remissis.
tantaque simplicitas puerilibus adfuit annis,
haec quoque uirgineum mouit iactura dolorem.
raptor agit currus et nomine quemque uocando
exhortatur equos, quorum per colla iubasque
excutit obscura tinctas ferrugine habenas,
perque lacus altos et olentia sulpure fertur
stagna Palicorum, rupta feruentia terra,
et qua Bacchiadae, bimari gens orta Corintho,
inter inaequales posuerunt moenia portus.

(Metamorphoses V. 385–408)

90. *The Home of* FAMA (*Rumour*)

orbe locus medio est inter terrasque fretumque
caelestesque plagas, triplicis confinia mundi,
unde quod est usquam, quamuis regionibus absit,
inspicitur, penetratque cauas uox omnis ad aures.
Fama tenet, summaque domum sibi legit in arce
innumerosque aditus ac mille foramina tectis
addidit et nullis inclusit limina portis.
nocte dieque patet. tota est ex aere sonanti;
tota fremit uocesque refert iteratque quod audit:
nulla quies intus nullaque silentia parte.
nec tamen est clamor, sed paruae murmura uocis,
qualia de pelagi, siquis procul audiat, undis
esse solent, qualemue sonum, cum Iuppiter atras
increpuit nubes, extrema tonitrua reddunt.
atria turba tenet: ueniunt, leue uulgus, euntque
mixtaque cum ueris passim conmenta uagantur
milia rumorum confusaque uerba uolutant.
e quibus hi uacuas inplent sermonibus aures,
hi narrata ferunt alio, mensuraque ficti
crescit, et auditis aliquid nouus adicit auctor.
illic Credulitas, illic temerarius Error
uanaque Laetitia est consternatique Timores
Seditioque repens dubioque auctore Susurri.
ipsa quid in caelo rerum pelagoque geratur
et tellure uidet totumque inquirit in orbem.

(Id. XII. 39–63)

91. VESTA'S *Temple*

dena quater memorant habuisse Parilia Romam,
 cum flammae custos aede recepta dea est.

regis opus placidi, quo non metuentius ullum
    numinis ingenium terra Sabina tulit.
quae nunc aere uides, stipula tum tecta uideres,
    et paries lento uimine textus erat.
hic locus exiguus, qui sustinet atria Vestae,
    tunc erat intonsi regia magna Numae.
forma tamen templi quae nunc manet, ante fuisse
    dicitur; et formae causa probanda subest.
Vesta eadem, quae terra. subest uigil ignis utrique:
    significant sedem terra focusque suam.
terra pilae similis, nullo fulcimine nixa,
    aere subiecto tam graue pendet onus.
ipsa uolubilitas libratum sustinet orbem,
    quique premat partes, angulus omnis abest.
cumque sit in media rerum regione locata,
    ut tangat nullum plusue minusue latus,
ni conuexa foret, parti uicinior esset,
    nec medium terram mundus haberet onus.
arte Syracosia suspensus in aere clauso
    stat globus, immensi parua figura poli,
et quantum a summis, tantum secessit ab imis
    terra; quod ut fiat, forma rotunda facit.
par facies templi; nullus procurrit in illo
    angulus, a pluuio uindicat imbre tholus.

                        (Fasti VI. 257–282)

92. *The Exile's* BIRTHDAY

ecce superuacuus (quid enim fuit utile gigni?)
    ad sua natalis tempora noster adest.
dure, quid ad miseros ueniebas exulis annos?
    debueras illis inposuisse modum.

si tibi cura mei, uel si pudor ullus inesset,
    non ultra patriam me sequerere meam:
quoque loco primum tibi sum male cognitus infans,
    illo temptasses ultimus esse mihi:
inque relinquendo, quod idem fecere sodales,
    tu quoque dixisses tristis in urbe 'uale.'
quid tibi cum Ponto? num te quoque Caesaris ira
    extremam gelidi misit in orbis humum?
scilicet expectas solitum tibi moris honorem,
    pendeat ex umeris uestis ut alba meis,
fumida cingatur florentibus ara coronis,
    micaque sollemni turis in igne sonet,
libaque dem proprie genitale notantia tempus,
    concipiamque bonas ore fauente preces.
non ita sum positus, nec sunt ea tempora nobis,
    aduentu possim laetus ut esse tuo.
funeris ara mihi, ferali cincta cupresso,
    conuenit et structis flamma parata rogis.
nec dare tura libet nil exorantia diuos,
    in tantis subeunt nec bona uerba malis.
si tamen est aliquid nobis hac luce petendum,
    in loca ne redeas amplius ista, precor,
dum me terrarum pars paene nouissima, Pontus,
    Euxinus falso nomine dictus, habet.

               (*Tristia* III. xiii)

93. OLD AGE *in exile*

iam mea cygneas imitantur tempora plumas,
    inficit et nigras alba senecta comas.
iam subeunt anni fragiles et inertior aetas,
    iamque parum firmo me mihi ferre graue est.

nunc erat ut posito deberem fine laborum
    uiuere, me nullo sollicitante metu,
quaeque meae semper placuerunt otia menti
    carpere et in studiis molliter esse meis,
et paruam celebrare domum ueteresque penates
    et quae nunc domino rura paterna carent,
inque sinu dominae carisque sodalibus inque
    securus patria consenuisse mea.
haec mea sic quondam peragi sperauerat aetas;
    hos ego sic annos ponere dignus eram.
non ita dis uisum est, qui me terraque marique
    actum Sarmaticis exposuere locis.
in caua ducuntur quassae naualia puppes,
    ne temere in mediis dissoluantur aquis:
ne cadat et multas palmas inhonestet adeptus,
    languidus in pratis gramina carpit equus:
miles ubi emeritis non est satis utilis annis,
    ponit ad antiquos quae tulit arma lares.
sic igitur tarda uires minuente senecta
    me quoque donari iam rude tempus erat.
tempus erat nec me peregrinum ducere caelum,
    nec siccam Getico fonte leuare sitim,
sed modo, quos habui, uacuos secedere in hortos,
    nunc hominum uisu rursus et urbe frui.
sic animo quondam non diuinante futura
    optabam placide uiuere posse senex.
fata repugnarunt, quae cum mihi tempora prima
    mollia praebuerint, posteriora grauant.

                            (*Id.* IV. viii. 1–32)

Marcus Manilius

Circa 12 A.D.

Didactic Poet

94. *Prelude to* Manilius' *poem on* ASTRONOMY

carmine diuinas artes et conscia fati
sidera diuersos hominum uariantia casus,
caelestis rationis opus, deducere mundo
aggredior primusque nouis Helicona mouere
cantibus et uiridi nutantis uertice siluas
hospita sacra ferens nulli memorata priorum.
hunc mihi tu, Caesar, patriae princepsque paterque,
qui regis augustis parentem legibus orbem
concessumque patri mundum deus ipse mereris,
das animum uiresque facis ad tanta canenda.
iam propiusque fauet mundus scrutantibus ipsum
et cupit aetherios per carmina pandere census.
hoc sub pace uocat; tandem iuuat ire per ipsum
aera et immenso spatiantem uiuere caelo
signaque et aduersos stellarum noscere cursus.
quod solum nouisse parum est. impensius ipsa
scire iuuat magni penitus praecordia mundi,
quaque regat generetque suis animalia signis
cernere et in numerum Phoebo modulante referre.
bina mihi positis lucent altaria flammis,
ad duo templa precor duplici circumdatus aestu
carminis et rerum: certa cum lege canentem
mundus et immenso uatem circumstrepit orbe
uixque soluta suis immittit uerba figuris.

(Astronomica I. 1–24)

Lucius Annaeus Seneca
4 b.c.—65 a.d.

Philosopher, Letter-writer, and Tragedian

95. *The demoralising effect of the* GAMES

inimica est multorum conuersatio; nemo non aliquod
nobis uitium aut commendat aut inprimit aut nescientibus
adlinit. utique quo maior est populus, cui miscemur, hoc
periculi plus est. nihil uero tam damnosum bonis moribus
quam in aliquo spectaculo desidere. tunc enim per uoluptatem facilius uitia subrepunt. quid me existimas dicere?
auarior redeo, ambitiosior, luxuriosior, immo uero crudelior
et inhumanior, quia inter homines fui. casu in meridianum
spectaculum incidi lusus expectans et sales et aliquid laxa-
menti, quo hominum oculi ab humano cruore adquiescant;
contra est. quicquid ante pugnatum est, misericordia fuit.
nunc omissis nugis mera homicidia sunt. nihil habent quo
tegantur, ad ictum totis corporibus expositi numquam
frustra manum mittunt. hoc plerique ordinariis paribus et
postulaticiis praeferunt. quidni praeferant? non galea, non
scuto repellitur ferrum. quo munimenta? quo artes?
omnia ista mortis morae sunt. mane leonibus et ursis
homines, meridie spectatoribus suis obiciuntur. inter-
fectores interfecturis iubent obici et uictorem in aliam
detinent caedem. exitus pugnantium mors est; ferro et
igne res geritur.   (*Epistles* vii. 2–4)

96. *Real* JOY

mihi crede, uerum gaudium res seuera est. an tu existimas quemquam soluto uultu et, ut isti delicati loquuntur,

hilariculo mortem contemnere, paupertati domum aperire,
uoluptates tenere sub freno, meditari dolorum patientiam?
haec qui apud se uersat, in magno gaudio est, sed parum
blando. in huius gaudii possessione esse te uolo; numquam
deficiet, cum semel unde petatur inueneris. leuium metal-
lorum fructus in summo est; illa opulentissima sunt,
quorum in alto latet uena adsidue plenius responsura
fodienti. haec, quibus delectatur uulgus, tenuem habent
ac perfusoriam uoluptatem, et quodcumque inuecticium
gaudium est, fundamento caret. hoc, de quo loquor, ad
quod te conor perducere, solidum est et quod plus pateat
introrsus. fac, oro te, Lucili carissime, quod unum potest
praestare felicem: dissice et conculca ista, quae extrinsecus
splendent, quae tibi promittuntur ab alio uel ex alio, ad
uerum bonum specta et de tuo gaude. quid est autem
hoc 'de tuo'? te ipso et tui optima parte. corpusculum
quoque, etiam si nihil fieri sine illo potest, magis neces-
sariam rem crede quam magnam; uanas suggerit uoluptates,
breues, paenitendas, ac nisi magna moderatione temperen-
tur, in contrarium abituras. ita dico: in praecipiti uoluptas
ad dolorem uergit, nisi modum tenuit.   (*Id.* XXIII. 4–6)

97. *Human* FRAILTY

nos multa alligant, multa debilitant. diu in istis uitiis
iacuimus, elui difficile est. non enim inquinati sumus, sed
infecti. ne ab alia imagine ad aliam transeamus, hoc
quaeram, quod saepe mecum dispicio: quid ita nos stultitia
tam pertinaciter teneat? primo quia non fortiter illam
repellimus nec toto ad salutem impetu nitimur, deinde quia
illa, quae a sapientibus uiris reperta sunt, non satis credimus
nec apertis pectoribus haurimus leuiterque tam magnae rei
insistimus. quemadmodum autem potest aliquis, quantum

satis sit, aduersus uitia discere, qui quantum a uitiis
uacat, discit? nemo nostrum in altum descendit. summa
tantum decerpsimus et exiguum temporis impendisse philosophiae satis abundeque occupatis fuit. illud praecipue
impedit, quod cito nobis placemus; si inuenimus, qui nos
bonos uiros dicat, qui prudentes, qui sanctos, adgnoscimus.
non sumus modica laudatione contenti; quicquid in nos
adulatio sine pudore congessit, tamquam debitum prendi-
mus. optimos nos esse, sapientissimos adfirmantibus ad-
sentimur, cum sciamus illos saepe multa mentiri. adeoque
indulgemus nobis, ut laudari uelimus in id, cui contraria
cum maxime facimus.   (*Id.* LIX. 9–11)

98. *The study of* PHILOSOPHY

non cum uacaueris, philosophandum est; omnia alia
neglegenda, ut huic adsideamus, cui nullum tempus satis
magnum est, etiam si a pueritia usque ad longissimos
humani aeui terminos uita producitur. non multum refert,
utrum omittas philosophiam an intermittas; non enim ubi
interrupta est, manet, sed eorum more, quae intenta
dissiliunt, usque ad initia sua recurrit, quod a continuatione
discessit. resistendum est occupationibus, nec explicandae,
sed submouendae sunt. tempus quidem nullum parum est
idoneum studio salutari; atqui multi inter illa non student,
propter quae studendum est. 'incidet aliquid, quod in-
pediat.' non quidem eum, cuius animus in omni negotio
laetus atque alacer est; inperfectis adhuc interscinditur
laetitia, sapientis uero contexitur gaudium, nulla causa
rumpitur, nulla fortuna, semper et ubique tranquillus est.
non enim ex alieno pendet nec fauorem fortunae aut
hominis expectat. domestica illi felicitas est; exiret ex
animo, si intraret; ibi nascitur. aliquando extrinsecus, quo

admoneatur mortalitatis, interuenit, sed id leue et quod
summam cutem stringat. aliquo, inquam, incommodo
adflatur; maximum autem illud bonum est fixum. ita dico:
extrinsecus aliqua sunt incommoda, uelut in corpore interdum robusto solidoque eruptiones quaedam pusularum
et ulcuscula, nullum in alto malum est. hoc, inquam,
interest inter consummatae sapientiae uirum et alium procedentis, quod inter sanum et ex morbo graui ac diutino
emergentem, cui sanitatis loco est leuior accessio: hic nisi
adtendit, subinde grauatur et in eadem reuoluitur, sapiens
recidere non potest, ne incidere quidem amplius. corpori
enim ad tempus bona ualetudo est, quam medicus, etiam
si reddidit, non praestat, saepe ad eundem, qui aduocauerat,
excitatur. animus semel in totum sanatur.

(*Id.* LXXII. 3–6)

99. *Thoughts on* SCIPIO's *bath*

in hoc balneo Scipionis minimae sunt rimae magis quam
fenestrae muro lapideo exsectae, ut sine iniuria munimenti
lumen admitterent; at nunc blattaria uocant balnea, si qua
non ita aptata sunt, ut totius diei solem fenestris amplissimis
recipiant, nisi et lauantur simul et colorantur, nisi ex solio
agros ac maria prospiciunt. itaque quae concursum et
admirationem habuerant, cum dedicarentur, deuitantur et
in antiquorum numerum reiciuntur, cum aliquid noui
luxuria commenta est, quo ipsa se obrueret. at olim et
pauca erant balnea nec ullo cultu exornata. cur enim
exornaretur res quadrantaria et in usum, non in oblecta-
mentum reperta? non suffundebatur aqua nec recens
semper uelut ex calido fonte currebat, nec referre credebant, in quam perlucida sordes deponerent. sed, di boni,
quam iuuat illa balinea intrare obscura et gregali tectorio

inducta, quae scires Catonem tibi aedilem aut Fabium
Maximum aut ex Corneliis aliquem manu sua temperasse?
nam hoc quoque nobilissimi aediles fungebantur officio
intrandi ea loca, quae populum receptabant, exigendique
munditias et utilem ac salubrem temperaturam, non hanc,
quae nuper inuenta est similis incendio, adeo quidem, ut
conuictum in aliquo scelere seruum uiuum lauari oporteat.
nihil mihi uidetur iam interesse, ardeat balineum an caleat.
(*Id.* LXXXVI. 8–10)

100. *The power of* CHANCE

eligit aliquid noui casus, per quod uelut oblitis uires suas
ingerat. quidquid longa series multis laboribus, multa
deum indulgentia struxit, id unus dies spargit ac dissipat.
longam moram dedit malis properantibus, qui diem dixit;
hora momentumque temporis euertendis imperiis sufficit.
esset aliquod inbecillitatis nostrae solacium rerumque nos-
trarum, si tam tarde perirent cuncta quam fiunt; nunc
incrementa lente exeunt, festinatur in damnum. nihil
priuatim, nihil publice stabile est; tam hominum quam
urbium fata uoluuntur. inter placidissima terror existit
nihilque extra tumultuantibus causis mala, unde minime
exspectabantur, erumpunt. quae domesticis bellis steterant
regna, quae externis, inpellente nullo ruunt. quota quaeque
felicitatem ciuitas pertulit? cogitanda ergo sunt omnia et
animus aduersus ea, quae possunt euenire, firmandus.
exilia, tormenta morbi, bella, naufragia meditare. potest
te patriae, potest patriam tibi casus eripere, potest te in
solitudines abigere, potest hoc ipsum, in quo turba suffo-
catur, fieri solitudo. tota ante oculos sortis humanae con-
dicio ponatur, nec quantum frequenter euenit, sed quantum
plurimum potest euenire, praesumamus animo, si nolumus

opprimi nec illis inusitatis uelut nouis obstupefieri; in
plenum cogitanda fortuna est.   (*Id.* XCI. 6–8)

101. *Choric hymn to* BACCHUS

effusam redimite comam nutante corymbo,
mollia Nysaeis armati bracchia thyrsis!

  lucidum caeli decus, huc ades
  uotis quae tibi nobiles
  Thebae, Bacche, tuae
  palmis supplicibus ferunt.
    huc aduerte fauens uirgineum caput,
  uultu sidereo discute nubila
  et tristes Erebi minas
  auidumque fatum.
    te decet cingi comam floribus uernis,
  te caput Tyria cohibere mitra
  hederaue mollem
  bacifera religare frontem.
    spargere effusos sine lege crines,
  rursus adducto reuocare nodo;
  qualis iratam metuens nouercam
  creueras falsos imitatus artus,
  crine flauenti simulata uirgo,
  lutea uestem retinente zona:
  inde tam molles placuere cultus
  et sinus laxi fluidumque syrma.
    vidit aurato residere curru,
  ueste cum longa tegeres leones,
  omnis Eoae plaga uasta terrae,
  qui bibit Gangen niueumque quisquis
        frangit Araxen.   (*Oedipus* 403–428)

102. *A* STORM *at sea*

nox prima caelum sparserat stellis, iacent
deserta uento uela. tum murmur graue,
maiora minitans, collibus summis cadit
tractuque longo litus ac petrae gemunt ;
agitata uentis unda uenturis tumet:
cum subito luna conditur, stellae latent,
in astra pontus tollitur, caelum perit.
nec una nox est: densa tenebras obruit
caligo et omni luce subducta fretum
caelumque miscet. undique incumbunt simul
rapiuntque pelagus infimo euersum solo
aduersus Euro Zephyrus et Boreae Notus:
sua quisque mittit tela et infesti fretum
emoliuntur, turbo conuoluit mare:
Strymonius altas Aquilo contorquet niues
Libycusque harenas Auster ad Syrtes agit;
nec manet in Austro: fit grauis nimbis Notus
imbre auget undas, Eurus orientem mouet
Nabataea quatiens regna et Eoos sinus.
quid rabidus ora Corus oceano exerens?
mundum reuelli sedibus totum suis
ipsosque rupto crederes caelo deos
decidere et atrum rebus induci chaos.

(Agamemnon 465–487)

103. *The* ADVANTAGES *of humble station*

mihi crede, falsis magna nominibus placent,
frustra timentur dura. dum excelsus steti,
numquam pauere destiti atque ipsum mei
ferrum timere lateris. o quantum bonum est

obstare nulli, capere securas dapes
humi iacentem! scelera non intrant casas,
tutusque mensa capitur angusta cibus;
uenenum in auro bibitur—expertus loquor:
malam bonae praeferre fortunam licet.
non uertice alti montis impositam domum
et eminentem ciuitas humilis tremit
nec fulget altis splendidum tectis ebur
somnosque non defendit excubitor meos;
non classibus piscamur et retro mare
iacta fugamus mole nec uentrem improbum
alimus tributo gentium, nullus mihi
ultra Getas metatur et Parthos ager;
non ture colimur nec meae excluso Ioue
ornantur arae; nulla culminibus meis
imposita nutat silua nec fumant manu
succensa multa stagna nec somno dies
Bacchoque nox iungenda peruigili datur:
sed non timemur, tuta sine telo est domus
rebusque paruis magna praestatur quies—
immane regnum est posse sine regno pati.

(*Thyestes* 446–470)

AULUS PERSIUS FLACCUS

34—62 A.D.

Satirist

104. *To a* FRIEND, *on his birthday*

hunc, Macrine, diem numera meliore lapillo,
qui tibi labentis apponet candidus annos.
funde merum genio. non tu prece poscis emaci,
quae nisi seductis nequeas committere diuis.
at bona pars procerum tacita libabit acerra.
haut cuiuis promptum est murmurque humilesque susurros
tollere de templis et aperto uiuere uoto.
'mens bona, fama, fides' haec clare et ut audiat hospes:
illa sibi introrsum et sub lingua murmurat 'o si
ebulliat patruus, praeclarum funus!' et 'o si
sub rastro crepet argenti mihi seria dextro
Hercule! pupillumue utinam, quem proximus heres
inpello, expungam, nam et est scabiosus et acri
bile tumet; Nerio iam tertia conditur uxor.'
haec sancte ut poscas, Tiberino in gurgite mergis
mane caput bis terque et noctem flumine purgas.

(Satires II. 1–16)

MARCUS ANNAEUS LUCANUS
39—65 A.D.
Epic poet

105. *The eve of* CIVIL WAR

nec non bella uiri diuersaque castra petentes
effundunt iustas in numina saeua querelas:
'o miserae sortis quod non in Punica nati
tempora Cannarum fuimus Trebiaeque iuuentus.
non pacem petimus, superi: date gentibus iras:
nunc urbes excite feras: coniuret in arma
mundus: Achaemeniis decurrant Medica Susis
agmina: Massageten Scythicus non adliget Hister:
fundat ab extremo flauos Aquilone Sueuos
Albis et indomitum Rheni caput: omnibus hostes
reddite nos populis: ciuile auertite bellum:
hinc Dacus premat inde Getes: occurrat Hiberis
alter, ad Eoas hic uertat signa pharetras.
nulla uacet tibi, Roma, manus. uel perdere nomen
si placet Hesperium, superi, collapsus in ignem
plurimus ad terram per fulmina decidat aether.
saeue parens, utrasque simul partesque ducesque
dum nondum meruere feri. tantone nouorum
prouentu scelerum quaerunt uter imperet urbi?
uix tanti fuerat ciuilia bella mouere
ut neuter.' tales pietas peritura querelas
egerit. at miseros angit sua cura parentes,
oderuntque grauis uiuacia fata senectae
seruatosque iterum bellis ciuilibus annos.

(Pharsalia II. 43–66)

106. *A* DREADFUL WOOD

lucus erat longo numquam uiolatus ab aeuo
obscurum cingens conexis aera ramis
et gelidas alte submotis solibus umbras.
hunc non ruricolae Panes nemorumque potentes
Siluani Nymphaeque tenent, sed barbara ritu
sacra deum, structae diris altaribus arae,
omnisque humanis lustrata cruoribus arbos.
si qua fidem meruit superos mirata uetustas,
illis et uolucres metuunt insistere ramis
et lustris recubare ferae; nec uentus in illas
incubuit siluas excussaque nubibus atris
fulgura; non ullis frondem praebentibus auris
arboribus suus horror inest. tunc plurima nigris
fontibus unda cadit, simulacraque maesta deorum
arte carent caesisque exstant informia truncis.
ipse situs putrique facit iam robore pallor
attonitos: non uolgatis sacrata figuris
numina sic metuunt: tantum terroribus addit
quos timeant non nosse deos. iam fama ferebat
saepe cauas motu terrae mugire cauernas,
et procumbentis iterum consurgere taxos,
et non ardentis fulgere incendia siluae,
roboraque amplexos circumfluxisse dracones.
non illum cultu populi propiore frequentant,
sed cessere deis. medio cum Phoebus in axe est,
aut caelum nox atra tenet, pauet ipse sacerdos
accessus dominumque timet deprendere luci.

(Id. III. 399–425)

107. *Character of* CURIO

quid nunc rostra tibi prosunt turbata forumque
unde tribunicia plebeius signifer arte
arma dabas populis? quid prodita iura senatus,
et gener atque socer bello concurrere iussi?
ante iaces quam dira duces Pharsalia confert,
spectandumque tibi bellum ciuile negatum est.
has urbi miserae uestro de sanguine poenas
nempe datis: luitis iugulo sic arma, potentes?
felix Roma quidem ciuesque habitura beatos,
si libertatis superis tam cura placeret
quam uindicta placet. Libycas en nobile corpus
pascit aues nullo contectus Curio busto.
at tibi nos, quando non proderit ista silere
a quibus omne aeui senium sua fama repellit,
digna damus, iuuenis, meritae praeconia uitae.
haud alium tanta ciuem tulit indole Roma,
aut cui plus leges deberent recta sequenti.
perdita tunc urbi nocuerunt saecula, postquam
ambitus et luxus et opum metuenda facultas
transuerso mentem dubiam torrente tulerunt:
momentumque fuit mutatus Curio rerum
Gallorum captus spoliis et Caesaris auro.
ius licet in iugulos nostros sibi fecerit ense
Sulla potens Mariusque ferox et Cinna cruentus
Caesareaeque domus series: cui tanta potestas
concessa est? emere omnes, hic uendidit urbem.

(Id. IV. 799–824)

108. POMPEIUS *takes leave of his* WIFE

nocte sub extrema pulso torpore quietis
dum fouet amplexu grauidum Cornelia curis

pectus et auersi petit oscula grata mariti,
umentis mirata genas percussaque caeco
uolnere, non audet flentem deprendere Magnum.
ille gemens, 'uita non nunc mihi dulcior,' inquit,
'cum taedet uitae, laeto sed tempore, coniunx,
uenit maesta dies et quam nimiumque parumque
distulimus; iam totus adest in proelia Caesar.
cedendum est bellis; quorum tibi tuta latebra
Lesbos erit. desiste preces temptare: negaui
iam mihi: non longos a me patiere recessus.
praecipites aderunt casus: properante ruina
summa cadunt. satis est audisse pericula Magni:
meque tuus decepit amor ciuilia bella
si spectare potes. nam me iam Marte parato
securos cepisse pudet cum coniuge somnos,
eque tuo, miserum quatiunt cum classica mundum,
surrexisse sinu. uereor ciuilibus armis
Pompeium nullo tristem committere damno,
tutior interea populis et tutior omni
rege late, positamque procul fortuna mariti
non tota te mole premat. si numina nostras
impulerint acies, maneat pars optima nostri;
sitque mihi, si fata premant uictorque cruentus,
quo fugisse uelim.'   (*Id.* v. 734–759)

109. *The* WITCH *prepares to consult a corpse on behalf of young* POMPEIUS

haud procul a Ditis caecis depressa cauernis
in praeceps subsedit humus: quam pallida pronis
urget silua comis, et nullo uertice caelum
suspiciens Phoebo non peruia taxus opacat.

marcentes intus tenebrae pallensque sub antris
longa nocte situs; numquam nisi carmine factum
lumen habet. non Taenareis sic faucibus aer
sedit iners, maestum mundi confine latentis
ac nostri: quo non metuant emittere manes
Tartarei reges. nam quamuis Thessala uates
uim faciat fatis, dubium est, quod traxerit illuc
adspiciat Stygias, an quod descenderit, umbras.
discolor et uario furialis cultus amictu
induitur, uoltusque aperitur crine remoto,
et coma uipereis substringitur horrida sertis.
ut pauidos iuuenis comites ipsumque trementem
conspicit exanimi defixum lumina uoltu:
'ponite,' ait, 'trepida conceptos mente timores:
iam noua iam uera reddetur uita figura,
ut quamuis pauidi possint audire loquentem.
si uero Stygiosque lacus ripamque sonantem
ignibus ostendam, si me praesente uideri
Eumenides possent uillosaque colla colubris
Cerberus excutiens et uincti terga Gigantes,
quis timor, ignaui, metuentis cernere manes?'

                                    (*Id.* vi, 642–666)

110. CAESAR *expresses disapproval of* POMPEIUS'
                         murder

uertissem Latias a uestro litore proras:
famae cura uetat, ne non damnasse cruentam
sed uidear timuisse Pharon. nec fallere uos me
credite uictorem: nobis quoque tale paratum
litoris hospitium; ne sic mea colla gerantur
Thessaliae fortuna facit. maiore profecto

quam metui poterat discrimine gessimus arma:
exsilium generique minas Romamque timebam:
poena fugae Ptolomaeus erat. sed parcimus annis
donamusque nefas. sciat hac pro caede tyrannus
nil uenia plus posse dari. uos condite busto
tanti colla ducis: sed non ut crimina tantum
uestra tegat tellus; iusto date tura sepulcro
et placate caput cineresque in litore fusos
colligite atque unam sparsis date manibus urnam.
sentiat aduentum soceri uocesque querentis
audiat umbra pias. dum nobis omnia praefert,
dum uitam Phario mauolt debere clienti,
laeta dies rapta est populis: concordia mundo
nostra perit: caruere deis mea uota secundis,
ut te complexus positis felicibus armis
adfectus abs te ueteres uitamque rogarem,
Magne, tuam: dignaque satis mercede laborum
contentus, par esse tibi, tum pace fideli
fecissem ut uictus posses ignoscere diuis,
fecisses, ut Roma mihi.   (*Id.* IX. 1079–1104)

111. CLEOPATRA *makes appeal to* CAESAR

quem formae confisa suae Cleopatra sine ullis
tristis adit lacrimis, simulatum compta dolorem
qua decuit, ueluti laceros dispersa capillos,
et sic orsa loqui: 'si qua est, o maxime Caesar,
nobilitas, Pharii proles clarissima Lagi,
exsul in aeternum sceptris depulsa paternis,
si tua restituat ueteri me dextera fato,
complector regina pedes. tu gentibus aequum
sidus ades nostris. non urbes prima tenebo

femina Niliacas: nullo discrimine sexus
reginam scit ferre Pharos. lege summa perempti
uerba patris, qui iura mihi communia regni
et thalamos cum fratre dedit. puer ipse sororem,
sit modo liber, amat; sed habet sub iure Pothini
adfectus ensesque suos. nil ipsa paterni
iuris inire peto: culpa tantoque pudore
solue domum, remoue funesta satellitis arma
et regem regnare iube. quantosne tumores
mente gerit famulus Magni ceruice reuolsa?
iam tibi, sed procul hoc auertant fata, minatur.
sat fuit indignum, Caesar, mundoque tibique
Pompeium facinus meritumque fuisse Pothini.'

(*Id.* x. 82–103)

TITUS PETRONIUS ARBITER
Died 66 A.D.
Satirist

112. *The folly of teaching* RHETORIC

num alio genere furiarum declamatores inquietantur, qui
clamant: 'haec uulnera pro libertate publica excepi; hunc
oculum pro uobis impendi: date mihi ducem, qui me ducat
ad liberos meos, nam succisi poplites membra non susti-
nent'? haec ipsa tolerabilia essent, si ad eloquentiam ituris
uiam facerent. nunc et rerum tumore et sententiarum
uanissimo strepitu hoc tantum proficiunt, ut cum in forum
uenerint, putent se in alium orbem terrarum delatos. et
ideo ego adulescentulos existimo in scholis stultissimos fieri,
quia nihil ex his, quae in usu habemus, aut audiunt aut

uident, sed piratas cum catenis in litore stantes, sed tyrannos
edicta scribentes, quibus imperent filiis ut patrum suorum
capita praecidant, sed responsa in pestilentiam data, ut
uirgines tres aut plures immolentur, sed mellitos uerborum
globulos et omnia dicta factaque quasi papauere et sesamo
sparsa. qui inter haec nutriuntur, non magis sapere possunt,
quam bene olere, qui in culina habitant. pace uestra liceat
dixisse, primi omnium eloquentiam perdidistis. leuibus
enim atque inanibus sonis ludibria quaedam excitando
effecistis, ut corpus orationis eneruaretur et caderet.

(Satyricon 1, 2)

113. ADVICE *to young* WRITERS

artis seuerae si quis ambit effectus
mentemque magnis applicat, prius mores
frugalitatis lege poliat exacta.
   nec curet alto regiam trucem uultu
cliensue cenas impotentium captet,
nec perditis addictus obruat uino
mentis calorem, neue plausor in scaenam
sedeat redemptus histrionis ad rictus.
sed siue armigerae rident Tritonidis arces,
seu Lacedaemonio tellus habitata colono
Sirenumue domus, det primos uersibus annos
Maeoniumque bibat felici pectore fontem.
mox et Socratico plenus grege mittat habenas
liber et ingentis quatiat Demosthenis arma.
hinc Romana manus circumfluat et modo Graio
exonerata sono mutet suffusa saporem.
interdum subducta foro det pagina cursum
et furtiua sonet celeri distincta meatu;
dein epulas et bella truci memorata canore

grandiaque indomiti Ciceronis uerba minetur.
his animum succinge bonis: sic flumine largo
plenus Pierio defundes pectore uerba.   (*Id.* 5)

114. TRIMALCHIO'S *testamentary arrangements*

diffusus hac contentione Trimalchio 'amici' inquit 'et
serui homines sunt et aeque unum lactem biberunt, etiam
si illos malus fatus oppressit. tamen me saluo cito aquam
liberam gustabunt. ad summam, omnes illos in testamento
meo manu mitto. Philargyro etiam fundum lego et con-
tubernalem suam, Carioni quoque insulam et uicesimam et
lectum stratum. nam Fortunatam meam heredem facio,
et commendo illam omnibus amicis meis. et haec ideo
omnia publico, ut familia mea iam nunc sic me amet
tanquam mortuum.' gratias agere omnes indulgentiae
coeperant domini, cum ille oblitus nugarum exemplar
testamenti iussit afferri et totum a primo ad ultimum
ingemescente familia recitauit. respiciens deinde Habinnam
'quid dicis' inquit 'amice carissime? aedificas monumentum meum, quemadmodum te iussi? ualde te rogo,
ut secundum pedes statuae meae catellam ponas et coronas
et unguenta et Petraitis omnes pugnas, ut mihi contingat
tuo beneficio post mortem uiuere; praeterea ut sint in
fronte pedes centum, in agrum pedes ducenti. omne genus
enim poma uolo sint circa cineres meos, et uinearum
largiter. ualde enim falsum est uiuo quidem domos cultas
esse, non curari eas, ubi diutius nobis habitandum est. et
ideo ante omnia adici uolo: "hoc monumentum heredem
non sequitur."'   (*Id.* 71)

115. *The* DECADENCE *of modern days*

erectus his sermonibus consulere prudentiorem coepi
aetates tabularum et quaedam argumenta mihi obscura
simulque causam desidiae praesentis excutere, cum pul-
cherrimae artes perissent, inter quas pictura ne minimum
quidem sui uestigium reliquisset. tum ille 'pecuniae' inquit
'cupiditas haec tropica instituit. priscis enim temporibus,
cum adhuc nuda uirtus placeret, uigebant artes ingenuae
summumque certamen inter homines erat, ne quid pro-
futurum saeculis diu lateret. at nos uino scortisque demersi
ne paratas quidem artes audemus cognoscere, sed accusa-
tores antiquitatis uitia tantum docemus et discimus. ubi est
dialectica? ubi astronomia? ubi sapientiae cultissima uia?
quis unquam uenit in templum et uotum fecit, si ad
eloquentiam peruenisset? quis, si philosophiae fontem atti-
gisset? ac ne bonam quidem mentem aut bonam ualitudinem petunt, sed statim antequam limen Capitolii tangant,
alius donum promittit, si propinquum diuitem extulerit,
alius, si thesaurum effoderit, alius, si ad trecenties sestertium
saluus peruenerit. ipse senatus, recti bonique praeceptor,
mille pondo auri Capitolio promittere solet, et ne quis
dubitet pecuniam concupiscere, Iouem quoque peculio
exornat. noli ergo mirari, si pictura defecit, cum omnibus
diis hominibusque formosior uideatur massa auri, quam
quicquid Apelles Phidiasque, Graeculi delirantes, fecerunt.'

(*Id.* 88)

116. *The* ART *of* POETRY

multos, inquit Eumolpus, o iuuenes, carmen decepit. nam
ut quisque uersum pedibus instruxit sensumque teneriorem
uerborum ambitu intexuit, putauit se continuo in Heli-
conem uenisse. sic forensibus ministeriis exercitati fre-

quenter ad carminis tranquillitatem tanquam ad portum
feliciorem refugerunt, credentes facilius poema extrui posse,
quam controuersiam sententiolis uibrantibus pictam. ceterum neque generosior spiritus uanitatem amat, neque
concipere aut edere partum mens potest nisi ingenti flumine
litterarum inundata. refugiendum est ab omni uerborum,
ut ita dicam, uilitate et sumendae uoces a plebe semotae,
ut fiat 'odi profanum uulgus et arceo.' praeterea curandum
est, ne sententiae emineant extra corpus orationis expressae,
sed intexto uestibus colore niteant. Homerus testis et lyrici
Romanusque Vergilius et Horatii curiosa felicitas. ceteri
enim aut non uiderunt uiam, qua iretur ad carmen, aut
uisam timuerunt calcare. ecce belli ciuilis ingens opus
quisquis attigerit, nisi plenus litteris, sub onere labetur.
non enim res gestae uersibus comprehendendae sunt, quod
longe melius historici faciunt, sed per ambages deorumque
ministeria et fabulosum sententiarum tormentum praecipi-
tandus est liber spiritus, ut potius furentis animi uaticinatio
appareat quam religiosae orationis sub testibus fides.

(Id. 118)

117. Caesar *marches south*

fortior ominibus mouit Mauortia signa
Caesar et insolitos gressu prior occupat ausus.
prima quidem glacies et cana uincta pruina
non pugnauit humus mitique horrore quieuit.
sed postquam turmae nimbos fregere ligatos
et pauidus quadrupes undarum uincula rupit,
incaluere niues. mox flumina montibus altis
undabant modo nata, sed haec quoque—iussa putares—
stabant, et uincta fluctus stupuere ruina,
et paulo ante lues iam concidenda iacebat.

tum uero male fida prius uestigia lusit
decepitque pedes; pariter turmaeque uirique
armaque congesta strue deplorata iacebant.
ecce etiam rigido concussae flamine nubes
exonerabantur, nec rupti turbine uenti
derant aut tumida confractum grandine caelum.
ipsae iam nubes ruptae super arma cadebant,
et concreta gelu ponti uelut unda ruebat.
uicta erat ingenti tellus niue uictaque caeli
sidera, uicta suis haerentia flumina ripis;
nondum Caesar erat, sed magnam nixus in hastam
horrida securis frangebat gressibus arua,
qualis Caucasea decurrens arduus arce
Amphitryoniades, aut toruo Iuppiter ore,
cum se uerticibus magni demisit Olympi
et periturorum disiecit tela Gigantum.   (*Id.* 123)

GAIUS VALERIUS FLACCUS
Died c. 92 A.D.
Epic poet

118. JASON *begins his* QUEST

mox taciti patuere doli nec uellera curae
esse uiro, sed sese odiis immania cogi
in freta. qua iussos sed tandem quaerere Colchos
arte queat? nunc aerii plantaria uellet
Perseos aut currus et quos frenasse dracones
creditur, ignaras Cereris qui uomere terras
imbuit et flaua quercum damnauit arista.
heu quid agat? populumne leuem ueterique tyranno

infensum atque olim miserantes Aesona patres
aduocet? an socia Iunone et Pallade fretus
armisona superet magis et freta iussa capessat,
siqua operis tanti domito consurgere ponto
fama queat? tu sola animos mentesque peruris,
Gloria! te uiridem uidet immunemque senectae
Phasidis in ripa stantem iuuenesque uocantem.
tandem animi incertum confusaque pectora firmat
relligio, tendensque pias ad sidera palmas
'omnipotens regina,' inquit, 'quam, turbidus atro
aethere caeruleum quateret cum Iuppiter imbrem,
ipse ego praecipiti tumidum per Enipea nimbo
in campos et tuta tuli nec credere quiui
ante deam, quam te tonitru nutuque reposci
coniugis et subita raptam formidine uidi,
da Scythiam Phasimque mihi; tuque, innuba Pallas,
eripe me. uestris egomet tum uellera templis
illa dabo; dabit auratis et cornibus igni
colla pater niueique greges altaria cingent.'

                                (*Argonautica* I. 64–90)

119. POLYPHEMUS *accosts the* ARGONAUTS

at procul e siluis sese gregibusque ferebat
saeuus in antra gigans; quem nec sua turba tuendo
it taciti secura metus. mortalia nusquam
signa manent; instar scopuli, qui montibus altis
summus abit longeque iugo stat solus ab omni.
deuolat inde furens, nec quo uia curue profecti
nec genus ante rogat, sed tali protonat ira:
'incipite, o iuuenes. etenim fiducia, credo,
huc tulit, auditas et sponte lacessitis oras.

sin errore uiae necdum mens gnara locorum,
Neptuni domus atque egomet Neptunia proles.
hic mihi lex caestus aduersaque tollere contra
brachia. sic ingens Asiae plaga quique per Arcton
dexter et in laeuum pontus iacet haec mea uisit
hospitia; hoc functi remeant certamine reges.
iam pridem caestus resides et frigida raris
dentibus aret humus. quis mecum foedera iunget?
prima manu cui dona fero? mox omnibus idem
ibit honos. fuga sub terras, fuga nulla per auras.
nec lacrimae (ne ferte preces) superiue uocati
pectora nostra mouent; aliis rex Iuppiter oris.
faxo Bebrycium nequeat transcendere puppis
ulla fretum et ponto uolitet Symplegas inani.'

(Id. IV. 199–221)

Marcus Fabius Quintilianus

40—95 (?) A.D.

Critic

120. *The superiority of* SCHOOL *to* HOME *teaching*

sed praestat alicui uel gratia uel pecunia uel amicitia, ut
doctissimum atque incomparabilem magistrum domi habeat:
num tamen ille totum in uno diem consumpturus est? aut
potest esse ulla tam perpetua discentis intentio, quae non
ut uisus oculorum obtutu continuo fatigetur? cum praesertim multo plus secreti temporis studia desiderent. neque
enim scribenti, ediscenti, cogitanti praeceptor adsistit,

quorum aliquid agentibus cuiuscunque interuentus impedi-
mento est. lectio quoque non omnis nec semper praeeunte
uel interpretante eget. quando enim tot auctorum notitia
contingeret? modicum ergo tempus est, quo in totum diem
uelut opus ordinetur, ideoque per plures ire possunt etiam
quae singulis tradenda sunt. pleraque uero hanc condicionem habent, ut eadem uoce ad omnes simul perferantur.
taceo de partitionibus et declamationibus rhetorum, quibus
certe quantuscunque numerus adhibeatur, tamen unus-
quisque totum feret. non enim uox illa praeceptoris ut
cena minus pluribus sufficit, sed ut sol uniuersis idem lucis
calorisque largitur. grammaticus quoque si de loquendi
ratione disserat, si quaestiones explicet, historias exponat,
poemata enarret, tot illa discent quot audient. at enim
emendationi praelectionique numerus obstat. sit incom-
modum, (nam quid fere undique placet?) mox illud com-
parabimus commodis.   (*Inst. Orat.* I. ii. 11–15)

121. *The duties of* TEACHERS

Sumat igitur ante omnia parentis erga discipulos suos
animum, ac succedere se in eorum locum, a quibus sibi
liberi tradantur, existimet. ipse nec habeat uitia nec ferat.
non austeritas eius tristis, non dissoluta sit comitas, ne
inde odium hinc contemptus oriatur. plurimus ei de honesto
ac bono sermo sit; nam quo saepius monuerit, hoc rarius
castigabit. minime iracundus, nec tamen eorum, quae
emendanda erunt, dissimulator, simplex in docendo, patiens
laboris, assiduus potius quam immodicus. interrogantibus
libenter respondeat, non interrogantes percontetur ultro.
in laudandis discipulorum dictionibus nec malignus nec
effusus, quia res altera taedium laboris, altera securitatem

parit. in emendando, quae corrigenda erunt, non acerbus
minimeque contumeliosus; nam id quidem multos a proposito studendi fugat, quod quidam sic obiurgant quasi
oderint. ipse aliquid immo multa cotidie dicat, quae secum
auditores referant. licet enim satis exemplorum ad imi-
tandum ex lectione suppeditet, tamen uiua illa, ut dicitur,
uox alit plenius praecipueque eius praeceptoris, quem dis-
cipuli, si modo recte sunt instituti, et amant et uerentur.
uix autem dici potest, quanto libentius imitemur eos,
quibus fauemus.   (*Id.* II. ii. 5–8)

122. QUINTILIAN *on the death of his* SON

una post haec Quintiliani mei spe ac uoluptate nitebar,
et poterat sufficere solacio. non enim flosculos, sicut prior,
sed iam decimum aetatis ingressus annum, certos ac de-
formatos fructus ostenderat. iuro per mala mea, per in-
felicem conscientiam, per illos manes, numina mei doloris,
eas me in illo uidisse uirtutes ingenii, non modo ad per-
cipiendas disciplinas, quo nihil praestantius cognoui plurima
expertus, studiique iam tum non coacti (sciunt praeceptores),
sed probitatis, pietatis, humanitatis, liberalitatis, ut prorsus
posset hinc esse tanti fulminis metus, quod obseruatum fere
est celerius occidere festinatam maturitatem, et esse nescio
quam, quae spes tantas decerpat, inuidiam, ne uidelicet
ultra quam homini datum est nostra prouehantur. etiam
illa fortuita aderant omnia, uocis iucunditas claritasque,
oris suauitas et in utracunque lingua, tanquam ad eam
demum natus esset, expressa proprietas omnium litterarum.
sed hae spes adhuc; illa maiora, constantia, grauitas,
contra dolores etiam ac metus robur. nam quo ille animo,
qua medicorum admiratione mensium octo ualetudinem

tulit! ut me in supremis consolatus est! quam etiam defi-
ciens iamque non noster ipsum illum alienatae mentis
errorem circa scholas ac litteras habuit? tuosne ego, o meae
spes inanes, labentes oculos, tuum fugientem spiritum uidi?
tuum corpus frigidum exangue complexus animam recipere
auramque communem haurire amplius potui, dignus his
cruciatibus, quos fero, dignus his cogitationibus.

(Id. vi. Praef. 9–12)*

123. *The* DEFENCE *of* STYLE

neque ignoro quosdam esse, qui curam omnem compositionis excludant, atque illum horridum sermonem, ut forte
fluxerit, modo magis naturalem, modo etiam magis uirilem
esse contendant. qui si id demum naturale esse dicunt, quod
natura primum ortum est et quale ante cultum fuit, tota
haec ars orandi subuertitur. neque enim locuti sunt ad hanc
regulam et diligentiam primi homines, nec prooemiis
praeparare, docere expositione, argumentis probare, adfectibus commouere scierunt. ergo his omnibus, non sola
compositione caruerunt; quorum si fieri nihil melius
licebat, ne domibus quidem casas aut uestibus pellium
tegmina aut urbibus montes ac siluas mutari oportuit.
quae porro ars statim fuit? quid non cultu mitescit? cur
uites coercemus manu? cur eas fodimus? rubos aruis
excidimus, terra et hos generat; mansuefacimus animalia,
indomita nascuntur. uerum id est maxime naturale, quod
fieri natura optime patitur. fortius uero qui incompositum
potest esse quam uinctum et bene collocatum? neque, si
parui pedes uim detrahunt rebus, ut Sotadeorum et Galliam-
borum et quorundam in oratione simili paene licentia
lasciuientium, compositionis est iudicandum. ceterum
quanto uehementior fluminum cursus est prono alueo ac

nullas moras obiiciente quam inter obstantia saxa fractis
aquis ac reluctantibus: tanto, quae connexa est et totis
uiribus fluit, fragosa atque interrupta melior oratio. cur
ergo uires ipsa specie solui putent, quando res nec ulla
sine arte satis ualeat et comitetur semper artem decor?

(*Id.* IX. iv. 3–7)

PUBLIUS PAPINIUS STATIUS
45–96 (?) A.D.
Epic and occasional poet

124. *To a* MOURNER

nemo uetat: satiare malis aegrumque dolorem
libertate doma. iam flendi expleta uoluptas?
iamque preces fessus non indignaris amicas?
iamne canam? lacrimis en et mea carmina in ipso
ore natant tristesque cadunt in uerba liturae.
ipse etenim tecum nigrae sollemnia pompae
spectatumque Vrbi scelus et puerile feretrum
produxi; saeuos damnati turis aceruos
plorantemque animam supra sua funera uidi;
teque patrum gemitus superantem et bracchia matrum
complexumque rogos ignemque haurire parantem
uix tenui similis comes offendique tenendo.
et nunc heu uittis et frontis honore soluto
infaustus uates uersa mea pectora tecum
plango lyra: et diu comitem sociumque doloris,
si merui luctusque tui consortia sensi,
iam lenis patiare precor. me fulmine in ipso
audiuere patres; ego iuxta busta profusis

matribus atque piis cecini solatia natis,—
et mihi, cum proprios gemerem defectus ad ignis
(quem, Natura!) patrem. nec te lugere seuerus
arceo, sed confer gemitus pariterque fleamus.

(Siluae II. i. 14–35)

125. DINNER *with a* CONNOISSEUR

forte remittentem curas Phoeboque leuatum
pectora, cum patulis tererem uagus otia Saeptis
iam moriente die, rapuit me cena benigni
Vindicis. haec imos animi perlapsa recessus
inconsumpta manet: neque enim ludibria uentris
hausimus aut epulas diuerso a sole petitas
uinaque perpetuis aeuo certantia fastis.
a miseri! quos nosse iuuat quid Phasidis ales
distet ab hiberna Rhodopes grue, quis magis anser
exta ferat, cur Tuscus aper generosior Vmbro,
lubrica qua recubent conchylia mollius alga.
nobis uerus amor medioque Helicone petitus
sermo hilaresque ioci brumalem absumere noctem
suaserunt mollemque oculis expellere somnum,
donec ab Elysiis prospexit sedibus alter
Castor et hesternas risit Tithonia mensas.
o bona nox! iunctaque utinam Tirynthia luna!
nox et Erythraeis Thetidis signanda lapillis
et memoranda diu geniumque habitura perennem!
mille ibi tunc species aerisque eborisque uetusti
atque locuturas mentito corpore ceras
edidici. quis namque oculis certauerit usquam
Vindicis artificum ueteres agnoscere ductus
et non inscriptis auctorem reddere signis?

(Id. IV. vi. 1–24)

126. *Beginnings of strife between* ETEOCLES *and* POLYNEICES

protinus attoniti fratrum sub pectore motus,
gentilisque animos subiit furor aegraque laetis
inuidia atque parens odii metus; inde regendi
saeuus amor, ruptaeque uices iurisque secundi
ambitus impatiens, et summo dulcius unum
stare loco, sociisque comes discordia regnis.
sic ubi delectos per torua armenta iuuencos
agricola imposito sociare adfectat aratro,
illi indignantes, quis nondum uomere multo
ardua nodosos ceruix descendit in armos,
in diuersa trahunt atque aequis uincula laxant
uiribus et uario confundunt limite sulcos:
haud secus indomitos praeceps discordia fratres
asperat. alterni placuit sub legibus anni
exsilio mutare ducem. sic iure maligno
fortunam transire iubent, ut sceptra tenentem
foedere praecipiti semper nouus angeret heres.
haec inter fratres pietas erat, haec mora pugnae
sola nec in regem perduratura secundum.
et nondum crasso laquearia fulua metallo,
montibus aut alte Grais effulta nitebant
atria, congestos satis explicitura clientis;
non impacatis regum aduigilantia somnis
pila, nec alterna ferri statione gementes
excubiae, nec cura mero committere gemmas
atque aurum uiolare cibis: sed nuda potestas
armauit fratres, pugna est de paupere regno.

(*Thebais* I. 125–151)

127. *The disaster of* AMPHIARAUS

at tibi promissos iamdudum Phoebus honores,
Amphiarae, cupit. tandem ratus apta fauori
tempora puluerei uenit in spatia horrida circi,
cum iam in fine uiae, et summum uictoria nutat;
anguicomam monstri effigiem, saeuissima uisu
ora, mouet siue ille Erebo seu finxit in actu
temporis, innumera certe formidine cultum
tollit in astra nefas. non illud ianitor atrae
impauidus Lethes, non ipsae horrore sine alto
Eumenides uidisse queant, turbasset euntis
Solis equos Martisque iugum. nam flauus Arion
ut uidit, saliere iubae, atque erectus in armos
stat sociumque iugi comitesque utrimque laboris
secum alte suspendit equos. ruit ilicet exsul
Aonius nexusque diu per terga uolutus
exuit; abripitur longe moderamine liber
currus; at hunc putri praeter tellure iacentem
Taenarii currus et Thessalus axis et heros
Lemnius obliqua, quantum uitare dabatur,
transabiere fuga. tandem caligine mersum
erigit accursu comitum caput aegraque tollit
membra solo, et socero redit haud speratus Adrasto.

(Id. VI. 491–512)

128. *The death of* TYDEUS

ecce secat Zephyros ingentem fraxinus iram
fortunamque ferens; teli non eminet auctor:
Astacides Melanippus erat, nec prodidit ipse,
et uellet latuisse manum, sed gaudia turmae
monstrabant trepidum; nam flexus in ilia Tydeus

submissum latus et clipei laxauerat orbem.
clamorem Aonii miscent gemitumque Pelasgi,
obiectantque manus indignantemque tuentur.
ille per oppositos longe rimatus amarum
Astaciden, totis animae se cogit in ictum
reliquiis telumque iacit, quod proximus Hopleus
praebuerat: perit expressus conamine sanguis.
tunc tristes socii cupidum bellare (quis ardor!)
et poscentem hastas mediaque in morte negantem
exspirare trahunt, summique in margine campi
effultum gemina latera inclinantia parma
ponunt, ac saeui rediturum ad proelia Martis
promittunt flentes. sed et ipse recedere caelum
ingentisque animos extremo frigore labi
sensit, et innixus terrae 'miserescite,' clamat
'Inachidae: non ossa precor referantur ut Argos
Aetolumue larem; nec enim mihi cura supremi
funeris: odi artus fragilemque hunc corporis usum,
desertorem animi. caput, o caput, o mihi si quis
adportet, Melanippe, tuum! nam uolueris aruis,
fido equidem, nec me uirtus suprema fefellit.'

(*Id.* VIII. 716–741)

129. ACHILLES *disguised as a* MAIDEN *reveals himself*

soluuntur laudata cohors repetuntque paterna
limina, ubi in mediae iamdudum sedibus aulae
munera uirgineos uisus tractura locarat
Tydides, signum hospitii pretiumque laboris,
hortaturque legant, nec rex placidissimus arcet.
heu simplex nimiumque rudis, qui callida dona

Graiorumque dolos uariumque ignoret Vlixem!
hic aliae, quas sexus iners naturaque ducit,
aut teretis thyrsos aut respondentia temptant
tympana, gemmatis aut nectunt tempora limbis:
arma uident magnoque putant donata parenti.
at ferus Aeacides, radiantem ut comminus orbem,
caelatum pugnas (saeuis et forte rubebat
bellorum maculis) adclinem conspicit hastae,
infremuit torsitque genas, et fronte relicta
surrexere comae; nusquam mandata parentis,
nusquam occultus amor, totoque in pectore Troia est.
ut leo, materno cum raptus ab ubere mores
accepit pectique iubas hominemque uereri
edidicit nullasque rapi nisi iussus in iras,
si semel aduerso radiauit lumine ferrum,
eiurata fides domitorque inimicus, in illum
prima fames, timidoque pudet seruisse magistro.
ut uero accessit propius luxque aemula uultum
reddidit et simili talem se uidit in auro,
horruit erubuitque simul.

        (*Achilleis* I. 841–866)

Titus Silius Italicus

Died c. 101 A.D.

Epic poet

130. *Bad news at* ROME

interea, rapidas perfusa cruoribus alas,
sicut sanguinea Trasimenni tinxerat unda,
uera ac ficta simul spargebat Fama per urbem.
Allia et infandi Senones captaeque recursat
attonitis arcis facies. excussit habenas
luctificus Pauor, et tempestas aucta timendo.
hic raptim ruit in muros: uox horrida fertur
'hostis adest,' iaciuntque sudes et inania tela.
ast aliae laceris canentes crinibus alta
uerrunt tecta deum et seris post fata suorum
sollicitant precibus. requiem tenebraeque diesque
amisere: iacent portis ululante dolore
dispersum uulgus, remeantumque ordine longo
seruat turba gradus. pendent ex ore loquentum,
nec laetis sat certa fides, iterumque morantur
orando et, uultu interdum sine uoce precati,
quod rogitant, audire pauent. hinc fletus, ubi aures
percussae grauiore malo, metus inde, negatum
si scire, et dubius responsi nuntius haesit.
iamque ubi conspectu redeuntum uisa propinquo
corpora, sollicite laeti funduntur et ipsis
oscula uulneribus figunt superosque fatigant.

(Bellum Punicum VI. 552–573)

131. HANNIBAL *in defeat*

Bruttia maerentem casus patriaeque suosque
Hannibalem accepit tellus. hic aggere saeptus
in tempus posita ad renouandum bella coquebat:
abditus ut silua, stabulis cum cessit ademptis,
amisso taurus regno gregis auia clauso
molitur saltu certamina iamque feroci
mugitu nemora exterret perque ardua cursu
saxa ruit, sternit siluas rupesquė lacessit
irato rabidus cornu: tremit omnis ab alto
prospectans scopulo pastor noua bella parantem.
sed uigor hausurus Latium, si cetera Marti
adiumenta forent, praua obtrectante suorum
inuidia, reuocare animos ac stare negata
cogebatur ope et senio torpescere rerum.
parta tamen formido manu et tot caedibus olim
quaesitus terror uelut inuiolabile telis
seruabant sacrumque caput, proque omnibus armis
et castrorum opibus dextrisque recentibus unum
Hannibalis sat nomen erat. tot dissona lingua
agmina, barbarico tot discordantia ritu
corda uirum mansere gradu, rebusque retusis
fidas ductoris tenuit reuerentia mentes.

(*Id.* XVI. 1–22)

Marcus Valerius Martialis
40—104 A.D.
Epigrammatist

132. *By way of* PREFACE

spero me secutum in libellis meis tale temperamentum
ut de illis queri non possit quisquis de se bene senserit, cum
salua infimarum quoque personarum reuerentia ludant;
quae adeo antiquis auctoribus defuit ut nominibus non
tantum ueris abusi sint sed et magnis. mihi fama uilius
constet et probetur in me nouissimum ingenium. absit a
iocorum nostrorum simplicitate malignus interpres nec
epigrammata mea scribat: inprobe facit qui in alieno libro
ingeniosus est. lasciuam uerborum ueritatem, id est epi-
grammaton linguam, excussarem, si meum esset exemplum:
sic scribit Catullus, sic Marsus, sic Pedo, sic Gaetulicus,
sic quicumque perlegitur. si quis tamen tam ambitiose
tristis est ut apud illum in nulla pagina latine loqui fas sit,
potest epistola uel potius titulo contentus esse. epigrammata illis scribuntur qui solent spectare Florales. non
intret Cato theatrum meum, aut si intrauerit, spectet.
uideor mihi meo iure facturus si epistolam uersibus clusero:

> nosses iocosae dulce cum sacrum Florae
> festosque lusus et licentiam uolgi,
> cur in theatrum, Cato seuere, uenisti?
> an ideo tantum ueneras, ut exires?   (1. Preface)

133. DOMITIAN'S *amphitheatre and lion*

(*a*)   barbara pyramidum sileat miracula Memphis,
      Assyrius iactet nec Babylona labor;
nec Triuiae templo molles laudentur Iones,
      dissimulet Delon cornibus ara frequens;
aere nec uacuo pendentia Mausolea
      laudibus inmodicis Cares in astra ferant.
omnis Caesareo cedit labor Amphitheatro,
      unum pro cunctis fama loquetur opus.   (*Spect.* 1)

(*b*)   auditur quantum Massyla per auia murmur,
      innumero quotiens silua leone furit,
pallidus attonitos ad Poena mapalia pastor
      cum revocat tauros et sine mente pecus:
tantus in Ausonia fremuit modo terror harena.
      quis non esse gregem crederet? unus erat,
sed cuius tremerent ipsi quoque iura leones,
      cui diadema daret marmore picta Nomas.
o quantum per colla decus, quem sparsit honorem
      aurea lunatae, cum stetit, umbra iubae!
grandia quam decuit latum uenabula pectus
      quantaque de magna gaudia morte tulit!
unde tuis, Libye, tam felix gloria siluis?
      a Cybeles numquid uenerat ille iugo?
an magis Herculeo, Germanice, misit ab astro
      hanc tibi uel frater uel pater ipse feram? (VIII. 53)

134. *Epitaphs*

(*a*)   Alcime, quem raptum domino crescentibus annis
      Lauicana leui caespite uelat humus,
accipe non Pario nutantia pondera saxo,
      quae cineri uanus dat ruitura labor,

sed faciles buxos et opacas palmitis umbras
    quaeque uirent lacrimis roscida prata meis
accipe, care puer, nostri monimenta doloris:
    hic tibi perpetuo tempore uiuet honor.
cum mihi supremos Lachesis perneuerit annos,
    non aliter cineres mando iacere meos.   (I. 88)

(b) hoc iacet in tumulo raptus puerilibus annis
       Pantagathus, domini cura dolorque sui,
  uix tangente uagos ferro resecare capillos
       doctus et hirsutas excoluisse genas.
  sis licet, ut debes, tellus, placata leuisque,
       artificis levior non potes esse manu.   (VI. 52)

(c) hic iacet ille senex Augusta notus in aula,
       pectore non humili passus utrumque deum;
  natorum pietas sanctis quem coniugis umbris
       miscuit: Elysium possidet ambo nemus.
  occidit illa prior uiridi fraudata iuuenta:
       hic prope ter senas uixit Olympiadas.
  sed festinatis raptum tibi credidit annis,
       aspexit lacrimas quisquis, Etrusce, tuas.   (VII. 40)

135. DEATHS *by misadventure*

(a) uerbera securi solitus leo ferre magistri
       insertamque pati blandus in ora manum
  dedidicit pacem subito feritate reuersa,
       quanta nec in Libycis debuit esse iugis.
  nam duo de tenera puerilia corpora turba,
       sanguineam rastris quae renouabat humum,
  saeuos et infelix furiali dente peremit:
       Martia non uidit maius harena nefas.
  exclamare libet: 'crudelis, perfide, praedo,
       a nostra pueris parcere disce lupa!'   (II. 75)

(b)   proxima centenis ostenditur ursa columnis,
      exornant fictae qua platanona ferae.
   huius dum patulos adludens temptat hiatus
      pulcher Hylas, teneram mersit in ora manum.
   uipera sed caeco scelerata latebat in aere
      uiuebatque anima deteriore fera.
   non sensit puer esse dolos, nisi dente recepto
      dum perit. O facinus, falsa quod ursa fuit!

                                      (III. 19)

(c)   qua uicina pluit Vipsanis porta columnis
      et madet adsiduo lubricus imbre lapis,
   in iugulum pueri, qui roscida tecta subibat,
      decidit hiberno praegrauis unda gelu:
   cumque peregisset miseri crudelia fata,
      tabuit in calido uolnere mucro tener.
   quid non saeua sibi uoluit Fortuna licere?
      aut ubi non mors est, si iugulatis aquae?   (IV. 18)

136. *The power of* LOVE

(a)   o felix animo, felix, Nigrina, marito
      atque inter Latias gloria prima nurus:
   te patrios miscere iuuat cum coniuge census,
      gaudentem socio participique uiro.
   arserit Euhadne flammis iniecta mariti,
      nec minor Alcestin fama sub astra ferat:
   tu melius: certo meruisti pignore uitae
      ut tibi non esset morte probandus amor.   (IV. 75)

(b)   tempora Pieria solitus redimire corona
      nec minus attonitis uox celebrata reis,
   hic situs est, hic ille tuus, Sempronia, Rufus,
      cuius et ipse tui flagrat amore cinis.

dulcis in Elysio narraris fabula campo
  et stupet ad raptus Tyndaris ipsa tuos:
tu melior quae deserto raptore redisti,
  illa uirum uoluit nec repetita sequi.
ridet et Iliacos audit Menelaus amores:
  absoluit Phrygium uestra rapina Parim
accipient olim cum te loca laeta piorum,
  non erit in Stygia notior umbra domo:
non aliena uidet sed amat Proserpina raptas:
  iste tibi dominam conciliabit amor.   (XII. 52)

137. *On a* TOGA, *the gift of* PARTHENIUS

dic, toga, facundi gratum mihi munus amici,
  esse uelis cuius fama decusque gregis?
Apula Ledaei tibi floruit herba Phalanthi,
  qua saturat Calabris culta Galaesus aquis?
an Tartesiacus stabuli nutritor Hiberi
  Baetis in Hesperia te quoque lauit oue?
an tua multifidum numerauit lana Timauum,
  quem pius astrifero Cyllarus ore bibit?
te nec Amyclaeo decuit liuere ueneno
  nec Miletos erat uellere digna tuo.
lilia tu uincis nec adhuc delapsa ligustra
  et Tiburtino monte quod alget ebur;
Spartanus tibi cedet olor Paphiaeque columbae,
  cedet Erythraeis eruta gemma uadis:
sed licet haec primis niuibus sint aemula dona,
  non sunt Parthenio candidiora suo.
non ego praetulerim Babylonos picta superbae
  texta Samiramia quae uariantur acu;

non Athamanteo potius me mirer in auro,
　　Aeolium dones si mihi, Phrixe, pecus.
o quantos risus pariter spectata mouebit
　　cum Palatina nostra lacerna toga!   (VIII. 28)

138. *Shopping*

in Saeptis Mamurra diu multumque uagatus,
　　hic ubi Roma suas aurea uexat opes,
inspexit mensas et opertos exuit orbes
　　expositumque alte pingue poposcit ebur,
et testudineum mensus quater hexaclinon
　　ingemuit citro non satis esse suo.
consuluit nares an olerent aera Corinthon,
　　culpauit statuas et, Polyclite, tuas,
et turbata breui questus crystallina uitro
　　murrina signauit seposuitque decem.
expendit ueteres calathos et si qua fuerunt
　　pocula Mentorea nobilitata manu,
et uiridis picto gemmas numerauit in auro,
　　quidquid et a niuea grandius aure sonat.
sardonychas uero mensa quaesiuit in omni
　　et pretium magnis fecit iaspidibus.
undecima lassus cum iam discederet hora,
　　asse duos calices emit et ipse tulit.   (IX. 59)

139. *On a statue of* DOMITIAN *in the character of* HERCULES

(*a*)　Herculis in magni uoltus descendere Caesar
　　　dignatus Latiae dat noua templa uiae,
　　qua Triuiae nemorosa petit dum regna, uiator
　　　octauum domina marmor ab urbe legit.

ante colebatur uotis et sanguine largo,
   maiorem Alciden nunc minor ipse colit.
hunc magnas rogat alter opes, rogat alter honores;
   illi securus uota minora facit.   (IX. 64)

(b)   Alcide, Latio nunc agnoscende Tonanti,
     postquam pulchra dei Caesaris ora geris,
  si tibi tunc isti uultus habitusque fuissent,
     cesserunt manibus cum fera monstra tuis:
  Argolico famulum non te seruire tyranno
     uidissent gentes saeuaque regna pati,
  sed tu iussisses Eurysthea; nec tibi fallax
     portasset Nessi perfida dona Lichas,
  Oetaei sine lege rogi securus adisses
     astra patris summi, quae tibi poena dedit;
  Lydia nec dominae traxisses pensa superbae
     nec Styga uidisses Tartareumque canem.
  nunc tibi Iuno fauet, nunc te tua diligit Hebe;
     nunc te si uideat Nympha, remittet Hylan.
         (IX. 65)

140. *The villa of* APOLLINARIS

o temperatae dulce Formiae litus,
uos, cum seueri fugit oppidum Martis
et inquietas fessus exuit curas,
Apollinaris omnibus locis praefert.
non ille sanctae dulce Tibur uxoris,
nec Tusculanos Algidosue secessus,
Praeneste nec sic Antiumque miratur.
hic summa leni stringitur Thetis uento;
nec languet aequor, uiua sed quies ponti
pictam phaselon adiuuante fert aura,

sicut puellae non amantis aestatem
mota salubre purpura uenit frigus.
nec seta longo quaerit in mari praedam,
sed a cubili lectuloque iactatam
spectatus alte lineam trahit piscis.
si quando Nereus sentit Aeoli regnum,
ridet procellas tuta de suo mensa:
piscina rhombum pascit et lupos uernas,
natat ad magistrum delicata murena,
nomenculator mugilem citat notum
et adesse iussi prodeunt senes mulli.
frui sed istis quando, Roma, permittis?
quot Formianos inputat dies annus
negotiosis rebus urbis haerenti?
o ianitores uilicique felices!
dominis parantur ista, seruiunt uobis.   (x. 30)

141. *A small* ESTATE

donasti, Lupe, rus sub urbe nobis;
sed rus est mihi maius in fenestra.
rus hoc dicere, rus potes uocare?
in quo ruta facit nemus Dianae,
argutae tegit ala quod cicadae,
quod formica die comedit uno,
clusae cui folium rosae corona est;
in quo non magis inuenitur herba
quam Cosmi folium piperue crudum;
in quo nec cucumis iacere rectus
nec serpens habitare tota possit.
urucam male pascit hortus unam,
consumpto moritur culix salicto,
et talpa est mihi fossor atque arator.

non boletus hiare, non mariscae
ridere aut uiolae patere possunt.
finis mus populatur et colono
tamquam sus Calydonius timetur,
et sublata uolantis ungue Prognes
in nido seges est hirundinino;
non est dimidio locus Priapo.
uix implet cocleam peracta messis,
et mustum nuce condimus picata.
errasti, Lupe, littera sed una:
nam quo tempore praedium dedisti,
mallem tu mihi prandium dedisses. (XI. 18)

142. MARTIAL *explains his long silence*

scio me patrocinium debere contumacissimae trienni desidiae; quo absoluenda non esset inter illas quoque urbicas
occupationes, quibus facilius consequimur ut molesti potius
quam ut officiosi esse uideamur; nedum in hac prouinciali
solitudine, ubi nisi etiam intemperanter studemus, et sine
solacio et sine excusatione secessimus. accipe ergo rationem.
in qua hoc maximum et primum est, quod ciuitatis aures
quibus adsueueram quaero, et uideor mihi in alieno foro
litigare; si quid est enim quod in libellis meis placeat,
dictauit auditor: illam iudiciorum subtilitatem, illud ma-
teriarum ingenium, bibliothecas, theatra, conuictus, in
quibus studere se uoluptates non sentiunt, ad summam
omnium illa quae delicati reliquimus desideramus quasi
destituti. accedit his municipalium robigo dentium et
iudici loco liuor, et unus aut alter mali, in pusillo loco
multi; aduersus quod difficile est habere cotidie bonum
stomachum: ne mireris igitur abiecta ab indignante quae
a gestiente fieri solebant. ne quid tamen et aduenienti tibi

ab urbe et exigenti negarem—cui non refero gratiam, si
tantum ea praesto quae possum—, inperaui mihi, quod
indulgere consueram, et studui paucissimis diebus, ut fami-
liarissimas mihi aures tuas exciperem aduentoria sua. tu
uelim ista, quae tantum apud te non periclitantur, diligenter aestimare et excutere non graueris; et, quod tibi
difficillimum est, de nugis nostris iudices nitore seposito, ne
Romam, si ita decreueris, non Hispaniensem librum mitta-
mus, sed Hispanum.   (XII. Preface)

143. MARTIAL'S *life in* SPAIN

dum tu forsitan inquietus erras
clamosa, Iuuenalis, in Subura
aut collem dominae teris Dianae;
dum per limina te potentiorum
sudatrix toga uentilat uagumque
maior Caelius et minor fatigant:
me multos repetita post Decembres
accepit mea rusticumque fecit
auro Bilbilis et superba ferro.
hic pigri colimus labore dulci
Boterdum Plateamque—Celtiberis
haec sunt nomina crassiora terris—:
ingenti fruor inproboque somno
quem nec tertia saepe rumpit hora,
et totum mihi nunc repono quidquid
ter denos uigilaueram per annos.
ignota est toga, sed datur petenti
rupta proxima uestis a cathedra.
surgentem focus excipit superba
uicini strue cultus iliceti,

multa uilica quem coronat olla.
dispensat pueris rogatque longos
leuis ponere uilicus capillos.
sic me uiuere, sic iuuat perire.   (XII. 18)

DECIMUS JUNIUS JUVENALIS

46—130 (?) A.D.

Satirist

144. *Dangers of life in* ROME

quis timet aut timuit gelida Praeneste ruinam
aut positis nemorosa inter iuga Volsiniis aut
simplicibus Gabiis aut proni Tiburis arce?
nos urbem colimus tenui tibicine fultam
magna parte sui; nam sic labentibus obstat
uilicus, et ueteris rimae cum texit hiatum,
securos pendente iubet dormire ruina.
uiuendum est illic ubi nulla incendia, nulli
nocte metus. iam poscit aquam, iam friuola transfert
Vcalegon, tabulata tibi iam tertia fumant:
tu nescis; nam si gradibus trepidatur ab imis,
ultimus ardebit quem tegula sola tuetur
a pluuia, molles ubi reddunt oua columbae.
lectus erat Codro Procula minor, urceoli sex
ornamentum abaci nec non et paruulus infra
cantharus, et recubans sub eodem marmore Chiro;
iamque uetus Graecos seruabat cista libellos,
et diuina opici rodebant carmina mures.
nil habuit Codrus, quis enim negat? et tamen illud

perdidit infelix totum nihil. ultimus autem
aerumnae cumulus, quod nudum et frusta rogantem
nemo cibo, nemo hospitio tectoque iuuabit.

(Satires III. 190–211)

145. A PATRON'S hospitality

qualis cena tamen! uinum quod sucida nolit
lana pati: de conuiua Corybanta uidebis.
iurgia proludunt, sed mox et pocula torques
saucius et rubra deterges uulnera mappa,
inter uos quotiens libertorumque cohortem
pugna Saguntina feruet commissa lagona.
ipse capillato diffusum consule potat
calcatamque tenet bellis socialibus uuam;
cardiaco numquam cyathum missurus amico,
cras bibet Albanis aliquid de montibus aut de
Setinis, cuius patriam titulumque senectus
deleuit multa ueteris fuligine testae,
quale coronati Thrasea Heluidiusque bibebant
Brutorum et Cassi natalibus. ipse capaces
Heliadum crustas et inaequales berullo
Virro tenet phialas: tibi non committitur aurum,
uel si quando datur, custos adfixus ibidem,
qui numeret gemmas, ungues obseruet acutos.

(Id. V. 24–41)

146. GREATNESS is not always due to HIGH BIRTH

quid, Catilina, tuis natalibus atque Cethegi
inueniet quisquam sublimius? arma tamen uos
nocturna et flammas domibus templisque paratis,
ut bracatorum pueri Senonumque minores,

ausi quod liceat tunica punire molesta.
sed uigilat consul uexillaque uestra coercet;
hic nouus Arpinas, ignobilis et modo Romae
municipalis eques, galeatum ponit ubique
praesidium attonitis et in omni monte laborat.
tantum igitur muros intra toga contulit illi
nominis ac tituli, quantum ui Leucade, quantum
Thessaliae campis Octauius abstulit udo
caedibus adsiduis gladio, sed Roma parentem,
Roma patrem patriae Ciceronem libera dixit.
Arpinas alius Volscorum in monte solebat
poscere mercedes alieno lassus aratro,
nodosam post haec frangebat uertice uitem,
si lentus pigra muniret castra dolabra;
hic tamen et Cimbros et summa pericula rerum
excipit et solus trepidantem protegit urbem.
atque ideo, postquam ad Cimbros stragemque uolabant
qui numquam attigerant maiora cadauera corui,
nobilis ornatur lauro collega secunda.

(Id. VIII. 231–253)

147. *A victim of* MESSALINA

        mulier saeuissima tunc est,
cum stimulos odio pudor admouet. elige quidnam
suadendum esse putes cui nubere Caesaris uxor
destinat. optimus hic et formosissimus idem
gentis patriciae rapitur miser extinguendus
Messalinae oculis; dudum sedet illa parato
flammeolo Tyriusque palam genialis in hortis
sternitur et ritu decies centena dabuntur
antiquo, ueniet cum signatoribus auspex.

haec tu secreta et paucis commissa putabas?
non nisi legitime uult nubere. quid placeat dic.
ni parere uelis, pereundum erit ante lucernas;
si scelus admittas, dabitur mora paruula, dum res
nota urbi et populo contingat principis aurem.
dedecus ille domus sciet ultimus; interea tu
obsequere imperio, si tanti uita dierum
paucorum. quidquid leuius meliusue putaris,
praebenda est gladio pulchra haec et candida ceruix.

(Id. x. 328–345)

148. A country DINNER

fercula nunc audi nullis ornata macellis.
de Tiburtino ueniet pinguissimus agro
haedulus et toto grege mollior, inscius herbae
necdum ausus uirgas humilis mordere salicti,
qui plus lactis habet quam sanguinis, et montani
asparagi, posito quos legit uilica fuso.
grandia praeterea tortoque calentia faeno
oua adsunt ipsis cum matribus, et seruatae
parte anni quales fuerant in uitibus uuae,
Signinum Syriumque pirum, de corbibus isdem
aemula Picenis et odoris mala recentis
nec metuenda tibi, siccatum frigore postquam
autumnum et crudi posuere pericula suci.
haec olim nostri iam luxuriosa senatus
cena fuit   Curius paruo quae legerat horto
ipse focis breuibus ponebat holuscula, quae nunc
squalidus in magna fastidit compede fossor,
qui meminit calidae sapiat quid uulua popinae.
sicci terga suis rara pendentia crate
moris erat quondam festis seruare diebus

et natalicium cognatis ponere lardum
accedente noua, si quam dabat hostia, carne.

(Id. XI. 64–85)

149. *A* CONTRAST *between to-day and the good days of old*

inprobitas illo fuit admirabilis aeuo,
credebant quo grande nefas et morte piandum
si iuuenis uetulo non adsurrexerat et si
barbato cuicumque puer, licet ipse uideret
plura domi fraga et maiores glandis aceruos;
tam uenerabile erat praecedere quattuor annis,
primaque par adeo sacrae lanugo senectae.
nunc si depositum non infitietur amicus,
si reddat ueterem cum tota aerugine follem,
prodigiosa fides et Tuscis digna libellis
quaeque coronata lustrari debeat agna.
egregium sanctumque uirum si cerno, bimembri
hoc monstrum puero uel miranti sub aratro
piscibus inuentis et fetae comparo mulae,
sollicitus, tamquam lapides effuderit imber
examenque apium longa consederit uua
culmine delubri, tamquam in mare fluxerit amnis
gurgitibus miris et lactis uertice torrens.

(Id. XIII. 53–70)

GAIUS CORNELIUS TACITUS
54—118 (?) A.D.
Historian and Rhetorician

150. CAECINA'S *dream and the beginning of the battle with* ARMINIUS, *the* GERMAN *leader*

nox per diuersa inquies, cum barbari festis epulis, laeto cantu aut truci sonore subiecta uallium ac resultantis saltus complerent, apud Romanos inualidi ignes, interruptae uoces, atque ipsi passim adiacerent uallo, oberrarent tentoriis, insomnes magis quam peruigiles. ducemque terruit dira quies: nam Quintilium Varum sanguine oblitum et paludibus emersum cernere et audire uisus est uelut uocantem, non tamen obsecutus et manum intendentis reppulisse. coepta luce missae in latera legiones, metu an contumacia, locum deseruere, capto propere campo umentia ultra. neque tamen Arminius quamquam libero incursu statim prorupit: sed ut haesere caeno fossisque impedimenta, turbati circum milites, incertus signorum ordo, utque tali in tempore sibi quisque properus et lentae aduersum imperia aures, inrumpere Germanos iubet, clamitans 'en Varus eodemque iterum fato uinctae legiones!' simul haec et cum delectis scindit agmen equisque maxime uulnera ingerit. illi sanguine suo et lubrico paludum lapsantes excussis rectoribus disicere obuios, proterere iacentes. plurimus circa aquilas labor, quae neque ferri aduersum ingruentia tela neque figi limosa humo poterant. Caecina dum sustentat aciem, suffosso equo delapsus circumuenicbatur, ni prima legio sese opposuisset. iuuit

hostium auiditas, omissa caede praedam sectantium; eni-
saeque legiones uesperascente die in aperta et solida. neque
is miseriarum finis. struendum uallum, petendus agger,
amissa magna ex parte per quae egeritur humus aut
exciditur caespes; non tentoria manipulis, non fomenta
sauciis; infectos caeno aut cruore cibos diuidentes funestas
tenebras et tot hominum milibus unum iam reliquum diem
lamentabantur. (*Annals* I. 65)

151. *A debate in the* SENATE *on the* LUXURY
of the day

proximo senatus die multa in luxum ciuitatis dicta a
Q. Haterio consulari, Octauio Frontone praetura functo;
decretumque ne uasa auro solida ministrandis cibis fierent,
ne uestis serica uiros foedaret. excessit Fronto ac postu-
lauit modum argento, supellectili, familiae: erat quippe
adhuc frequens senatoribus, si quid e re publica crederent,
loco sententiae promere. contra Gallus Asinius disseruit:
auctu imperii adoleuisse etiam priuatas opes, idque non
nouum, sed e uetustissimis moribus: aliam apud Fabricios,
aliam apud Scipiones pecuniam: et cuncta ad rem publicam
referri, qua tenui angustas ciuium domos, postquam eo
magnificentiae uenerit, gliscere singulos. neque in familia
et argento quaeque ad usum parentur nimium aliquid aut
modicum nisi ex fortuna possidentis. distinctos senatus et
equitum census, non quia diuersi natura, sed ut, sicut locis
ordinibus dignationibus antistent, ita iis quae ad requiem
animi aut salubritatem corporum parentur, nisi forte clarissimo cuique plures curas, maiora pericula subeunda, deleni-
mentis curarum et periculorum carendum esse. facilem
adsensum Gallo sub nominibus honestis confessio uitiorum

et similitudo audientium dedit. adiecerat et Tiberius non id tempus censurae nec, si quid in moribus labaret, defuturum corrigendi auctorem. (*Id.* II. 33)

152. CAMILLUS *defeats* TACFARINAS, *the Numidian general*

eodem anno coeptum in Africa bellum, duce hostium Tacfarinate. is natione Numida, in castris Romanis auxiliaria stipendia meritus, mox desertor, uagos primum et latrociniis suetos ad praedam et raptus congregare, dein more militiae per uexilla et turmas componere, postremo non inconditae turbae sed Musulamiorum dux haberi. ualida ea gens et solitudinibus Africae propinqua, nullo etiam tum urbium cultu, cepit arma Maurosque accolas in bellum traxit: dux et his, Mazippa. diuisusque exercitus, ut Tacfarinas lectos uiros et Romanum in modum armatos castris attineret, disciplinae et imperiis suesceret, Mazippa leui cum copia incendia et caedes et terrorem circumferret. conpulerantque Cinithios, haud spernendam nationem, in eadem, cum Furius Camillus pro consule Africae legionem et quod sub signis sociorum in unum conductos ad hostem duxit, modicam manum, si multitudinem Numidarum atque Maurorum spectares; sed nihil aeque cauebatur quam ne bellum metu eluderent: spe uictoriae inducti sunt ut uincerentur. igitur legio medio, leues cohortes duaeque alae in cornibus locantur. nec Tacfarinas pugnam detrectauit. fusi Numidae, multosque post annos Furio nomini partum decus militiae. nam post illum reciperatorem urbis filiumque eius Camillum penes alias familias imperatoria laus fuerat: atque hic quem memoramus bellorum expers habebatur. eo pronior Tiberius res gestas

apud senatum celebrauit; et decreuere patres triumphalia
insignia, quod Camillo ob modestiam uitae impune fuit.

(*Id.* II. 52)

153. TIBERIUS, *after* DRUSUS' *death, commends the*
children of GERMANICUS *to the Senate's care*

igitur Seianus maturandum ratus deligit uenenum, quo
paulatim inrepente fortuitus morbus adsimularetur. id
Druso datum per Lygdum spadonem, ut octo post annos
cognitum est. ceterum Tiberius per omnes ualetudinis
eius dies, nullo metu an ut firmitudinem animi ostentaret,
etiam defuncto necdum sepulto, curiam ingressus est. con-
sulesque sede uulgari per speciem maestitiae sedentes honoris
locique admonuit, et effusum in lacrimas senatum uicto
gemitu simul oratione continua erexit: non quidem sibi
ignarum posse argui, quod tam recenti dolore subierit
oculos senatus: uix propinquorum adloquia tolerari, uix
diem aspici a plerisque lugentium. neque illos inbecillitatis
damnandos: se tamen fortiora solacia e complexu rei
publicae petiuisse. miseratusque Augustae extremam
senectam, rudem adhuc nepotum et uergentem aetatem
suam, ut Germanici liberi, unica praesentium malorum
leuamenta, inducerentur petiuit. egressi consules firmatos
adloquio adulescentulos deductosque ante Caesarem sta-
tuunt. quibus adprensis 'patres conscripti, hos' inquit
'orbatos parente tradidi patruo ipsorum precatusque sum,
quamquam esset illi propria suboles, ne secus quam suum
sanguinem foueret, attolleret, sibique et posteris confor-
maret. erepto Druso preces ad uos conuerto disque et patria
coram obtestor: Augusti pronepotes, clarissimis maioribus
genitos, suscipite, regite, uestram meamque uicem explete.

hi uobis, Nero et Druse, parentum loco. ita nati estis, ut
bona malaque uestra ad rem publicam pertineant.'

(*Id.* iv. 8)

154. *Legislation against* MONEY-LENDERS

interea magna uis accusatorum in eos inrupit, qui
pecunias faenore auctitabant aduersum legem dictatoris
Caesaris, qua de modo credendi possidendique intra
Italiam cauetur, omissam olim, quia priuato usui bonum
publicum postponitur. sane uetus urbi faenebre malum
et seditionum discordiarumque creberrima causa, eoque
cohibebatur antiquis quoque et minus corruptis moribus.
nam primo duodecim tabulis sanctum, ne quis unciario
faenore amplius exerceret, cum antea ex libidine locu-
pletium agitaretur; dein rogatione tribunicia ad semuncias
redactum, postremo uetita uersura. multisque plebi scitis
obuiam itum fraudibus, quae totiens repressae miras
per artes rursum oriebantur. sed tum Gracchus praetor,
cui ea quaestio euenerat, multitudine periclitantium sub-
actus rettulit ad senatum, trepidique patres (neque enim
quisquam tali culpa uacuus) ueniam a principe petiuere;
et concedente annus in posterum sexque menses dati,
quis secundum iussa legis rationes familiares quisque com-
ponerent.   (*Id.* vi. 16)

155. *Murder of* BRITANNICUS

mos habebatur principum liberos cum ceteris idem
aetatis nobilibus sedentes uesci in aspectu propinquorum
propria et parciore mensa. illic epulante Britannico, quia
cibos potusque eius delectus ex ministris gustu explorabat,
ne omitteretur institutum aut utriusque morte proderetur

scelus, talis dolus repertus est. innoxia adhuc ac praecalida
et libata gustu potio traditur Britannico; dein, postquam
feruore aspernabatur, frigida in aqua adfunditur uenenum,
quod ita cunctos eius artus peruasit, ut uox pariter et
spiritus raperentur. trepidatur a circumsedentibus, diffu-
giunt inprudentes: at quibus altior intellectus, resistunt
defixi et Neronem intuentes. ille ut erat reclinis et nescio
similis, solitum ita ait per comitialem morbum, quo prima
ab infantia adflictaretur Britannicus, et redituros paulatim
uisus sensusque. at Agrippinae is pauor, ea consternatio
mentis, quamuis uultu premeretur, emicuit, ut perinde
ignaram fuisse atque Octauiam sororem Britannici con-
stiterit: quippe sibi supremum auxilium ereptum et parri-
cidii exemplum intellegebat. Octauia quoque, quamuis
rudibus annis, dolorem, caritatem, omnis adfectus abscon-
dere didicerat. ita post breve silentium repetita conuiuii
laetitia.   (*Id.* XIII. 16)

156. OTHO *is hailed as Emperor*

octauo decimo kalendas Februarias sacrificanti pro aede
Apollinis Galbae haruspex Umbricius tristia exta et in-
stantes insidias ac domesticum hostem praedicit, audiente
Othone (nam proximus adstiterat) idque ut laetum e
contrario et suis cogitationibus prosperum interpretante.
nec multo post libertus Onomastus nuntiat exspectari eum
ab architecto et redemptoribus, quae significatio coeuntium
iam militum et paratae coniurationis conuenerat. Otho,
causam digressus requirentibus, cum emi sibi praedia
uetustate suspecta eoque prius exploranda finxisset, innixus
liberto per Tiberianam domum in Velabrum, inde ad
miliarium aureum sub aedem Saturni pergit. ibi tres et
uiginti speculatores consalutatum imperatorem ac paucitate

salutantium trepidum et sellae festinanter impositum
strictis mucronibus rapiunt; totidem ferme milites in
itinere adgregantur, alii conscientia, plerique miraculo,
pars clamore et gaudiis, pars silentio, animum ex euentu
sumpturi. stationem in castris agebat Iulius Martialis
tribunus. is magnitudine subiti sceleris, an corrupta latius
castra et, si contra tenderet, exitium metuens, praebuit
plerisque suspicionem conscientiae; anteposuere ceteri
quoque tribuni centurionesque praesentia dubiis et honestis,
isque habitus animorum fuit, ut pessimum facinus auderent
pauci, plures uellent, omnes paterentur.

(Histories I. 27, 28)

157. VITELLIUS' *entry into* ROME

ipse Vitellius a ponte Muluio insigni equo, paludatus
accinctusque, senatum et populum ante se agens, quo minus
ut captam urbem ingrederetur, amicorum consilio de-
territus, sumpta praetexta et composito agmine incessit.
quattuor legionum aquilae per frontem totidemque circa
e legionibus aliis uexilla, mox duodecim alarum signa et
post peditum ordines eques; dein quattuor et triginta cohortes, ut nomina gentium aut species armorum forent,
discretae. ante aquilas praefecti castrorum tribunique et
primi centurionum candida ueste, ceteri iuxta suam quisque
centuriam, armis donisque fulgentes; et militum phalerae
torquesque splendebant: decora facies et non Vitellio
principe dignus exercitus. sic Capitolium ingressus atque
ibi matrem complexus Augustae nomine honorauit. postera
die tamquam apud alterius ciuitatis senatum populumque
magnificam orationem de semet ipso prompsit, industriam
temperantiamque suam laudibus adtollens, consciis flagi-
tiorum ipsis qui aderant omnique Italia, per quam somno

et luxu pudendus incesserat. uulgus tamen uacuum curis
et sine falsi uerique discrimine solitas adulationes edoctum
clamore et uocibus adstrepebat; abnuentique nomen
Augusti expressere ut adsumeret, tam frustra quam re-
cusauerat. (*Id.* II. 89, 90)

158. *The end of* VITELLIUS

Vitellius capta urbe per auersam Palatii partem Auen-
tinum in domum uxoris sellula defertur, ut si diem latebra
uitauisset, Tarracinam ad cohortes fratremque perfugeret.
dein mobilitate ingenii et, quae natura pauoris est, cum
omnia metuenti praesentia maxime displicerent, in Palatium
regreditur uastum desertumque, dilapsis etiam infimis seruitiorum aut occursum eius declinantibus. terret solitudo et
tacentes loci; temptat clausa, inhorrescit uacuis; fessusque
misero errore et pudenda latebra semet occultans ab Iulio
Placido tribuno cohortis protrahitur. uinctae pone tergum
manus; laniata ueste, foedum spectaculum, ducebatur,
multis increpantibus, nullo inlacrimante: deformitas exitus
misericordiam abstulerat. obuius e Germanicis militibus
Vitellium infesto ictu per iram, uel quo maturius ludibrio
eximeret, an tribunum adpetierit, in incerto fuit: aurem
tribuni amputauit ac statim confossus est. Vitellium infestis mucronibus coactum modo erigere os et offerre con-
tumeliis, nunc cadentes statuas suas, plerumque rostra aut
Galbae occisi locum contueri, postremo ad Gemonias, ubi
corpus Flauii Sabini iacuerat, propulere. una uox non de-
generis animi excepta, cum tribuno insultanti se tamen
imperatorem eius fuisse respondit; ac deinde ingestis
uulneribus concidit. et uulgus eadem prauitate insecta-
batur interfectum, qua fouerat uiuentem. (*Id.* III. 84–85)

159. *A* MUTINY *averted*

inter quae militaris seditio prope exarsit. praetorianam
militiam repetebant a Vitellio dimissi, pro Vespasiano con-
gregati; et lectus in eandem spem e legionibus miles promissa stipendia flagitabat. ne Vitelliani quidem sine multa
caede depelli poterant: sed inmensa pecunia tanta uis
hominum retinenda erat. ingressus castra Mucianus, quo
rectius stipendia singulorum spectaret, suis cum insignibus
armisque uictores constituit, modicis inter se spatiis dis-
cretos. tum Vitelliani, quos apud Bouillas in deditionem
acceptos memorauimus, ceterique per urbem et urbi uicina
conquisiti producuntur prope intecto corpore. eos Mucianus diduci et Germanicum Britannicumque militem, ac
si qui aliorum exercituum, separatim adsistere iubet. illos
primus statim adspectus obstupefecerat, cum ex diuerso
uelut aciem telis et armis trucem, semet clausos nudosque
et inluuie deformes aspicerent: ut uero huc illuc distrahi
coepere, metus per omnes et praecipua Germanici militis
formido, tamquam ea separatione ad caedem destinaretur.
prensare commanipularium pectora, ceruicibus innecti,
suprema oscula petere, ne desererentur soli neu pari causa
disparem fortunam paterentur; modo Mucianum, modo
absentem principem, postremum caelum ac deos obtestari,
donec Mucianus cunctos eiusdem sacramenti, eiusdem
imperatoris milites appellans, falso timori obuiam iret;
namque et uictor exercitus clamore lacrimas eorum iuuabat.
isque finis illa die. paucis post diebus adloquentem Domi-
tianum firmati iam excepere: spernunt oblatos agros,
militiam et stipendia orant. preces erant, sed quibus contra
dici non posset; igitur in praetorium accepti. dein quibus
aetas et iusta stipendia, dimissi cum honore, alii ob culpam,

sed carptim ac singuli, quo tutissimo remedio consensus
multitudinis extenuatur. (*Id.* IV. 46)

160. *Character of* AGRICOLA

natus erat Agricola Gaio Caesare tertium consule idibus
Iuniis: excessit sexto et quinquagesimo anno, decumo
kalendas Septembris Collega Priscoque consulibus. quod
si habitum quoque eius posteri noscere uelint, decentior
quam sublimior fuit; nihil metus in uultu: gratia oris
supererat. bonum uirum facile crederes, magnum libenter.
et ipse quidem, quamquam medio in spatio integrae aetatis
ereptus, quantum ad gloriam, longissimum aeuum peregit.
quippe et uera bona, quae in uirtutibus sita sunt, imple-
uerat, et consulari ac triumphalibus ornamentis praedito
quid aliud adstruere fortuna poterat? opibus nimiis non
gaudebat, speciosae non contigerant. filia atque uxore
superstitibus potest uideri etiam beatus incolumi dignitate,
florente fama, saluis adfinitatibus et amicitiis futura effu-
gisse. nam sicut ei non licuit durare in hanc beatissimi
saeculi lucem ac principem Traianum uidere, quod augurio
uotisque apud nostras auris ominabatur, ita festinatae mortis
grande solacium tulit euasisse postremum illud tempus, quo
Domitianus non iam per interualla ac spiramenta temporum, sed continuo et uelut uno ictu rem publicam ex-
hausit. (*Agricola* 44)

161. *Ancient* METHODS *of training for the* YOUNG

ergo apud maiores nostros iuuenis ille, qui foro et eloquentiae parabatur, imbutus iam domestica disciplina,
refertus honestis studiis deducebatur a patre uel a propin-

quis ad eum oratorem, qui principem in ciuitate locum
optinebat. hunc sectari, hunc prosequi, huius omnibus
dictionibus interesse siue in iudiciis siue in contionibus
adsuescebat, ita ut altercationes quoque exciperet et iurgiis
interesset utque sic dixerim, pugnare in proelio disceret.
magnus ex hoc usus, multum constantiae, plurimum iudicii
iuuenibus statim contingebat, in media luce studentibus
atque inter ipsa discrimina, ubi nemo impune stulte aliquid
aut contrarie dicit, quo minus et iudex respuat et aduersarius exprobret, ipsi denique aduocati aspernentur. igitur
uera statim et incorrupta eloquentia imbuebantur; et
quamquam unum sequerentur, tamen omnes eiusdem
aetatis patronos in plurimis et causis et iudiciis cognosce-
bant; habebantque ipsius populi diuersissimarum aurium
copiam, ex qua facile deprehenderent, quid in quoque uel
probaretur uel displiceret. ita nec praeceptor deerat,
optimus quidem et electissimus, qui faciem eloquentiae,
non imaginem praestaret, nec aduersarii et aemuli ferro,
non rudibus dimicantes, nec auditorium semper plenum,
semper nouum ex inuidis et fauentibus, ut nec bene nec
male dicta dissimularentur. scitis enim magnam illam et
duraturam eloquentiae famam non minus in diuersis sub-
selliis parari quam in suis; inde quin immo constantius
surgere, ibi fidelius corroborari. atque hercule sub eius
modi praeceptoribus iuuenis ille, de quo loquimur, ora-
torum discipulus, fori auditor, sectator iudiciorum, eruditus
et adsuefactus alienis experimentis, cui cotidie audienti
notae leges, non noui iudicum uultus, frequens in oculis
consuetudo contionum, saepe cognitae populi aures, siue
accusationem susceperat siue defensionem, solus statim et
unus cuicumque causae par erat. nono decimo aetatis anno
L. Crassus C. Carbonem, unoetuicensimo Caesar Dola-

bellam, altero et uicensimo Asinius Pollio C. Catonem, non multum aetate antecedens Caluus Vatinium iis orationibus insecuti sunt, quas hodie quoque cum admiratione legimus. (*Dialogus de Oratoribus* 34)

GAIUS PLINIUS CAECILIUS SECUNDUS

62—113 A.D.

Letter-writer

162. *Two types of* HOST

longum est altius repetere, nec refert quemadmodum acciderit ut homo minime familiaris cenarem apud quendam, ut sibi uidebatur, lautum et diligentem, ut mihi, sordidum simul et sumptuosum. nam sibi et paucis opima quaedam, ceteris uilia et minuta ponebat. uinum etiam paruolis lagunculis in tria genera descripserat, non ut potestas eligendi, sed ne ius esset recusandi, aliud sibi et nobis, aliud minoribus amicis (nam gradatim amicos habet), aliud suis nostrisque libertis. animaduertit qui mihi proximus recumbebat et an probarem interrogauit. negaui. 'tu ergo' inquit 'quam consuetudinem sequeris?' 'eadem omnibus pono: ad cenam enim, non ad notam inuito cunctisque rebus exaequo quos mensa et toro aequaui.' 'etiamne libertos?' 'etiam: conuictores enim tunc, non libertos puto.' et ille 'magno tibi constat?' 'minime.' 'qui fieri potest?' 'quia scilicet liberti mei non idem quod ego bibunt, sed idem ego quod liberti.' et Hercule si gulae temperes, non est onerosum quo utaris ipse communicare

cum pluribus. illa ergo reprimenda, illa quasi in ordinem
redigenda est, si sumptibus parcas, quibus aliquanto rectius
tua continentia quam aliena contumelia consulas. quorsus
haec? ne tibi, optimae indolis iuueni, quorundam in mensa
luxuria specie frugalitatis inponat. conuenit autem amori
in te meo, quotiens tale aliquid inciderit, sub exemplo prae-
monere quid debeas fugere. igitur memento nihil magis
esse uitandum quam istam luxuriae et sordium nouam
societatem; quae cum sint turpissima discreta ac separata,
turpius iunguntur. uale.   (*Epistles* ii. 6)

163. PLINY *sends to two of his friends some* VERSES *on their dead son*

composuisse me quaedam de filio uestro non dixi uobis,
cum proxime apud uos fui, primum, quia non ideo scrip-
seram ut dicerem, sed ut meo amori, meo dolori satisfacerem,
deinde, quia te, Spurinna, cum audisses recitasse me, ut
mihi ipse dixisti, quid recitassem simul audisse credebam.
praeterea ueritus sum ne uos festis diebus confunderem, si
in memoriam grauissimi luctus reduxissem. nunc quoque
paulisper haesitaui id solum quod recitaui mitterem exi-
gentibus uobis, an adicerem quae in aliud uolumen cogito
reseruare. neque enim adfectibus meis uno libello carissi-
mam mihi et sanctissimam memoriam prosequi satis est,
cuius famae latius consuletur, si dispensata et digesta fuerit.
uerum haesitanti mihi omnia quae iam composui uobis
exhiberem, an adhuc aliqua differrem, simplicius et amicius
uisum est omnia, praecipue cum adfirmetis intra uos
futura, donec placeat emittere. quod superest, rogo ut pari
simplicitate, si qua existimabitis addenda commutanda
omittenda, indicetis mihi. difficile est hucusque intendere

animum in dolore; difficile, sed tamen ut scalptorem, ut
pictorem, qui filii uestri imaginem faceret, admoneretis quid
exprimere, quid emendare deberet, ita me quoque formate,
regite, qui non fragilem et caducam sed inmortalem, ut
uos putatis, effigiem conor efficere; quae hoc diuturnior
erit, quo uerior melior absolutior fuerit. ualete.

(Id. III. 10)

164. PLINY tells how delighted he is that he
    has a REPUTATION

frequenter agenti mihi euenit ut centumuiri, cum diu
se intra iudicum auctoritatem grauitatemque tenuissent,
omnes repente quasi uicti coactique consurgerent lauda-
rentque; frequenter e senatu famam, qualem maxime opta-
ueram, rettuli: numquam tamen maiorem cepi uoluptatem,
quam nuper ex sermone Corneli Taciti. narrabat sedisse
se cum quodam Circensibus proximis: hunc post uarios
eruditosque sermones requisisse 'Italicus es an prouincialis?'
se respondisse 'nosti me et quidem ex studiis.' ad hoc illum
'Tacitus es an Plinius?' exprimere non possum quam sit
iucundum mihi quod nomina nostra, quasi litterarum
propria, non hominum, litteris redduntur, quod uterque
nostrum his etiam ex studiis notus quibus aliter ignotus est.
accidit aliud ante pauçulos dies simile. recumbebat mecum
uir egregius, Fadius Rufinus, super eum municeps ipsius,
qui illo die primum uenerat in urbem; cui Rufinus, de-
monstrans me, 'uides hunc?' multa deinde de studiis
nostris. et ille 'Plinius est' inquit. uerum fatebor, capio
magnum laboris mei fructum. an, si Demosthenes iure
laetatus est quod illum anus Attica ita noscitauit, οὗτός
ἐστι Δημοσθένης, ego celebritate nominis mei gaudere

non debeo? ego uero et gaudeo et gaudere me dico. neque
enim uereor ne iactantior uidear, cum de me aliorum
iudicium, non meum profero, praesertim apud te, qui nec
ullius inuides laudibus et faues nostris. uale. (*Id.* IX. 23)

165. PLINY'S '*summer time*'

quaeris quemadmodum in Tuscis diem aestate disponam.
euigilo cum libuit, plerumque circa horam primam, saepe
ante, tardius raro: clausae fenestrae manent. mire enim
silentio et tenebris ab iis quae auocant abductus, et liber et
mihi relictus, non oculos animo sed animum oculis sequor,
qui eadem quae mens uident, quotiens non uident alia.
cogito, si quid in manibus, cogito ad uerbum scribenti
emendantique similis, nunc pauciora nunc plura, ut uel
difficile uel facile componi teneriue potuerunt. notarium
uoco et die admisso quae formaueram dicto: abit rursusque
reuocatur rursusque dimittitur. ubi hora quarta uel quinta
(neque enim certum dimensumque tempus), ut dies suasit,
in xystum me uel cryptoporticum confero, reliqua meditor
et dicto. uehiculum ascendo. ibi quoque idem quod
ambulans aut iacens. durat intentio mutatione ipsa refecta:
paulum redormio, dein ambulo, mox orationem Graecam
Latinamue clare et intente, non tam uocis causa quam
stomachi lego: pariter tamen et illa firmatur. iterum
ambulo, ungor, exerceor, lauor. cenanti mihi, si cum
uxore uel paucis, liber legitur: post cenam comoedus aut
lyristes: mox cum meis ambulo, quorum in numero sunt
eruditi. ita uariis sermonibus uespera extenditur, et quamquam longissimus dies cito conditur. non numquam ex hoc
ordine aliqua mutantur. nam si diu iacui uel ambulaui,
post somnum demum lectionemque non uehiculo sed, quod
breuius, quia uelocius, equo gestor. interueniunt amici ex

proximis oppidis partemque diei ad se trahunt interdumque
lasso mihi opportuna interpellatione subueniunt. uenor
aliquando, sed non sine pugillaribus, ut, quamuis nihil
ceperim, non nihil referam. datur et colonis, ut uidetur
ipsis, non satis temporis, quorum mihi agrestes querellae
litteras nostras et haec urbana opera commendant. uale.

(Id. IX. 36)

GAIUS SUETONIUS TRANQUILLUS
75—160 (?) A.D.
Biographer

166. *A* STERN *prince*

   sed ut salubrem magis quam ambitiosum principem
scires, querentem de inopia et caritate uini populum
seuerissima coercuit uoce: satis prouisum a genero suo
Agrippa perductis pluribus aquis, ne homines sitirent.
eidem populo promissum quidem congiarium reposcenti
bonae se fidei esse respondit; non promissum autem flagi-
tanti turpitudinem et impudentiam edicto exprobrauit
affirmauitque non daturum se quamuis dare destinaret. nec
minore grauitate atque constantia, cum proposito congiario
multos manumissos insertosque ciuium numero com-
perisset, negauit accepturos quibus promissum non esset,
ceterisque minus quam promiserat dedit, ut destinata
summa sufficeret. magna uero quondam sterilitate ac
difficili remedio cum uenalicias et lanistarum familias
peregrinosque omnes exceptis medicis et praeceptoribus
partimque seruitiorum urbe expulisset, ut tandem annona

conualuit, impetum se cepisse scribit frumentationes pub-
licas in perpetuum abolendi, quod earum fiducia cultura
agrorum cessaret: neque tamen perseuerasse, quia certum
haberet posse per ambitionem quandoque restitui. atque
ita posthac rem temperauit, ut non minorem aratorum ac
negotiantium quam populi rationem deduceret.

(*Augustus* XLII)

167. *The appearance of* AUGUSTUS

forma fuit eximia et per omnes aetatis gradus uenustis-
sima, quamquam et omnis lenocinii neglegens; in capite
comendo tam incuriosus, ut raptim compluribus simul
tonsoribus operam daret ac modo tonderet modo raderet
barbam eoque ipso tempore aut legeret aliquid aut etiam
scriberet. uultu erat uel in sermone uel tacitus adeo tran-
quillo serenoque, ut quidam e primoribus Galliarum con-
fessus sit inter suos, eo se inhibitum ac remollitum, quo
minus, ut destinarat, in transitu Alpium per simulationem
conloquii propius admissus in praecipitium propelleret.
oculos habuit claros ac nitidos, quibus etiam existimari
uolebat inesse quiddam diuini uigoris, gaudebatque, si qui
sibi acrius contuenti quasi ad fulgorem solis uultum sum-
mitteret; sed in senecta sinistro minus uidit; dentes raros
et exiguos et scabros; capillum leuiter inflexum et sub-
flauum; supercilia coniuncta; mediocres aures; nasum et a
summo eminentiorem et ab imo deductiorem; colorem inter
aquilum candidumque; staturam breuem,—quam tamen
Iulius Marathus libertus quinque pedum et dodrantis fuisse
tradit—, sed quae commoditate et aequitate membrorum
occuleretur, ut non nisi ex comparatione astantis alicuius
procerioris intellegi posset.

(*Id.* LXXIX)

168. *Personal characteristics of* CALIGULA

statura fuit eminenti, colore expallido, corpore enormi, gracilitate maxima ceruicis et crurum, oculis et temporibus concauis, fronte lata et torua, capillo raro at circa uerticem nullo, hirsutus cetera. quare transeunte eo prospicere ex superiore parte aut omnino quacumque de causa capram nominare, criminosum et exitiale habebatur. uultum uero natura horridum ac taetrum etiam ex industria efferabat componens ad speculum in omnem terrorem ac formidinem. ualitudo ei neque corporis neque animi constitit. puer comitiali morbo uexatus, in adulescentia ita patiens laborum erat, ut tamen nonnumquam subita defectione ingredi, stare, colligere semet ac sufferre uix posset. mentis ualitudinem et ipse senserat ac subinde de secessu deque purgando cerebro cogitauit. creditur potionatus a Caesonia uxore amatorio quidem medicamento, sed quod in furorem uerterit. incitabatur insomnio maxime; neque enim plus quam tribus nocturnis horis quiescebat ac ne iis quidem placida quiete, sed pauida miris rerum imaginibus, ut qui inter ceteras pelagi quondam speciem conloquentem secum uidere uisus sit. ideoque magna parte noctis uigiliae cubandique taedio nunc toro residens, nunc per longissimas porticus uagus inuocare identidem atque expectare lucem consuerat. *(Caligula* L)

169. *The suspicious nature of* CLAUDIUS

sed nihil aeque quam timidus ac diffidens fuit. primis imperii diebus quanquam, ut diximus, iactator ciuilitatis, neque conuiuia inire ausus est nisi ut speculatores cum lanceis circumstarent militesque uice ministrorum fungerentur, neque aegrum quemquam uisitauit nisi explorato

prius cubiculo culcitisque et stragulis praetemptatis et excussis. reliquo autem tempore salutatoribus scrutatores
semper apposuit, et quidem omnibus et acerbissimos. nulla
adeo suspicio, nullus auctor tam leuis extitit, a quo non
mediocri scrupulo iniecto ad cauendum ulciscendumque
compelleretur. unus ex litigatoribus seducto in salutatione
affirmauit, uidisse se per quietem occidi eum a quodam;
dein paulo post, quasi percussorem agnosceret, libellum
tradentem aduersarium suum demonstrauit: confestimque
is pro deprenso ad poenam raptus est. pari modo oppressum
ferunt Appium Silanum: quem cum Messalina et Narcissus
conspirassent perdere, diuisis partibus alter ante lucem
similis attonito patroni cubiculum inrupit, affirmans som-
niasse se uim ei ab Appio inlatam; altera in admirationem
formata sibi quoque eandem speciem aliquot iam noctibus
obuersari rettulit; nec multo post ex composito inrumpere
Appius nuntiatus, cui pridie ad id temporis ut adesset
praeceptum erat, quasi plane repraesentaretur somnii fides,
arcessi statim ac mori iussus est. (*Claudius* XXXV, XXXVII)

170. *The death of* VITELLIUS

irruperant iam agminis antecessores ac nemine obuio
rimabantur, ut fit, singula. ab his extractus e latebra,
sciscitantes, quis esset—nam ignorabatur—et ubi esse
Vitellium sciret, mendacio elusit; deinde agnitus rogare
non destitit, quasi quaedam de salute Vespasiani dicturus,
ut custodiretur interim uel in carcere, donec religatis post
terga manibus, iniecto ceruicibus laqueo, ueste discissa
seminudus in forum tractus est inter magna rerum uerbo-
rumque ludibria per totum uiae sacrae spatium, reducto
coma capite, ceu noxii solent, atque etiam mento mucrone

gladii subrecto, ut uisendam praeberet faciem neue sum-
mitteret; quibusdam stercore et caeno incessentibus, aliis
incendiarium et patinarium uociferantibus, parte uulgi
etiam corporis uitia exprobrante; erat enim in eo enormis
proceritas, facies rubida plerumque ex uinolentia, uenter
obesus, alterum femur subdebile impulsu olim quadrigae,
cum auriganti Gaio ministratorem exhiberet. tandem apud
Gemonias minutissimis ictibus excarnificatus atque con-
fectus est et inde unco tractus in Tiberim. periit cum
fratre et filio anno uitae septimo quinquagesimo; nec
fefellit coiectura eorum qui augurio, quod factum ei
Viennae ostendimus, non aliud portendi praedixerant quam
uenturum in alicuius Gallicani hominis potestatem, si-
quidem ab Antonio Primo aduersarum partium duce
oppressus est, cui Tolosae nato cognomen in pueritia Becco
fuerat: id ualet gallinacei rostrum.   (*Vitellius* XVII, XVIII)

AULUS GELLIUS
125—175 A.D.

Writer of Noctes Atticae, *a miscellany of
gossip on many subjects*

171. *Charles' Wain*

ab Aegina in Piraeum complusculi earundem disci-
plinarum sectatores Graeci Romanique homines eadem in
naui transmittebamus. nox fuit et clemens mare et anni
aestas caelumque liquide serenum. sedebamus ergo in puppi
simul uniuersi et lucentia sidera considerabamus. tum, qui
eodem in numero Graecas res eruditi erant, quid ' βοώτης '

esset, quid 'ἅμαξα' et quaenam maior et quae minor, cur
ita appellata et quam in partem procedentis noctis spatio
mouerentur et quamobrem Homerus solam eam non
occidere dicat, cum et quaedam alia, scite ista omnia ac
perite disserebant. hic ego ad nostros iuuenes conuertor
et: 'quid,' inquam, 'uos opici dicitis mihi? quare, quod
"ἅμαξαν" Graeci uocant, nos "septentriones" uocamus?
non enim satis est, quod septem stellas uidemus, sed quid
hoc totum, quod "septentriones" dicimus, significet, scire,'
inquam, 'id prolixius uolo.' tum quispiam ex his, qui se ad
literas memoriasque ueteres dediderat: 'uulgus,' inquit,
'grammaticorum "septentriones" a solo numero stellarum
dictum putat. "triones" enim per sese nihil significare aiunt,
sed uocabuli esse supplementum; sicut in eo, quod "quin-
quatrus" dicamus, quod quinque ab Idibus dierum numerus
sit, "atrus" nihil. sed ego quidem cum L. Aelio et M.
Varrone sentio, qui "triones" rustico cetero uocabulo
boues appellatos scribunt, quasi quosdam "terriones," hoc
est arandae colendaeque terrae idoneos. itaque hoc sidus,
quod a figura posituraque ipsa, quia simile plaustri uideatur,
antiqui Graecorum "ἅμαξαν" dixerunt, nostri quoque
ueteres a bubus iunctis "septentriones" appellarunt, id est
septem stellis, ex quibus quasi iuncti "triones" figurantur.
praeter hanc' inquit 'opinionem id quoque Varro addit,
dubitare sese, an propterea magis hae septem stellae "triones"
appellatae sint, quia ita sint sitae, ut ternae stellae proximae
quaeque inter sese faciant "trigona," id est triquetras
figuras.' ex his duabus rationibus, quas ille dixit, quod
posterius est, subtilius elegantiusque est uisum. intuentibus
enim nobis in illud, ita propemodum res erat, ut forma esset
et triquetra uiderentur.   (*Noctes Atticae* II. 21)

172. *Obsolete* WORDS

uerbis uti aut nimis obsoletis exculcatisque aut inso-
lentibus nouitatisque durae et inlepidae, par esse delictum
uidetur. sed molestius equidem culpatiusque esse arbitror,
uerba noua, incognita, inaudita dicere, quam inuolgata et
sordentia. noua autem uideri dico etiam ea, quae sunt
inusitata et desita, etsi sunt uetusta. est adeo id uitium
plerumque serae eruditionis, quam Graeci 'ὀψιμαθίαν'
appellant, ut quod numquam didiceris, diu ignoraueris,
cum id scire aliquando coeperis, magni facias quo in loco
cumque et quacumque in re dicere. veluti Romae, nobis
praesentibus, uetus celebratusque homo in causis, sed re-
pentina et quasi tumultuaria doctrina praeditus, cum apud
praefectum urbis uerba faceret et dicere uellet, inopi
quendam miseroque uictu uiuere et furfureum panem
esitare, uinumque eructum et fetidum potare, 'hic,' inquit,
'eques Romanus apludam edit et floccos bibit.' aspexerunt
omnes, qui aderant, alius alium, primo tristiores turbato et
requirente uoltu, quidnam illud utriusque uerbi foret; post
deinde, quasi nescio quid Tusce aut Gallice dixisset,
uniuersi riserunt. legerat autem ille, 'apludam' ueteres
rusticos frumenti furfurem dixisse idque a Plauto in
comoedia, si ea Plauti est, quae Astraba inscripta est,
positum esse. item 'floccos' audierat prisca uoce significari
uini faecem e uinaceis expressam, sicuti fraces oleis, idque
aput Caecilium in Polumenis legerat, eaque sibi duo uerba
ad orationum ornamenta seruauerat. alter quoque a lec-
tionibus id genus paucis apirocalus, cum aduersarius causam
differri postularet: 'rogo, praetor,' inquit, 'subueni, succurre! quonam usque nos bouinator hic demoratur?' atque
id uoce magna ter quaterue inclamauit, 'bouinator est.'

commurmuratio fieri coepta est a plerisque, qui aderant,
quasi monstrum uerbi admirantibus. at ille iactans et
gestiens: 'non enim Lucilium,' inquit, 'legistis, qui
tergiuersatorem "bouinatorem" dicit?' est autem in Lucili
XI uersus:

hic st tricosus bouinatorque ore improbus duro.

(Id. XI. 7)

PART II. GREEK

HOMER

? B.C.

Epic poet

1. *The prowess of* AJAX

ὣς ἄρ' ἔφαν, Αἴας δὲ κορύσσετο νώροπι χαλκῷ.
αὐτὰρ ἐπεὶ δὴ πάντα περὶ χροῒ ἕσσατο τεύχεα,
σεύατ' ἔπειθ' οἷός τε πελώριος ἔρχεται Ἄρης,
ὅς τ' εἶσιν πόλεμόνδε μετ' ἀνέρας, οὕς τε Κρονίων
θυμοβόρου ἔριδος μένεϊ ξυνέηκε μάχεσθαι.
τοῖος ἄρ' Αἴας ὦρτο πελώριος, ἕρκος Ἀχαιῶν,
μειδιόων βλοσυροῖσι προσώπασι· νέρθε δὲ ποσσὶν
ἤϊε μακρὰ βιβάς, κραδάων δολιχόσκιον ἔγχος.
τὸν δὲ καὶ Ἀργεῖοι μὲν ἐγήθεον εἰσορόωντες,
Τρῶας δὲ τρόμος αἰνὸς ὑπήλυθε γυῖα ἕκαστον,
Ἕκτορί τ' αὐτῷ θυμὸς ἐνὶ στήθεσσι πάτασσεν·
ἀλλ' οὔ πως ἔτι εἶχεν ὑποτρέσαι οὐδ' ἀναδῦναι
ἂψ λαῶν ἐς ὅμιλον, ἐπεὶ προκαλέσσατο χάρμῃ.
Αἴας δ' ἐγγύθεν ἦλθε φέρων σάκος ἠΰτε πύργον,
χάλκεον ἑπταβόειον, ὅ οἱ Τυχίος κάμε τεύχων,
σκυτοτόμων ὄχ' ἄριστος, Ὕλῃ ἔνι οἰκία ναίων,
ὅς οἱ ἐποίησεν σάκος αἰόλον ἑπταβόειον
ταύρων ζατρεφέων, ἐπὶ δ' ὄγδοον ἤλασε χαλκόν.
τὸ πρόσθε στέρνοιο φέρων Τελαμώνιος Αἴας
στῆ ῥα μάλ' Ἕκτορος ἐγγύς, ἀπειλήσας δὲ προσηύδα·
"Ἕκτορ, νῦν μὲν δὴ σάφα εἴσεαι οἰόθεν οἶος
οἷοι καὶ Δαναοῖσιν ἀριστῆες μετέασι,

καὶ μετ' Ἀχιλλῆα ῥηξήνορα θυμολέοντα.
ἀλλ' ὁ μὲν ἐν νήεσσι κορωνίσι ποντοπόροισι
κεῖτ' ἀπομηνίσας Ἀγαμέμνονι, ποιμένι λαῶν·
ἡμεῖς δ' εἰμὲν τοῖοι οἳ ἂν σέθεν ἀντιάσαιμεν
καὶ πολέες· ἀλλ' ἄρχε μάχης ἠδὲ πτολέμοιο."

(Iliad VII. 206–232)

2. The withdrawal of AJAX

Ζεὺς δὲ πατὴρ Αἴανθ' ὑψίζυγος ἐν φόβον ὦρσε·
στῆ δὲ ταφών, ὄπιθεν δὲ σάκος βάλεν ἑπταβόειον,
τρέσσε δὲ παπτήνας ἐφ' ὁμίλου, θηρὶ ἐοικώς,
ἐντροπαλιζόμενος, ὀλίγον γόνυ γουνὸς ἀμείβων.
ὡς δ' αἴθωνα λέοντα βοῶν ἀπὸ μεσσαύλοιο
ἐσσεύαντο κύνες τε καὶ ἀνέρες ἀγροιῶται,
οἵ τέ μιν οὐκ εἰῶσι βοῶν ἐκ πῖαρ ἑλέσθαι
πάννυχοι ἐγρήσσοντες· ὁ δὲ κρειῶν ἐρατίζων
ἰθύει, ἀλλ' οὔ τι πρήσσει· θαμέες γὰρ ἄκοντες
ἀντίον ἀΐσσουσι θρασειάων ἀπὸ χειρῶν,
καιόμεναί τε δεταί, τάς τε τρεῖ ἐσσύμενός περ·
ἠῶθεν δ' ἀπονόσφιν ἔβη τετιηότι θυμῷ·
ὣς Αἴας τότ' ἀπὸ Τρώων τετιημένος ἦτορ
ἤϊε πόλλ' ἀέκων· περὶ γὰρ δίε νηυσὶν Ἀχαιῶν.
ὡς δ' ὅτ' ὄνος παρ' ἄρουραν ἰὼν ἐβιήσατο παῖδας
νωθής, ᾧ δὴ πολλὰ περὶ ῥόπαλ' ἀμφὶς ἐάγη,
κείρει τ' εἰσελθὼν βαθὺ λήϊον· οἱ δέ τε παῖδες
τύπτουσιν ῥοπάλοισι· βίη δέ τε νηπίη αὐτῶν·
σπουδῇ τ' ἐξήλασσαν, ἐπεί τ' ἐκορέσσατο φορβῆς·
ὣς τότ' ἔπειτ' Αἴαντα μέγαν, Τελαμώνιον υἱόν,
Τρῶες ὑπέρθυμοι πολυηγερέες τ' ἐπίκουροι
νύσσοντες ξυστοῖσι μέσον σάκος αἰὲν ἕποντο.
Αἴας δ' ἄλλοτε μὲν μνησάσκετο θούριδος ἀλκῆς

αὖτις ὑποστρεφθείς, καὶ ἐρητύσασκε φάλαγγας
Τρώων ἱπποδάμων· ὁτὲ δὲ τρωπάσκετο φεύγειν.

(*Id.* XI. 544–568)

3. THETIS *visits* HEPHAESTUS

ὣς οἱ μὲν τοιαῦτα πρὸς ἀλλήλους ἀγόρευον·
Ἡφαίστου δ' ἵκανε δόμον Θέτις ἀργυρόπεζα
ἄφθιτον ἀστερόεντα, μεταπρεπέ' ἀθανάτοισι,
χάλκεον, ὅν ῥ' αὐτὸς ποιήσατο κυλλοποδίων.
τὸν δ' εὗρ' ἱδρώοντα ἑλισσόμενον περὶ φύσας
σπεύδοντα· τρίποδας γὰρ ἐείκοσι πάντας ἔτευχεν
ἑστάμεναι περὶ τοῖχον ἐϋσταθέος μεγάροιο,
χρύσεα δέ σφ' ὑπὸ κύκλα ἑκάστῳ πυθμένι θῆκεν,
ὄφρα οἱ αὐτόματοι θεῖον δυσαίατ' ἀγῶνα
ἠδ' αὖτις πρὸς δῶμα νεοίατο, θαῦμα ἰδέσθαι.
οἱ δ' ἤτοι τόσσον μὲν ἔχον τέλος, οὔατα δ' οὔ πω
δαιδάλεα προσέκειτο· τά ῥ' ἤρτυε, κόπτε δὲ δεσμούς.
ὄφρ' ὅ γε ταῦτ' ἐπονεῖτο ἰδυίῃσι πραπίδεσσι,
τόφρα οἱ ἐγγύθεν ἦλθε θεὰ Θέτις ἀργυρόπεζα.
τὴν δὲ ἴδε προμολοῦσα Χάρις λιπαροκρήδεμνος
καλή, τὴν ὤπυιε περικλυτὸς ἀμφιγυήεις·
ἔν τ' ἄρα οἱ φῦ χειρὶ ἔπος τ' ἔφατ' ἔκ τ' ὀνόμαζε·
"τίπτε, Θέτι τανύπεπλε, ἱκάνεις ἡμέτερον δῶ
αἰδοίη τε φίλη τε; πάρος γε μὲν οὔ τι θαμίζεις.
ἀλλ' ἕπεο προτέρω, ἵνα τοι πὰρ ξείνια θείω."
ὣς ἄρα φωνήσασα πρόσω ἄγε δῖα θεάων.
τὴν μὲν ἔπειτα καθεῖσεν ἐπὶ θρόνου ἀργυροήλου
καλοῦ δαιδαλέου· ὑπὸ δὲ θρῆνυς ποσὶν ἦεν·
κέκλετο δ' Ἥφαιστον κλυτοτέχνην εἶπέ τε μῦθον·
"Ἥφαιστε, πρόμολ' ὧδε· Θέτις νύ τι σεῖο χατίζει."

(*Id.* XVIII. 368–392)

4. *A* FOOT-RACE

Πηλείδης δ᾽ αἶψ᾽ ἄλλα τίθει ταχυτῆτος ἄεθλα,
ἀργύρεον κρητῆρα, τετυγμένον· ἓξ δ᾽ ἄρα μέτρα
χάνδανεν, αὐτὰρ κάλλει ἐνίκα πᾶσαν ἐπ᾽ αἶαν
πολλόν, ἐπεὶ Σιδόνες πολυδαίδαλοι εὖ ἤσκησαν,
Φοίνικες δ᾽ ἄγον ἄνδρες ἐπ᾽ ἠεροειδέα πόντον,
στῆσαν δ᾽ ἐν λιμένεσσι, Θόαντι δὲ δῶρον ἔδωκαν·
υἱὸς δὲ Πριάμοιο Λυκάονος ὦνον ἔδωκε
Πατρόκλῳ ἥρωϊ Ἰησονίδης Εὔνηος.
καὶ τὸν Ἀχιλλεὺς θῆκεν ἀέθλιον οὗ ἑτάροιο,
ὅς τις ἐλαφρότατος ποσσὶ κραιπνοῖσι πέλοιτο·
δευτέρῳ αὖ βοῦν θῆκε μέγαν καὶ πίονα δημῷ,
ἡμιτάλαντον δὲ χρυσοῦ λοισθήϊ᾽ ἔθηκε.
στῆ δ᾽ ὀρθὸς καὶ μῦθον ἐν Ἀργείοισιν ἔειπεν·
"ὄρνυσθ᾽ οἳ καὶ τούτου ἀέθλου πειρήσεσθε."
ὣς ἔφατ᾽, ὤρνυτο δ᾽ αὐτίκ᾽ Ὀϊλῆος ταχὺς Αἴας,
ἂν δ᾽ Ὀδυσεὺς πολύμητις, ἔπειτα δὲ Νέστορος υἱὸς
Ἀντίλοχος· ὁ γὰρ αὖτε νέους ποσὶ πάντας ἐνίκα.
[στὰν δὲ μεταστοιχί· σήμηνε δὲ τέρματ᾽ Ἀχιλλεύς.]
τοῖσι δ᾽ ἀπὸ νύσσης τέτατο δρόμος· ὦκα δ᾽ ἔπειτα
ἔκφερ᾽ Ὀϊλιάδης· ἐπὶ δ᾽ ὤρνυτο δῖος Ὀδυσσεὺς
ἄγχι μάλ᾽, ὡς ὅτε τίς τε γυναικὸς ἐϋζώνοιο
στήθεός ἐστι κανών, ὅν τ᾽ εὖ μάλα χερσὶ τανύσσῃ
πηνίον ἐξέλκουσα παρὲκ μίτον, ἀγχόθι δ᾽ ἴσχει
στήθεος· ὣς Ὀδυσεὺς θέεν ἐγγύθεν, αὐτὰρ ὄπισθεν
ἴχνια τύπτε πόδεσσι πάρος κόνιν ἀμφιχυθῆναι·
κὰδ δ᾽ ἄρα οἱ κεφαλῆς χέ᾽ αὐτμένα δῖος Ὀδυσσεὺς
αἰεὶ ῥίμφα θέων· ἴαχον δ᾽ ἐπὶ πάντες Ἀχαιοὶ
νίκης ἱεμένῳ, μάλα δὲ σπεύδοντι κέλευον.

(*Id.* XXIII. 740–767)

5. HELEN *recites an adventure of* ODYSSEUS

πάντα μὲν οὐκ ἂν ἐγὼ μυθήσομαι οὐδ' ὀνομήνω,
ὅσσοι Ὀδυσσῆος ταλασίφρονός εἰσιν ἄεθλοι·
ἀλλ' οἷον τόδ' ἔρεξε καὶ ἔτλη καρτερὸς ἀνὴρ
δήμῳ ἔνι Τρώων, ὅθι πάσχετε πήματ' Ἀχαιοί.
αὐτόν μιν πληγῇσιν ἀεικελίῃσι δαμάσσας,
σπεῖρα κάκ' ἀμφ' ὤμοισι βαλών, οἰκῆϊ ἐοικώς,
ἀνδρῶν δυσμενέων κατέδυ πόλιν εὐρυάγυιαν·
ἄλλῳ δ' αὐτὸν φωτὶ κατακρύπτων ἤϊσκε
δέκτῃ, ὃς οὐδὲν τοῖος ἔην ἐπὶ νηυσὶν Ἀχαιῶν.
τῷ ἴκελος κατέδυ Τρώων πόλιν, οἱ δ' ἀβάκησαν
πάντες· ἐγὼ δέ μιν οἴη ἀνέγνων τοῖον ἐόντα,
καί μιν ἀνηρώτων· ὁ δὲ κερδοσύνῃ ἀλέεινεν.
ἀλλ' ὅτε δή μιν ἐγὼ λόεον καὶ χρῖον ἐλαίῳ,
ἀμφὶ δὲ εἵματα ἕσσα, καὶ ὤμοσα καρτερὸν ὅρκον
μὴ μὲν πρὶν Ὀδυσῆα μετὰ Τρώεσσ' ἀναφῆναι,
πρίν γε τὸν ἐς νῆάς τε θοὰς κλισίας τ' ἀφικέσθαι,
καὶ τότε δή μοι πάντα νόον κατέλεξεν Ἀχαιῶν.
πολλοὺς δὲ Τρώων κτείνας ταναήκεϊ χαλκῷ
ἦλθε μετ' Ἀργείους, κατὰ δὲ φρόνιν ἤγαγε πολλήν·
ἔνθ' ἄλλαι Τρῳαὶ λίγ' ἐκώκυον· αὐτὰρ ἐμὸν κῆρ
χαῖρ', ἐπεὶ ἤδη μοι κραδίη τέτραπτο νέεσθαι
ἂψ οἶκόνδ', ἄτην δὲ μετέστενον, ἣν Ἀφροδίτη
δῶχ', ὅτε μ' ἤγαγε κεῖσε φίλης ἀπὸ πατρίδος αἴης,
παῖδά τ' ἐμὴν νοσφισσαμένην θάλαμόν τε πόσιν τε
οὔ τευ δευόμενον, οὔτ' ἀρ φρένας οὔτε τι εἶδος.

(Odyssey IV. 240–264)

6. EUMAEUS *prepares a meal for* ODYSSEUS

ὣς ἄρα φωνήσας κέασε ξύλα νηλέι χαλκῷ
οἱ δ' ὗν εἰσῆγον μάλα πίονα πενταέτηρον.
τὸν μὲν ἔπειτ' ἔστησαν ἐπ' ἐσχάρῃ· οὐδὲ συβώτης
λήθετ' ἄρ' ἀθανάτων· φρεσὶ γὰρ κέχρητ' ἀγαθῇσιν·
ἀλλ' ὅ γ' ἀπαρχόμενος κεφαλῆς τρίχας ἐν πυρὶ βάλλεν
ἀργιόδοντος ὑός, καὶ ἐπεύχετο πᾶσι θεοῖσι
νοστῆσαι Ὀδυσῆα πολύφρονα ὅνδε δόμονδε.
κόψε δ' ἀνασχόμενος σχίζῃ δρυός, ἣν λίπε κείων·
τὸν δ' ἔλιπε ψυχή. τοὶ δὲ σφάξάν τε καὶ εὗσαν·
αἶψα δέ μιν διέχευαν· ὁ δ' ὠμοθετεῖτο συβώτης,
πάντων ἀρχόμενος μελέων, ἐς πίονα δημόν.
καὶ τὰ μὲν ἐν πυρὶ βάλλε, παλύνας ἀλφίτου ἀκτῇ,
μίστυλλόν τ' ἄρα τἆλλα καὶ ἀμφ' ὀβελοῖσιν ἔπειραν,
ὤπτησάν τε περιφραδέως ἐρύσαντό τε πάντα,
βάλλον δ' εἰν ἐλεοῖσιν ἀολλέα· ἂν δὲ συβώτης
ἵστατο δαιτρεύσων· περὶ γὰρ φρεσὶν αἴσιμα ᾔδη.
καὶ τὰ μὲν ἕπταχα πάντα διεμοιρᾶτο δαΐζων·
τὴν μὲν ἴαν νύμφῃσι καὶ Ἑρμῇ, Μαιάδος υἱεῖ,
θῆκεν ἐπευξάμενος, τὰς δ' ἄλλας νεῖμεν ἑκάστῳ·
νώτοισιν δ' Ὀδυσῆα διηνεκέεσσι γέραιρεν
ἀργιόδοντος ὑός, κύδαινε δὲ θυμὸν ἄνακτος·
καί μιν φωνήσας προσέφη πολύμητις Ὀδυσσεύς·
"αἴθ' οὕτως, Εὔμαιε, φίλος Διὶ πατρὶ γένοιο
ὡς ἐμοί, ὅττι με τοῖον ἐόντ' ἀγαθοῖσι γεραίρεις."

(*Id.* XIV. 418–441)

7. ODYSSEUS *slays the suitor* ANTINOUS

ἦ καὶ ἐπ' Ἀντινόῳ ἰθύνετο πικρὸν ὀϊστόν.
ἦ τοι ὁ καλὸν ἄλεισον ἀναιρήσεσθαι ἔμελλε,

χρύσεον ἄμφωτον, καὶ δὴ μετὰ χερσὶν ἐνώμα,
ὄφρα πίοι οἴνοιο· φόνος δέ οἱ οὐκ ἐνὶ θυμῷ
μέμβλετο· τίς κ' οἴοιτο μετ' ἀνδράσι δαιτυμόνεσσι
μοῦνον ἐνὶ πλεόνεσσι, καὶ εἰ μάλα καρτερὸς εἴη,
οἱ τεύξειν θάνατόν τε κακὸν καὶ κῆρα μέλαιναν;
τὸν δ' Ὀδυσεὺς κατὰ λαιμὸν ἐπισχόμενος βάλεν ἰῷ,
ἀντικρὺ δ' ἁπαλοῖο δι' αὐχένος ἤλυθ' ἀκωκή.
ἐκλίνθη δ' ἑτέρωσε, δέπας δέ οἱ ἔκπεσε χειρὸς
βλημένου, αὐτίκα δ' αὐλὸς ἀνὰ ῥῖνας παχὺς ἦλθεν
αἵματος ἀνδρομέοιο· θοῶς δ' ἀπὸ εἷο τράπεζαν
ὦσε ποδὶ πλήξας, ἀπὸ δ' εἴδατα χεῦεν ἔραζε·
σῖτός τε κρέα τ' ὀπτὰ φορύνετο. τοὶ δ' ὁμάδησαν
μνηστῆρες κατὰ δώμαθ', ὅπως ἴδον ἄνδρα πεσόντα,
ἐκ δὲ θρόνων ἀνόρουσαν ὀρινθέντες κατὰ δῶμα,
πάντοσε παπταίνοντες ἐϋδμήτους ποτὶ τοίχους·
οὐδέ που ἀσπὶς ἔην οὐδ' ἄλκιμον ἔγχος ἑλέσθαι.
νείκειον δ' Ὀδυσῆα χολωτοῖσιν ἐπέεσσι·
"ξεῖνε, κακῶς ἀνδρῶν τοξάζεαι· οὐκέτ' ἀέθλων
ἄλλων ἀντιάσεις· νῦν τοι σῶς αἰπὺς ὄλεθρος.
καὶ γὰρ δὴ νῦν φῶτα κατέκτανες ὃς μέγ' ἄριστος
κούρων εἰν Ἰθάκῃ· τῷ σ' ἐνθάδε γῦπες ἔδονται."
ἴσκεν ἕκαστος ἀνήρ, ἐπεὶ ἦ φάσαν οὐκ ἐθέλοντα
ἄνδρα κατακτεῖναι· τὸ δὲ νήπιοι οὐκ ἐνόησαν,
ὡς δή σφιν καὶ πᾶσιν ὀλέθρου πείρατ' ἐφῆπτο.

(*Id.* XXII. 8–33)

HYMNI HOMERICI

8. *The daughters of* CELEUS *bring* DEMETER
to their home

αἶψα δὲ δώμαθ' ἵκοντο διοτρεφέος Κελεοῖο,
βὰν δὲ δι' αἰθούσης ἔνθα σφίσι πότνια μήτηρ
ἧστο παρὰ σταθμὸν τέγεος πύκα ποιητοῖο,
παῖδ' ὑπὸ κόλπῳ ἔχουσα νέον θάλος· αἱ δὲ παρ' αὐτὴν
ἔδραμον, ἡ δ' ἄρ' ἐπ' οὐδὸν ἔβη ποσὶ καί ῥα μελάθρου
κῦρε κάρη, πλῆσεν δὲ θύρας σέλαος θείοιο.
τὴν δ' αἰδώς τε σέβας τε ἰδὲ χλωρὸν δέος εἷλεν·
εἶξε δέ οἱ κλισμοῖο καὶ ἑδριάασθαι ἄνωγεν.
ἀλλ' οὐ Δημήτηρ ὡρηφόρος ἀγλαόδωρος
ἤθελεν ἑδριάασθαι ἐπὶ κλισμοῖο φαεινοῦ,
ἀλλ' ἀκέουσα ἔμιμνε κατ' ὄμματα καλὰ βαλοῦσα,
πρίν γ' ὅτε δή οἱ ἔθηκεν Ἰάμβη κεδνὰ ἰδυῖα
πηκτὸν ἕδος, καθύπερθε δ' ἐπ' ἀργύφεον βάλε κῶας.
ἔνθα καθεζομένη προκατέσχετο χερσὶ καλύπτρην·
δηρὸν δ' ἄφθογγος τετιημένη ἧστ' ἐπὶ δίφρου,
οὐδέ τιν' οὔτ' ἔπεϊ προσπτύσσετο οὔτε τι ἔργῳ,
ἀλλ' ἀγέλαστος ἄπαστος ἐδητύος ἠδὲ ποτῆτος
ἧστο πόθῳ μινύθουσα βαθυζώνοιο θυγατρός,
πρίν γ' ὅτε δὴ χλεύῃς μιν Ἰάμβη κεδνὰ ἰδυῖα
πολλὰ παρασκώπτουσ' ἐτρέψατο πότνιαν ἁγνὴν
μειδῆσαι γελάσαι τε καὶ ἵλαον σχεῖν θυμόν·
ἣ δή οἱ καὶ ἔπειτα μεθύστερον εὔαδεν ὀργαῖς.
τῇ δὲ δέπας Μετάνειρα δίδου μελιηδέος οἴνου
πλήσασ', ἡ δ' ἀνένευσ'· οὐ γὰρ θεμιτόν οἱ ἔφασκε
πίνειν οἶνον ἐρυθρόν, ἄνωγε δ' ἄρ' ἄλφι καὶ ὕδωρ

δοῦναι μίξασαν πιέμεν γλήχωνι τερείνη.
ἡ δὲ κυκεῶ τεύξασα θεᾷ πόρεν ὡς ἐκέλευε.

(II. 184–210)

9. APHRODITE *visits* ANCHISES

ἑσσαμένη δ' εὖ πάντα περὶ χροῒ εἵματα καλὰ
χρυσῷ κοσμηθεῖσα φιλομμειδὴς Ἀφροδίτη
σεύατ' ἐπὶ Τροίης προλιποῦσ' εὐώδεα Κύπρον,
ὕψι μετὰ νέφεσιν ῥίμφα πρήσσουσα κέλευθον.
Ἴδην δ' ἵκανεν πολυπίδακα, μητέρα θηρῶν,
βῆ δ' ἰθὺς σταθμοῖο δι' οὔρεος· οἱ δὲ μετ' αὐτὴν
σαίνοντες πολιοί τε λύκοι χαροποί τε λέοντες,
ἄρκτοι παρδάλιές τε θοαὶ προκάδων ἀκόρητοι
ἤϊσαν· ἡ δ' ὁρόωσα μετὰ φρεσὶ τέρπετο θυμὸν
αὐτὴ δ' ἐς κλισίας εὐποιήτους ἀφίκανε·
τὸν δ' εὗρε σταθμοῖσι λελειμμένον οἶον ἀπ' ἄλλων
Ἀγχίσην ἥρωα θεῶν ἄπο κάλλος ἔχοντα.
οἱ δ' ἅμα βουσὶν ἕποντο νομοὺς κάτα ποιήεντας
πάντες, ὁ δὲ σταθμοῖσι λελειμμένος οἶος ἀπ' ἄλλων
πωλεῖτ' ἔνθα καὶ ἔνθα διαπρύσιον κιθαρίζων.
στῆ δ' αὐτοῦ προπάροιθε Διὸς θυγάτηρ Ἀφροδίτη
παρθένῳ ἀδμήτῃ μέγεθος καὶ εἶδος ὁμοίη
μή μιν ταρβήσειεν ἐν ὀφθαλμοῖσι νοήσας.
Ἀγχίσης δ' ὁρόων ἐφράζετο θαύμαινέν τε
εἶδός τε μέγεθος καὶ εἵματα σιγαλόεντα.
πέπλον μὲν γὰρ ἔεστο φαεινότερον πυρὸς αὐγῆς,
εἶχε δ' ἐπιγναμπτὰς ἕλικας κάλυκάς τε φαεινάς,
ὅρμοι δ' ἀμφ' ἁπαλῇ δειρῇ περικαλλέες ἦσαν
καλοὶ χρύσειοι παμποίκιλοι· ὡς δὲ σελήνη ·
στήθεσιν ἀμφ' ἁπαλοῖσιν ἐλάμπετο, θαῦμα ἰδέσθαι.

(v. 64–90)

10. Dionysus *takes vengeance on the* PIRATES

ὣς εἰπὼν ἱστόν τε καὶ ἱστίον ἕλκετο νηός.
ἔμπνευσεν δ᾿ ἄνεμος μέσον ἱστίον, ἀμφὶ δ᾿ ἄρ᾿ ὅπλα
καττάνυσαν· τάχα δέ σφιν ἐφαίνετο θαυματὰ ἔργα.
οἶνος μὲν πρώτιστα θοὴν ἀνὰ νῆα μέλαιναν
ἡδύποτος κελάρυζ᾿ εὐώδης, ὤρνυτο δ᾿ ὀδμὴ
ἀμβροσίη· ναύτας δὲ τάφος λάβε πάντας ἰδόντας.
αὐτίκα δ᾿ ἀκρότατον παρὰ ἱστίον ἐξετανύσθη
ἄμπελος ἔνθα καὶ ἔνθα, κατεκρημνῶντο δὲ πολλοὶ
βότρυες· ἀμφ᾿ ἱστὸν δὲ μέλας εἱλίσσετο κισσὸς
ἄνθεσι τηλεθάων, χαρίεις δ᾿ ἐπὶ καρπὸς ὀρώρει·
πάντες δὲ σκαλμοὶ στεφάνους ἔχον· οἱ δὲ ἰδόντες
νῆ᾿ ἤδη τότ᾿ ἔπειτα κυβερνήτην ἐκέλευον
γῆ πελάαν· ὁ δ᾿ ἄρα σφι λέων γένετ᾿ ἔνδοθι νηὸς
δεινὸς ἐπ᾿ ἀκροτάτης, μέγα δ᾿ ἔβραχεν, ἐν δ᾿ ἄρα μέσσῃ
ἄρκτον ἐποίησεν λασιαύχενα σήματα φαίνων·
ἂν δ᾿ ἔστη μεμαυῖα, λέων δ᾿ ἐπὶ σέλματος ἄκρου
δεινὸν ὑπόδρα ἰδών· οἱ δ᾿ εἰς πρύμνην ἐφόβηθεν,
ἀμφὶ κυβερνήτην δὲ σαόφρονα θυμὸν ἔχοντα
ἔσταν ἄρ᾿ ἐκπληγέντες· ὁ δ᾿ ἐξαπίνης ἐπορούσας
ἀρχὸν ἕλ᾿, οἱ δὲ θύραζε κακὸν μόρον ἐξαλύοντες
πάντες ὁμῶς πήδησαν ἐπεὶ ἴδον εἰς ἅλα δῖαν,
δελφῖνες δ᾿ ἐγένοντο· κυβερνήτην δ᾿ ἐλεήσας
ἔσχεθε καί μιν ἔθηκε πανόλβιον.   (VII. 32–54)

HESIOD

HESIOD

Circa 735 B.C. (?)

Didactic poet

11. TYPHOEUS

αὐτὰρ ἐπεὶ Τιτῆνας ἀπ' οὐρανοῦ ἐξέλασε Ζεύς,
ὁπλότατον τέκε παῖδα Τυφωέα Γαῖα πελώρη
Ταρτάρου ἐν φιλότητι διὰ χρυσέην Ἀφροδίτην·
οὗ χεῖρες μὲν ἔασιν ἐπ' ἰσχύι ἔργματ' ἔχουσαι
καὶ πόδες ἀκάματοι κρατεροῦ θεοῦ· ἐκ δέ οἱ ὤμων
ἦν ἑκατὸν κεφαλαὶ ὄφιος, δεινοῖο δράκοντος,
γλώσσῃσι δνοφερῇσι λελειχμότες· ἐκ δέ οἱ ὄσσων
θεσπεσίης κεφαλῇσιν ὑπ' ὀφρύσι πῦρ ἀμάρυσσε·
πασέων δ' ἐκ κεφαλέων πῦρ καίετο δερκομένοιο.
φωναὶ δ' ἐν πάσῃσιν ἔσαν δεινῇς κεφαλῇσι
παντοίην ὄπ' ἱεῖσαι ἀθέσφατον· ἄλλοτε μὲν γὰρ
φθέγγονθ', ὥς τε θεοῖσι συνιέμεν, ἄλλοτε δ' αὖτε
ταύρου ἐριβρύχεω, μένος ἀσχέτου ὄσσαν ἀγαύρου,
ἄλλοτε δ' αὖτε λέοντος ἀναιδέα θυμὸν ἔχοντος,
ἄλλοτε δ' αὖ σκυλάκεσσιν ἐοικότα, θαύματ' ἀκοῦσαι·
ἄλλοτε δ' αὖ ῥοίζεσχ', ὑπὸ δ' ἤχεεν οὔρεα μακρά.
καὶ νύ κεν ἔπλετο ἔργον ἀμήχανον ἤματι κείνῳ,
καί κεν ὅ γε θνητοῖσι καὶ ἀθανάτοισιν ἄναξεν,
εἰ μὴ ἄρ' ὀξὺ νόησε πατὴρ ἀνδρῶν τε θεῶν τε·
σκληρὸν δ' ἐβρόντησε καὶ ὄμβριμον· ἀμφὶ δὲ γαῖα
σμερδαλέον κονάβησε καὶ οὐρανὸς εὐρὺς ὕπερθε
πόντος τ' Ὠκεανοῦ τε ῥοαὶ καὶ Τάρταρα γαίης·
ποσσὶ δ' ὑπ' ἀθανάτοισι μέγας πελεμίζετ' Ὄλυμπος
ὀρνυμένοιο ἄνακτος, ἐπεστενάχιζε δὲ γαῖα.

(*Theogony* 820–843)

12. TYPHOEUS (continued)

καῦμα δ' ὑπ' ἀμφοτέρων κάτεχεν ἰοειδέα πόντον
βροντῆς τε στεροπῆς τε πυρός τ' ἀπὸ τοῖο πελώρου,
πρηστήρων ἀνέμων τε κεραυνοῦ τε φλεγέθοντος·
ἔζεε δὲ χθὼν πᾶσα καὶ οὐρανὸς ἠδὲ θάλασσα,
θῦε δ' ἄρ' ἀμφ' ἀκτὰς περί τ' ἀμφί τε κύματα μακρὰ
ῥιπῇ ὕπ' ἀθανάτων, ἔνοσις δ' ἄσβεστος ὀρώρει.
τρέε δ' Ἀΐδης ἐνέροισι καταφθιμένοισιν ἀνάσσων,
Τιτῆνές θ' ὑποταρτάριοι, Κρόνον ἀμφὶς ἐόντες,
ἀσβέστου κελάδοιο καὶ αἰνῆς δηιοτῆτος.
Ζεὺς δ' ἐπεὶ οὖν κόρθυνεν ἑὸν μένος, εἵλετο δ' ὅπλα,
βροντήν τε στεροπήν τε καὶ αἰθαλόεντα κεραυνόν,
πλῆξεν ἀπ' Οὐλύμποιο ἐπάλμενος· ἀμφὶ δὲ πάσας
ἔπρεσε θεσπεσίας κεφαλὰς δεινοῖο πελώρου.
αὐτὰρ ἐπεὶ δή μιν δάμασε πληγῇσιν ἱμάσσας,
ἤριπε γυιωθείς, στενάχιζε δὲ γαῖα πελώρη.
φλὸξ δὲ κεραυνωθέντος ἀπέσσυτο τοῖο ἄνακτος
οὔρεος ἐν βήσσῃσιν ἀιδνῆς παιπαλοέσσης
πληγέντος· πολλὴ δὲ πελώρη καίετο γαῖα
ἀτμῇ θεσπεσίῃ, καὶ ἐτήκετο, κασσίτερος ὣς
τέχνῃ ὕπ' αἰζηῶν ὑπό τ' εὐτρήτου χοάνοιο
θαλφθείς, ἠὲ σίδηρος, ὅ περ κρατερώτατός ἐστιν,
οὔρεος ἐν βήσσῃσι δαμαζόμενος πυρὶ κηλέῳ
τήκεται ἐν χθονὶ δίῃ ὑπ' Ἡφαίστου παλάμῃσιν·
ὣς ἄρα τήκετο γαῖα σέλαι πυρὸς αἰθομένοιο.
ῥῖψε δέ μιν θυμῷ ἀκάχων ἐς Τάρταρον εὐρύν.

(Id. 844–868)

THEOGNIS
Circa 548 B.C.
Gnomic poet

13. THEOGNIS *complains because the righteous are no better treated by* ZEUS *than the unrighteous*

Ζεῦ φίλε, θαυμάζω σε· σὺ γὰρ πάντεσσιν ἀνάσσεις,
τιμὴν αὐτὸς ἔχων καὶ μεγάλην δύναμιν,
ἀνθρώπων δ' εὖ οἶσθα νόον καὶ θυμὸν ἑκάστου,
σὸν δὲ κράτος πάντων ἔσθ' ὕπατον, βασιλεῦ·
πῶς δή σευ, Κρονίδη, τολμᾷ νόος ἄνδρας ἀλιτροὺς
ἐν ταὐτῇ μοίρῃ τόν τε δίκαιον ἔχειν,
ἤν τ' ἐπὶ σωφροσύνην τρεφθῇ νόος, ἤν τε πρὸς ὕβριν
ἀνθρώπων ἀδίκοις ἔργμασι πειθομένων;
οὐδέ τι κεκριμένον πρὸς δαίμονός ἐστι βροτοῖσιν,
οὐδ' ὁδὸν ἥντιν' ἰὼν ἀθανάτοισιν ἅδοι.
ἔμπης δ' ὄλβον ἔχουσιν ἀπήμονα· τοὶ δ' ἀπὸ δειλῶν
ἔργων ἴσχοντες θυμὸν ὅμως πενίην
μητέρ' ἀμηχανίης ἔλαβον, τὰ δίκαια φιλεῦντες,
ἥ τ' ἀνδρῶν παράγει θυμὸν ἐς ἀμπλακίην,
βλάπτουσ' ἐν στήθεσσι φρένας κρατερῆς ὑπ' ἀνάγκης·
τολμᾷ δ' οὐκ ἐθέλων αἴσχεα πολλὰ φέρειν,
χρημοσύνῃ εἴκων, ἣ δὴ κακὰ πολλὰ διδάσκει,
ψεύδεά τ' ἐξαπάτας τ' οὐλομένας τ' ἔριδας,
ἄνδρα καὶ οὐκ ἐθέλοντα· κακὸν δέ οἱ οὐδὲν ἔοικεν......

......ἦ γὰρ καὶ χαλεπὴν τίκτει ἀμηχανίην.
ἐν πενίῃ δ' ὅ τε δειλὸς ἀνὴρ ὅ τε πολλὸν ἀμείνων
φαίνεται, εὖτ' ἂν δὴ χρημοσύνη κατέχῃ.

τοῦ μὲν γὰρ τὰ δίκαια φρονεῖ νόος, οὔτέ περ αἰεὶ
ἰθεῖα γνώμη στήθεσιν ἐμπεφύῃ·
τοῦ δ᾽ αὖτ᾽ οὔτε κακοῖς ἕπεται νόος οὔτ᾽ ἀγαθοῖσι.
   τὸν δ᾽ ἀγαθὸν τολμᾶν χρὴ τά τε καὶ τὰ φέρειν,
αἰδεῖσθαι δὲ φίλους, φεύγειν τ᾽ ὀλεσήνορας ὅρκους,
Ἐντράπελ᾽, ἀθανάτων μῆνιν ἀλευάμενον.

(Book I, 373–400)

14. The problem of THRIFT

ὅστις ἀνάλωσιν τηρεῖ κατὰ χρήματα θηρῶν,
   κυδίστην ἀρετὴν τοῖς συνιεῖσιν ἔχει.
εἰ μὲν γὰρ κατιδεῖν βιότου τέλος ἦν, ὁπόσον τις
   ἤμελλ᾽ ἐκτελέσας εἰς Ἀίδαο περᾶν,
εἰκὸς ἂν ἦν, ὃς μὲν πλείω χρόνον αἶσαν ἔμιμνε,
   φείδεσθαι μᾶλλον τοῦτον, ἵν᾽ εἶχε βίον·
νῦν δ᾽ οὐκ ἔστιν. ὃ δὴ καὶ ἐμοὶ μέγα πένθος ὄρωρεν,
   καὶ δάκνομαι ψυχήν, καὶ δίχα θυμὸν ἔχω.
ἐν τριόδῳ δ᾽ ἔστηκα· δύ᾽ εἰσὶ τὸ πρόσθεν ὁδοί μοι·
   φροντίζω τούτων ἥντιν᾽ ἴω προτέρην·
ἢ μηδὲν δαπανῶν τρύχω βίον ἐν κακότητι,
   ἢ ζώω τερπνῶς ἔργα τελῶν ὀλίγα.
εἶδον μὲν γὰρ ἔγωγ᾽, ὃς ἐφείδετο, κοὔποτε γαστρὶ
   σῖτον ἐλευθέριον πλούσιος ὢν ἐδίδου,
ἀλλὰ πρὶν ἐκτελέσαι κατέβη δόμον Ἄιδος εἴσω,
   χρήματα δ᾽ ἀνθρώπων οὐπιτυχὼν ἔλαβεν·
ὥστ᾽ ἐς ἄκαιρα πονεῖν καὶ μὴ δόμεν ᾧ κε θέλῃ τις.
   εἶδον δ᾽ ἄλλον, ὃς ᾗ γαστρὶ χαριζόμενος
χρήματα μὲν διέτριψεν, ἔφη δ᾽ Ὑπάγω φρένα τέρψας·
   πτωχεύει δὲ φίλους πάντας, ὅπου τιν᾽ ἴδῃ.
οὕτω, Δημόκλεις, κατὰ χρήματ᾽ ἄριστον ἁπάντων
   τὴν δαπάνην θέσθαι καὶ μελέτην ἐχέμεν.

οὔτε γὰρ ἂν προκαμὼν ἄλλῳ κάματον μεταδοίης,
οὔτ᾽ ἂν πτωχεύων δουλοσύνην τελέοις·
οὐδ᾽, εἰ γῆρας ἵκοιο, τὰ χρήματα πάντ᾽ ἀποδραίη.
ἐν δὲ τοιῷδε γένει χρήματ᾽ ἄριστον ἔχειν·
ἢν μὲν γὰρ πλουτῇς, πολλοὶ φίλοι, ἢν δὲ πένηαι,
παῦροι, κοὐκέθ᾽ ὁμῶς αὐτὸς ἀνὴρ ἀγαθός.

(Id. 903-930)

SIMONIDES
556—467 B.C.
Lyric poet

15. (a) EPITAPH on those who DIED at
THERMOPYLAE

Τῶν ἐν Θερμοπύλαις θανόντων
εὐκλεὴς μὲν ἁ τύχα, καλὸς δ᾽ ὁ πότμος,
βωμὸς δ᾽ ὁ τάφος, πρὸ γόων δὲ μνᾶστις, ὁ δ᾽ οἶκτος
ἔπαινος·
ἐντάφιον δὲ τοιοῦτον οὔτ᾽ εὐρώς
οὔθ᾽ ὁ πανδαμάτωρ ἀμαυρώσει χρόνος.

ἀνδρῶν ἀγαθῶν ὅδε σηκὸς οἰκέταν εὐδοξίαν
Ἑλλάδος εἵλετο· μαρτυρεῖ δὲ καὶ Λεωνίδας
Σπάρτας βασιλεύς, ἀρετᾶς μέγαν λελοιπώς
κόσμον ἀέναον κλέος τε.   (Fragment 4)

(b) DANAË and PERSEUS

Ὅτε λάρνακι κεῖτ᾽ ἐν δαιδαλέᾳ,
ἄνεμός τ᾽ ἐφόρει μιν πνέων κινηθεῖσά τε λίμνα,
δεῖμα προσεῖρπε τότ᾽ οὐκ ἀδιάντοισι παρειαῖς,

ἀμφί τε Περσέϊ βάλλε φίλαν χέρ᾽, εἶπέν τ᾽· ὦ τέκος,
οἷον ἔχω πόνον· σὺ δ᾽ ἀωτεῖς·
γαλαθηνῷ λάθεϊ κνώσσεις ἐν ἀτερπεῖ
δούρατι χαλκεογόμφῳ,
νυκτὶ ἀλαμπεῖ κυανέῳ τε δνόφῳ καταλείς·
ἄλμαν δ᾽ ὕπερθεν τεᾶν κομᾶν βαθεῖαν

παριόντος κύματος οὐκ ἀλέγεις, οὐδ᾽ ἀνέμων
φθόγγον, πορφυρέᾳ
κείμενος ἐν χλανίδι, πρόσωπον κλιθὲν προσώπῳ.
εἰ δέ τοι δεινὸν τό γε δεινὸν ἦν,
καί κεν ἐμῶν ῥημάτων λεπτὸν ὑπεῖχες οὖας.
κέλομαι δ᾽, εὖδε βρέφος, εὑδέτω δὲ πόντος,
εὑδέτω δ᾽ ἄμοτον κακόν·
μεταιβολία δέ τις φανείη, Ζεῦ πάτερ,
ἐκ σέθεν· ὅττι δὲ θαρσαλέον ἔπος
εὔχομαι νόσφιν δίκας, σύγγνωθί μοι.   (Id. 37)

PRATINAS

Circa 499 B.C.

Lyric poet

16. BACCHIC hymn

Τίς ὁ θόρυβος ὅδε; τί τάδε τὰ χορεύματα;
τίς ὕβρις ἔμολεν ἐπὶ Διονυσιάδα πολυπάταγα θυμέλαν;
ἐμὸς ἐμὸς ὁ Βρόμιος· ἐμὲ δεῖ κελαδεῖν, ἐμὲ δεῖ παταγεῖν
ἀν᾽ ὄρεα θύμενον μετὰ Ναϊάδων
οἷά τε κύκνον ἄγοντα ποικιλόπτερον μέλος.
τὰν ἀοιδὰν κατέστασε Πιερὶς βασίλειαν· ὁ δ᾽ αὐλός
ὕστερον χορευέτω· καὶ γάρ ἐσθ᾽ ὑπηρέτας.

κώμῳ μόνον θυραμάχοις τε πυγμαχίαισι νέων θέλει
  παροίνων
ἔμμεναι στρατηλάτας.
παῖε τὸν Φρύγα τὸν ἀοιδοῦ
ποικίλου προαχέοντα·
φλέγε τὸν ὀλεσισιαλοκάλαμον,
λαλοβαρύοπα παραμελορυθμοβάταν θ᾽
ὑπαὶ τρυπάνῳ δέμας πεπλασμένον.
ἢν ἰδού· ἄδε σοι δεξιά
καὶ ποδὸς διαρριφά, θριαμβοδιθύραμβε·
κισσόχαιτ᾽ ἄναξ ἄκουε τὰν ἐμὰν Δώριον χορείαν.

(Poem I)

PINDAR
522—448 B.C.
Lyric poet

17. ODE in honour of an OLYMPIC victor

Ἐλατὴρ ὑπέρτατε βρον-
  τᾶς ἀκαμαντόποδος
Ζεῦ· τεαὶ γὰρ Ὧραι
ὑπὸ ποικιλοφόρμιγγος ἀοιδᾶς
ἑλισσόμεναί μ᾽ ἔπεμψαν
ὑψηλοτάτων μάρτυρ᾽ ἀέθλων.
ξείνων δ᾽ εὖ πρασσόντων ἔ-
  σαναν αὐτίκ᾽ ἀγγελίαν
ποτὶ γλυκεῖαν ἐσλοί.
ἀλλ᾽, ὦ Κρόνου παῖ, ὃς Αἴτναν ἔχεις,

ἶπον ἀνεμόεσ-
σαν ἑκατογκεφάλα Τυ-
φῶνος ὀβρίμου,
Ὀλυμπιονίκαν
δέξαι Χαρίτων δ᾽ ἕκα-
τι τόνδε κῶμον,
χρονιώτατον φάος εὐ-
ρυσθενέων ἀρετᾶν.
Ψαύμιος γὰρ ἵκει
ὀχέων, ὃς ἐλαίᾳ στεφανωθεὶς
Πισάτιδι, κῦδος ὄρσαι
σπεύδει Καμαρίνᾳ. θεὸς εὔφρων
εἴη λοιπαῖς εὐχαῖς· ἐ-
πεί νιν αἰνέω, μάλα μέν
τροφαῖς ἑτοῖμον ἵππων,
χαίροντά τε ξενίαις πανδόκοις,
καὶ πρὸς Ἀσυχίαν
φιλόπολιν καθαρᾷ γνώ-
μᾳ τετραμμένον.
οὐ ψεύδεϊ τέγξω
λόγον· διάπειρά τοι
βροτῶν ἔλεγχος·
ἅπερ Κλυμένοιο παῖδα
Λαμνιάδων γυναικῶν
ἔλυσεν ἐξ ἀτιμίας.
χαλκέοισι δ᾽ ἐν ἔντεσι νικῶν δρόμον
ἔειπεν Ὑψιπυλεί-
ᾳ μετὰ στέφανον ἰών·
" οὗτος ἐγὼ ταχυτᾶτι·
χεῖρες δὲ καὶ ἦτορ ἴσον.
φύονται δὲ καὶ νέοις

ἐν ἀνδράσιν πολιαί
θαμὰ καὶ παρὰ τὸν ἁλικίας
ἐοικότα χρόνον."   (*Olympians* 4)

18. JASON *fulfils his tasks in search of the*
        GOLDEN FLEECE

ἀλλ' ὅτ' Αἰήτας ἀδαμάντινον ἐν μέσ-
  σοις ἄροτρον σκίμψατο
καὶ βόας, οἳ φλόγ' ἀπὸ ξαν-
  θᾶν γενύων πνέον καιομένοιο πυρός,
χαλκέαις δ' ὁπλαῖς ἀράσσε-
  σκον χθόν' ἀμειβόμενοι·
τοὺς ἀγαγὼν ζεύγλᾳ πέλασσεν μοῦνος. ὀρθὰς δ' αὔλακας ἐντανύσαις
ἤλαυν', ἀναβωλακίας δ'
  ὀρόγυιαν σχίζε νῶτον
γᾶς. ἔειπεν δ' ὧδε· "Τοῦτ' ἔργον βασιλεύς,
ὅστις ἄρχει ναός, ἐμοὶ τελέσαις
  ἄφθιτον στρωμνὰν ἀγέσθω,
κῶας αἰγλᾶεν χρυσέῳ θυσάνῳ."
ὣς ἄρ' αὐδάσαντος ἀπὸ κροκόεν ῥί-
  ψαις Ἰάσων εἷμα θεῷ πίσυνος
εἴχετ' ἔργου· πῦρ δέ νιν οὐκ ἐόλει παμ-
  φαρμάκου ξείνας ἐφετμαῖς,
σπασσάμενος δ' ἄροτρον,
  βοέους δήσαις ἀνάγκᾳ
ἔντεσιν αὐχένας ἐμβάλ-
  λων τ' ἐριπλεύρῳ φυᾷ
κέντρον αἰανὲς βιατὰς
  ἐξεπόνασ' ἐπιτακτὸν ἀνήρ

μέτρον. ἴυξεν δ' ἀφωνή-
τῳ περ ἔμπας ἄχει
δύνασιν Αἰήτας ἀγασθείς.
πρὸς δ' ἑταῖροι καρτερὸν ἄνδρα φίλας
ὤρεγον χεῖρας, στεφάνοισί.τέ νιν ποίας ἔρεπτον, μειλιχίοις τε λόγοις
ἀγαπάζοντ'. αὐτίκα δ' Ἀελίου θαυ-
μαστὸς υἱὸς δέρμα λαμπρόν
ἔννεπεν, ἔνθα νιν ἐκ-
τάνυσαν Φρίξου μάχαιραι·
ἔλπετο δ' οὐκέτι οἱ κεῖ-
νόν γε πράξασθαι πόνον.
κεῖτο γὰρ λόχμᾳ, δράκοντος δ'
εἴχετο λαβροτατᾶν γενύων,
ὃς πάχει μάκει τε πεντη-
κόντορον ναῦν κράτει,
τέλεσαν ἂν πλαγαὶ σιδάρου.

(*Pythians* IV. 224–246)

19.   *Vixere fortes ante Agamemnona*
      Multi, sed omnes illacrimabiles
      Urgentur ignotique longa
      Nocte carent quia uate sacro.

εἰ δὲ τύχῃ τις ἔρδων, μελίφρον' αἰτίαν
ῥοαῖσι Μοισᾶν ἐνέβαλε·
καὶ μεγάλαι γὰρ ἀλκαί
σκότον πολὺν ὕμνων ἔχοντι δεόμεναι·
ἔργοις δὲ καλοῖς ἔσοπ-
τρον ἴσαμεν ἑνὶ σὺν τρόπῳ,
εἰ Μναμοσύνας ἔκατι λιπαράμπυκος

εὕρηται ἄποινα μόχθων
  κλυταῖς ἐπέων ἀοιδαῖς.
σοφοὶ δὲ μέλλοντα τριταῖον ἄνεμον
ἔμαθον, οὐδ' ὑπὸ κέρδει βλάβεν·
ἀφνεὸς πενιχρός τε θανάτου πέρας
ἅμα νέονται. ἐγὼ δὲ πλέον' ἔλπομαι
λόγον Ὀδυσσέος ἢ πάθαν
  διὰ τὸν ἀδυεπῆ γενέσθ' Ὅμηρον·
ἐπεὶ ψεύδεσί οἱ ποτανᾷ τε μαχανᾷ
σεμνὸν ἔπεστί τι· σοφία
  δὲ κλέπτει παράγοισα μύ-
  θοις· τυφλὸν δ' ἔχει
ἦτορ ὅμιλος ἀνδρῶν ὁ πλεῖστος. εἰ γὰρ ἦν
ἓ τὰν ἀλάθειαν ἰδέμεν,
  οὔ κεν ὅπλων χολωθεὶς
ὁ καρτερὸς Αἴας ἔπαξε διὰ φρενῶν
λευρὸν ξίφος· ὃν κράτι-
  στον Ἀχιλέος ἄτερ μάχᾳ
ξανθῷ Μενέλᾳ δάμαρτα κομίσαι θοαῖς
ἂν ναυσὶ πόρευσαν εὐθυ-
  πνόου Ζεφύροιο πομπαί
πρὸς Ἴλου πόλιν. ἀλλὰ κοινὸν γὰρ ἔρχεται
κῦμ' Ἀΐδα, πέσε δ' ἀδόκη-
  τον ἐν καὶ δοκέοντα· τι-
  μὰ δὲ γίνεται
ὧν θεὸς ἁβρὸν αὔξει λόγον τεθνακότων.

(*Nemeans* VII. 12–33)

BACCHYLIDES

Circa 470 B.C.

Lyric poet

20. *Sage* COUNSEL

θνατὸν εὖντα χρὴ διδύμους ἀέξειν
γνώμας, ὅτι τ᾽ αὔριον ὄψεαι
μοῦνον ἀλίου φάος,
χὤτι πεντήκοντ᾽ ἔτεα
ζωὰν βαθύπλουτον τελεῖς.
ὅσια δρῶν εὔφραινε θυμόν· τοῦτο γὰρ
κερδέων ὑπέρτατον.
φρονέοντι συνετὰ γαρύω· βαθὺς μὲν
αἰθὴρ ἀμίαντος· ὕδωρ δὲ πόντου
οὐ σάπεται· εὐφροσύνα δ᾽ ὁ χρυσός·
ἀνδρὶ δ᾽ οὐ θέμις, πολιὸν παρέντα
γῆρας, θάλειαν αὖτις ἀγκομίσσαι
ἥβαν. ἀρετᾶς γε μὲν οὐ μινύθει
βροτῶν ἅμα σώματι φέγγος, ἀλλὰ
Μοῦσά νιν τρέφει. Ἱέρων, σὺ δ᾽ ὄλβου
κάλλιστ᾽ ἐπεδείξαο θνατοῖς
ἄνθεα· πράξαντι δ᾽ εὖ
οὐ φέρει κόσμον σιω-
πά· σὺν δ᾽ ἀλαθείᾳ καλῶν
καὶ μελιγλώσσου τις ὑμνήσει χάριν
Κηίας ἀηδόνος.   (III, 78–98)

21. MELEAGER *tells to* HERACLES *the story of the boar of* CALYDON

τὸν δὲ προσέφα Μελέαγρος
  δακρυόεις· "χαλεπὸν
  θεῶν παρατρέψαι νόον
ἄνδρεσσιν ἐπιχθονίοις.
καὶ γὰρ ἂν πλάξιππος Οἰνεὺς
  παῦσεν καλυκοστεφάνου
  σεμνᾶς χόλον Ἀρτέμιδος λευκωλένου
λισσόμενος πολέων
  τ᾽ αἰγῶν θυσίαισι πατὴρ
καὶ βοῶν φοινικονώτων·
  ἀλλ᾽ ἀνίκατον θεὰ
ἔσχεν χόλον· εὐρυβίαν δ᾽ ἔσσευε κούρα
  κάπρον ἀναιδομάχαν
ἐς καλλίχορον Καλυδῶ-
  ν᾽, ἔνθα πλημύρων σθένει
ὄρχους ἐπέκειρεν ὀδόντι,
σφάζε τε μῆλα, βροτῶν
  θ᾽ ὅστις εἰσάνταν μόλοι.
τῷ δὲ στυγερὰν δῆριν Ἑλλάνων ἄριστοι
  στασάμεθ᾽ ἐνδυκέως
ἓξ ἄματα συνεχέως· ἐπεὶ δὲ δαίμων
  κάρτος Αἰτωλοῖς ὄρεξεν,
  θάπτομεν οὓς κατέπε-
  φνεν σῦς ἐριβρύχας ἐπαΐσσων βίᾳ,
Ἀγκαῖον ἐμῶν τ᾽ Ἀγέλαον
  φέρτατον κεδνῶν ἀδελφεῶν,
  οὓς τέκεν ἐν μεγάροις
  πατρὸς Ἀλθαία περικλειτοῖσιν Οἰνέος·

τῶν δ' ὤλεσε μοῖρ' ὀλοὰ
  πλεῦνας· οὐ γάρ πω δαΐφρων
παῦσεν χόλον ἀγροτέρα
  Λατοῦς θυγάτηρ· περὶ δ' αἴθωνος δορᾶς
μαρνάμεθ' ἐνδυκέως
  Κουρῆσι μενεπτολέμοις·
ἔνθ' ἐγὼ πολλοῖς σὺν ἄλλοις
  Ἴφικλον κατέκτανον
ἐσθλόν τ' Ἀφάρητα, θοοὺς μάτρωας· οὐ γὰρ
  καρτερόθυμος Ἄρης
κρίνει φίλον ἐν πολέμῳ·
  τυφλὰ δ' ἐκ χειρῶν βέλη
ψυχαῖς ἔπι δυσμενέων φοι-
  τᾷ θάνατόν τε φέρει
  τοῖσιν ἂν δαίμων θέλῃ."   (v. 93–135)

AESCHYLUS
525—456 B.C.
Tragedian

22. DANAUS *gives* ADVICE *to his daughters*

παῖδες, φρονεῖν χρή· ξὺν φρονοῦντι δ' ἥκετε
πιστῷ γέροντι τῷδε ναυκλήρῳ πατρί.
καὶ τἀπὶ χέρσου νῦν προμηθίαν λαβὼν
αἰνῶ φυλάξαι τἄμ' ἔπη δελτουμένας.
ὁρῶ κόνιν, ἄναυδον ἄγγελον στρατοῦ·
σύριγγες οὐ σιγῶσιν ἀξονήλατοι·
ὄχλον δ' ὑπασπιστῆρα καὶ δορυσσόον
λεύσσω, ξὺν ἵπποις καμπύλοις τ' ὀχήμασιν·

τάχ' ἂν πρὸς ἡμᾶς τῆσδε γῆς ἀρχηγέται
ὀπτῆρες εἶεν ἀγγέλων πεπυσμένοι.
ἀλλ' εἴτ' ἀπήμων εἴτε καὶ τεθηγμένος
ὠμῆ ξὺν ὀργῆ τόνδ' ἐπόρνυται στόλον,
ἄμεινόν ἐστι παντὸς εἴνεκ', ὦ κόραι,
πάγον προσίζειν τόνδ' ἀγωνίων θεῶν.
κρείσσων δὲ πύργου βωμός, ἄρρηκτον σάκος.
ἀλλ' ὡς τάχιστα βᾶτε, καὶ λευκοστεφεῖς
ἱκτηρίας, ἀγάλματ' αἰδοίου Διός,
σεμνῶς ἔχουσαι διὰ χερῶν εὐωνύμων,
αἰδοῖα καὶ γοεδνὰ καὶ ζαχρεῖ' ἔπη
ξένους ἀμείβεσθ', ὡς ἐπήλυδας πρέπει,
τορῶς λέγουσαι τάσδ' ἀναιμάκτους φυγάς.
φθογγῆ δ' ἐπέσθω πρῶτα μὲν τὸ μὴ θρασύ,
τὸ μὴ μάταιον δ' ἐκ σεσωφρονισμένων
ἴτω προσώπων ὄμματος παρ' ἡσύχου.
καὶ μὴ πρόλεσχος μηδ' ἐφολκὸς ἐν λόγῳ
γένῃ· τὸ τῇδε κάρτ' ἐπίφθονον γένος.
μέμνησο δ' εἴκειν· χρεῖος εἶ ξένη φυγάς.
θρασυστομεῖν γὰρ οὐ πρέπει τοὺς ἥσσονας.

(*Supplices* 176–203)

23. *The* ARGIVE KING *receives the* DANAIDS

καὶ πολλαχῆ γε δυσπάλαιστα πράγματα,
κακῶν δὲ πλῆθος ποταμὸς ὣς ἐπέρχεται·
ἄτης δ' ἄβυσσον πέλαγος οὐ μάλ' εὔπορον
τόδ' ἐσβέβηκα, κοὐδαμοῦ λιμὴν κακῶν.
εἰ μὲν γὰρ ὑμῖν μὴ τόδ' ἐκπράξω χρέος,
μίασμ' ἔλεξας οὐχ ὑπερτοξεύσιμον·
εἰ δ' αὖθ' ὁμαίμοις παισὶν Αἰγύπτου σέθεν
σταθεὶς πρὸ τειχέων διὰ μάχης ἥξω τέλους,

πῶς οὐχὶ τἀνάλωμα γίγνεται πικρόν,
ἄνδρας γυναικῶν οὕνεχ᾽ αἱμάξαι πέδον;
ὅμως δ᾽ ἀνάγκη Ζηνὸς αἰδεῖσθαι κότον
ἱκτῆρος· ὕψιστος γὰρ ἐν βροτοῖς φόβος.
σὺ μέν, πάτερ γεραιὲ τῶνδε παρθένων,
κλάδους τε τούτους αἶψ᾽ ἐν ἀγκάλαις λαβὼν
βωμοὺς ἐπ᾽ ἄλλους δαιμόνων ἐγχωρίων
θές, ὡς ἴδωσι τῆσδ᾽ ἀφίξεως τέκμαρ
πάντες πολῖται, μηδ᾽ ἀπορριφθῇ λόγος
ἐμοῦ· κατ᾽ ἀρχῆς γὰρ φιλαίτιος λεώς.
καὶ γὰρ τάχ᾽ ἄν τις οἰκτίσας ἰδὼν τάδε
ὕβριν μὲν ἐχθήρειεν ἄρσενος στόλου,
ὑμῖν δ᾽ ἂν εἴη δῆμος εὐμενέστερος·
τοῖς ἥσσοσιν γὰρ πᾶς τις εὐνοίας φέρει.

(*Id.* 468–489)

24. Xerxes' *final disaster* at Salamis

νῆσός τις ἐστὶ πρόσθε Σαλαμῖνος τόπων,
βαιά, δύσορμος ναυσίν, ἣν ὁ φιλόχορος
Πὰν ἐμβατεύει, ποντίας ἀκτῆς ἔπι.
ἐνταῦθα πέμπει τούσδ᾽, ὅπως, ὅταν νεῶν
φθαρέντες ἐχθροὶ νῆσον ἐκσῳζόίατο,
κτείνοιεν εὐχείρωτον Ἑλλήνων στρατόν,
φίλους δ᾽ ὑπεκσῴζοιεν ἐναλίων πόρων,
κακῶς τὸ μέλλον ἱστορῶν. ὡς γὰρ θεὸς
ναῶν ἔδωκε κῦδος Ἕλλησιν μάχης,
αὐθημερὸν φράξαντες εὐχάλκοις δέμας
ὅπλοισι ναῶν ἐξέθρωσκον· ἀμφὶ δὲ
κυκλοῦντο πᾶσαν νῆσον, ὥστ᾽ ἀμηχανεῖν
ὅποι τράποιντο. πολλὰ μὲν γὰρ ἐκ χερῶν
πέτροισιν ἠράσσοντο, τοξικῆς τ᾽ ἀπὸ

θώμιγγος ἰοὶ προσπίτνοντες ὤλυσαν·
τέλος δ' ἐφορμηθέντες ἐξ ἑνὸς ῥόθου
παίουσι, κρεοκοποῦσι δυστήνων μέλη,
ἕως ἁπάντων ἐξαπέφθειραν βίον.
Ξέρξης δ' ἀνῴμωξεν κακῶν ὁρῶν βάθος·
ἕδραν γὰρ εἶχε παντὸς εὐαγῆ στρατοῦ,
ὑψηλὸν ὄχθον ἄγχι πελαγίας ἁλός·
ῥήξας δὲ πέπλους κἀνακωκύσας λιγύ,
πεζῷ παραγγείλας ἄφαρ στρατεύματι,
ἵησ' ἀκόσμῳ ξὺν φυγῇ. τοιάνδε σοι
πρὸς τῇ πάροιθε συμφορὰν στένειν πάρα.

(Persae 447–471)

25. ETEOCLES prepares to fight with POLYNEICES

ὦ θεομανές τε καὶ θεῶν μέγα στύγος,
ὦ πανδάκρυτον ἁμὸν Οἰδίπου γένος·
ὤμοι, πατρὸς δὴ νῦν ἀραὶ τελεσφόροι.
ἀλλ' οὔτε κλαίειν οὔτ' ὀδύρεσθαι πρέπει,
μὴ καὶ τεκνωθῇ δυσφορώτερος γόος.
ἐπωνύμῳ δὲ κάρτα, Πολυνείκει λέγω,
τάχ' εἰσόμεσθα τοὐπίσημ' ὅποι τελεῖ,
εἴ νιν κατάξει χρυσότευκτα γράμματα
ἐπ' ἀσπίδος φλύοντα σὺν φοίτῳ φρενῶν.
εἰ δ' ἡ Διὸς παῖς παρθένος Δίκη παρῆν
ἔργοις ἐκείνου καὶ φρεσίν, τάχ' ἂν τόδ' ἦν·
ἀλλ' οὔτε νιν φυγόντα μητρόθεν σκότον,
οὔτ' ἐν τροφαῖσιν, οὔτ' ἐφηβήσαντά πω,
οὔτ' ἐν γενείου ξυλλογῇ τριχώματος,
Δίκη προσεῖδε καὶ κατηξιώσατο·
οὐδ' ἐν πατρῴας μὴν χθονὸς κακουχίᾳ
οἶμαί νιν αὐτῷ νῦν παραστατεῖν πέλας,

ἢ δῆτ' ἂν εἴη πανδίκως ψευδώνυμος
Δίκη, ξυνοῦσα φωτὶ παντόλμῳ φρένας.
τούτοις πεποιθὼς εἰμι καὶ ξυστήσομαι
αὐτός· τίς ἄλλος μᾶλλον ἐνδικώτερος;
ἄρχοντί τ' ἄρχων καὶ κασιγνήτῳ κάσις,
ἐχθρὸς σὺν ἐχθρῷ στήσομαι.   (*Septem* 653–675)

26. PROMETHEUS *prophesies to* Io

ἔστιν πόλις Κάνωβος ἐσχάτη χθονός,
Νείλου πρὸς αὐτῷ στόματι καὶ προσχώματι·
ἐνταῦθα δή σε Ζεὺς τίθησιν ἔμφρονα
ἐπαφῶν ἀταρβεῖ χειρὶ καὶ θιγὼν μόνον.
ἐπώνυμον δὲ τῶν Διὸς γεννημάτων
τέξεις κελαινὸν Ἔπαφον, ὃς καρπώσεται
ὅσην πλατύρρους Νεῖλος ἀρδεύει χθόνα·
πέμπτη δ' ἀπ' αὐτοῦ γέννα πεντηκοντάπαις
πάλιν πρὸς Ἄργος οὐχ ἑκοῦσ' ἐλεύσεται
θηλύσπορος, φεύγουσα συγγενῆ γάμον
ἀνεψιῶν· οἱ δ' ἐπτοημένοι φρένας,
κίρκοι πελειῶν οὐ μακρὰν λελειμμένοι,
ἥξουσι θηρεύοντες οὐ θηρασίμους
γάμους, φθόνον δὲ σωμάτων ἕξει θεός·
Πελασγία δὲ δέξεται θηλυκτόνῳ
Ἄρει, δαμέντων νυκτιφρουρήτῳ θράσει·
γυνὴ γὰρ ἄνδρ' ἕκαστον αἰῶνος στερεῖ,
δίθηκτον ἐν σφαγαῖσι βάψασα ξίφος·
τοιάδ' ἐπ' ἐχθροὺς τοὺς ἐμοὺς ἔλθοι Κύπρις.
μίαν δὲ παίδων ἵμερος θέλξει τὸ μὴ
κτεῖναι σύνευνον, ἀλλ' ἀπαμβλυνθήσεται
γνώμην· δυοῖν δὲ θάτερον βουλήσεται,

κλύειν ἄναλκις μᾶλλον ἢ μιαιφόνος·
αὕτη κατ᾽ Ἄργος βασιλικὸν τέξει γένος.

(Prometheus 846–869)

27. The ARGIVE watchman sees the
long-expected SIGNAL

θεοὺς μὲν αἰτῶ τῶνδ᾽ ἀπαλλαγὴν πόνων,
φρουρᾶς ἐτείας μῆκος, ἣν κοιμώμενος
στέγαις Ἀτρειδῶν ἄγκαθεν, κυνὸς δίκην,
ἄστρων κάτοιδα νυκτέρων ὁμήγυριν,
καὶ τοὺς φέροντας χεῖμα καὶ θέρος βροτοῖς
λαμπροὺς δυνάστας, ἐμπρέποντας αἰθέρι
[ἀστέρας, ὅταν φθίνωσιν, ἀντολάς τε τῶν].
καὶ νῦν φυλάσσω λαμπάδος τὸ σύμβολον,
αὐγὴν πυρὸς φέρουσαν ἐκ Τροίας φάτιν
ἁλώσιμόν τε βάξιν· ὧδε γὰρ κρατεῖ
γυναικὸς ἀνδρόβουλον ἐλπίζον κέαρ.
εὖτ᾽ ἂν δὲ νυκτίπλαγκτον ἔνδροσόν τ᾽ ἔχω
εὐνὴν ὀνείροις οὐκ ἐπισκοπουμένην
ἐμήν· φόβος γὰρ ἀνθ᾽ ὕπνου παραστατεῖ,
τὸ μὴ βεβαίως βλέφαρα συμβαλεῖν ὕπνῳ·
ὅταν δ᾽ ἀείδειν ἢ μινύρεσθαι δοκῶ,
ὕπνου τόδ᾽ ἀντίμολπον ἐντέμνων ἄκος,
κλαίω τότ᾽ οἴκου τοῦδε συμφορὰν στένων
οὐχ ὡς τὰ πρόσθ᾽ ἄριστα διαπονουμένου.
νῦν δ᾽ εὐτυχὴς γένοιτ᾽ ἀπαλλαγὴ πόνων
εὐαγγέλου φανέντος ὀρφναίου πυρός.
ὦ χαῖρε λαμπτὴρ νυκτός, ἡμερήσιον
φάος πιφαύσκων καὶ χορῶν κατάστασιν
πολλῶν ἐν Ἄργει, τῆσδε συμφορᾶς χάριν.

(Agamemnon 1–24)

28.   ORESTES *takes leave of the* CHORUS

ἀλλ᾽ ὡς ἂν εἰδῆτ᾽, οὐ γὰρ οἶδ᾽ ὅπη τελεῖ,
ὥσπερ ξὺν ἵπποις ἡνιοστροφῶ δρόμου
ἐξωτέρω· φέρουσι γὰρ νικώμενον
φρένες δύσαρκτοι· πρὸς δὲ καρδίᾳ φόβος
ᾄδειν ἕτοιμος ἠδ᾽ ὑπορχεῖσθαι κότῳ.
ἕως δ᾽ ἔτ᾽ ἔμφρων εἰμί, κηρύσσω φίλοις,
κτανεῖν τέ φημι μητέρ᾽ οὐκ ἄνευ δίκης,
πατροκτόνον μίασμα καὶ θεῶν στύγος.
καὶ φίλτρα τόλμης τῆσδε πλειστηρίζομαι
τὸν πυθόμαντιν Λοξίαν, χρήσαντ᾽ ἐμοὶ
πράξαντι μὲν ταῦτ᾽ ἐκτὸς αἰτίας κακῆς
εἶναι, παρέντα δ᾽—οὐκ ἐρῶ τὴν ζημίαν·
τόξῳ γὰρ οὔτις πημάτων προσίξεται.
καὶ νῦν ὁρᾶτέ μ᾽, ὡς παρεσκευασμένος
ξὺν τῷδε θαλλῷ καὶ στέφει προσίξομαι
μεσόμφαλόν θ᾽ ἵδρυμα, Λοξίου πέδον,
πυρός τε φέγγος ἄφθιτον κεκλημένον,
φεύγων τόδ᾽ αἷμα κοινόν· οὐδ᾽ ἐφ᾽ ἑστίαν
ἄλλην τραπέσθαι Λοξίας ἐφίετο.
καὶ μαρτυρεῖν μὲν ὡς ἐπορσύνθη κακὰ
τάδ᾽ ἐν χρόνῳ μοι πάντας Ἀργείους λέγω·
φεύγω δ᾽ ἀλήτης τῆσδε γῆς ἀπόξενος,
ζῶν καὶ τεθνηκὼς τάσδε κληδόνας λιπών.

(*Choephoroe* 1021–1043)

29.   APOLLO *defends* ORESTES *against the* FURIES

ΧΟ. ἄναξ Ἄπολλον, ἀντάκουσον ἐν μέρει.
αὐτὸς σὺ τούτων οὐ μεταίτιος πέλει,
ἀλλ᾽ εἰς τὸ πᾶν ἔπραξας ὢν παναίτιος.

ΑΠ. πῶς δή; τοσοῦτο μῆκος ἔκτεινον λόγου.
ΧΟ. ἔχρησας ὥστε τὸν ξένον μητροκτονεῖν.
ΑΠ. ἔχρησα ποινὰς τοῦ πατρὸς πρᾶξαι. τί μήν;
ΧΟ. κἄπειθ᾽ ὑπέστης αἵματος δέκτωρ νέου.
ΑΠ. καὶ προστραπέσθαι τούσδ᾽ ἐπέστελλον δόμους.
ΧΟ. καὶ τὰς προπομποὺς δῆτα τάσδε λοιδορεῖς;
ΑΠ. οὐ γὰρ δόμοισι τοῖσδε πρόσφορον μολεῖν.
ΧΟ. ἀλλ᾽ ἔστιν ἡμῖν τοῦτο προστεταγμένον.
ΑΠ. τίς ἥδε τιμή; κόμπασον γέρας καλόν.
ΧΟ. τοὺς μητραλοίας ἐκ δόμων ἐλαύνομεν.
ΑΠ. τί γάρ; γυναικὸς ἥτις ἄνδρα νοσφίσῃ;
ΧΟ. οὐκ ἂν γένοιθ᾽ ὅμαιμος αὐθέντης φόνος.
ΑΠ. ἦ κάρτ᾽ ἄτιμα, καὶ παρ᾽ οὐδὲν εἰργάσω
      Ἥρας τελείας καὶ Διὸς πιστώματα.
      Κύπρις δ᾽ ἄτιμος τῷδ᾽ ἀπέρριπται λόγῳ,
      ὅθεν βροτοῖσι γίγνεται τὰ φίλτατα.
      εὐνὴ γὰρ ἀνδρὶ καὶ γυναικὶ μόρσιμος
      ὅρκου ᾽στὶ μείζων τῇ δίκῃ φρουρουμένη.
      εἰ τοῖσιν οὖν κτείνουσιν ἀλλήλους χαλᾷς
      τὸ μὴ τίνεσθαι μηδ᾽ ἐποπτεύειν κότῳ,
      οὔ φημ᾽ Ὀρέστην σ᾽ ἐνδίκως ἀνδρηλατεῖν.
      τὰ μὲν γὰρ οἶδα κάρτα σ᾽ ἐνθυμουμένην,
      τὰ δ᾽ ἐμφανῶς πράσσουσαν ἡσυχαιτέραν.
      δίκας δὲ Παλλὰς τῶνδ᾽ ἐποπτεύσει θεά.

      (Eumenides 198–224)

HERODOTUS

484—425 (?) B.C.

Historian

30. *Water transport in* BABYLONIA

τὸ δὲ ἁπάντων θῶμα μέγιστόν μοί ἐστι τῶν ταύτῃ
μετά γε αὐτὴν τὴν πόλιν, ἔρχομαι φράσων. τὰ πλοῖα
αὐτοῖσί ἐστι τὰ κατὰ τὸν ποταμὸν πορευόμενα ἐς τὴν
Βαβυλῶνα ἐόντα κυκλοτερέα πάντα σκύτινα· ἐπεὰν γὰρ
ἐν τοῖσι Ἀρμενίοισι τοῖσι κατύπερθε Ἀσσυρίων οἰκη-
μένοισι νομέας ἰτέης ταμόμενοι ποιήσωνται, περιτείνουσι
τούτοισι διφθέρας στεγαστρίδας ἔξωθεν ἐδάφεος τρόπον,
οὔτε πρύμνην ἀποκρίνοντες οὔτε πρῴρην συνάγοντες,
ἀλλ' ἀσπίδος τρόπον κυκλοτερέα ποιήσαντες καὶ καλάμης πλήσαντες πᾶν τὸ πλοῖον τοῦτο ἀπιεῖσι κατὰ τὸν
ποταμὸν φέρεσθαι, φορτίων πλήσαντες· μάλιστα δὲ
βίκους φοινικηίους κατάγουσι οἴνου πλέους. ἰθύνεται δὲ
ὑπό τε δύο πλήκτρων καὶ δύο ἀνδρῶν ὀρθῶν ἑστεώτων,
καὶ ὁ μὲν ἔσω ἕλκει τὸ πλῆκτρον, ὁ δὲ ἔξω ὠθέει.
ποιέεται δὲ καὶ κάρτα μεγάλα ταῦτα τὰ πλοῖα καὶ
ἐλάσσω· τὰ δὲ μέγιστα αὐτῶν καὶ πεντακισχιλίων
ταλάντων γόμον ἔχει. ἐν ἑκάστῳ δὲ πλοίῳ ὄνος ζῶς
ἔνεστι, ἐν δὲ τοῖσι μέζοσι πλεῦνες. ἐπεὰν ὦν ἀπίκωνται
πλέοντες ἐς τὴν Βαβυλῶνα καὶ διαθέωνται τὸν φόρτον,
νομέας μὲν τοῦ πλοίου καὶ τὴν καλάμην πᾶσαν ἀπ' ὦν
ἐκήρυξαν, τὰς δὲ διφθέρας ἐπισάξαντες ἐπὶ τοὺς ὄνους
ἀπελαύνουσι ἐς τοὺς Ἀρμενίους. ἀνὰ τὸν ποταμὸν γὰρ
δὴ οὐκ οἷά τέ ἐστι πλέειν οὐδενὶ τρόπῳ ὑπὸ τάχεος τοῦ
ποταμοῦ· διὰ γὰρ ταῦτα καὶ οὐκ ἐκ ξύλων ποιεῦνται τὰ

πλοῖα ἀλλ᾽ ἐκ διφθερέων. ἐπεὰν δὲ τοὺς ὄνους ἐλαύνοντες
ἀπίκωνται ὀπίσω ἐς τοὺς Ἀρμενίους, ἄλλα τρόπῳ τῷ
αὐτῷ ποιεῦνται πλοῖα. (I. 194)

31. *Egyptian* SACRIFICES

τοὺς δὲ βοῦς τοὺς ἔρσενας τοῦ Ἐπάφου εἶναι νομί-
ζουσι καὶ τούτου εἵνεκα δοκιμάζουσι αὐτοὺς ὧδε· τρίχα
ἢν καὶ μίαν ἴδηται ἐπεοῦσαν μέλαιναν, οὐ καθαρὸν εἶναι
νομίζει. δίζηται δὲ ταῦτα ἐπὶ τούτῳ τεταγμένος τῶν τις
ἱρέων καὶ ὀρθοῦ ἑστεῶτος τοῦ κτήνεος καὶ ὑπτίου καὶ
τὴν γλῶσσαν ἐξειρύσας, εἰ καθαρὴ τῶν προκειμένων
σημηίων, τὰ ἐγὼ ἐν ἄλλῳ λόγῳ ἐρέω. κατορᾷ δὲ καὶ
τὰς τρίχας τῆς οὐρῆς εἰ κατὰ φύσιν ἔχει πεφυκυίας. ἢν
δὲ τούτων πάντων ᾖ καθαρός, σημαίνεται βύβλῳ περὶ τὰ
κέρεα εἰλίσσων καὶ ἔπειτα γῆν σημαντρίδα ἐπιπλάσας
ἐπιβάλλει τὸν δακτύλιον· καὶ οὕτω ἀπάγουσι. ἀσή-
μαντον δὲ θύσαντι θάνατος ἡ ζημίη ἐπικέεται. δοκιμά-
ζεται μέν νυν τὸ κτῆνος τρόπῳ τοιῷδε, θυσίη δέ σφι
ἥδε κατέστηκε· ἀγαγόντες τὸ σεσημασμένον κτῆνος
πρὸς τὸν βωμὸν ὅκου ἂν θύωσι, πῦρ ἀνακαίουσι, ἔπειτα
δὲ ἐπ᾽ αὐτοῦ οἶνον κατὰ τοῦ ἱρηίου ἐπισπείσαντες καὶ
ἐπικαλέσαντες τὸν θεὸν σφάζουσι, σφάξαντες δὲ ἀποτάμνουσι τὴν κεφαλήν. σῶμα μὲν δὴ τοῦ κτήνεος δείρουσι,
κεφαλῇ δὲ κείνῃ πολλὰ καταρησάμενοι φέρουσι, τοῖσι
μὲν ἂν ᾖ ἀγορὴ καὶ Ἕλληνές σφι ἔωσι ἐπιδήμιοι ἔμποροι,
οἱ δὲ φέροντες ἐς τὴν ἀγορὴν ἀπ᾽ ὦν ἔδοντο, τοῖσι δὲ ἂν
μὴ παρέωσι Ἕλληνες, οἱ δ᾽ ἐκβάλλουσι ἐς τὸν ποταμόν.
καταρῶνται δὲ τάδε λέγοντες τῇσι κεφαλῇσι, εἴ τι μέλλει
ἢ σφίσι τοῖσι θύουσι ἢ Αἰγύπτῳ τῇ συναπάσῃ κακὸν
γενέσθαι, ἐς κεφαλὴν ταύτην τραπέσθαι. κατὰ μέν νυν
τὰς κεφαλὰς τῶν θυομένων κτηνέων καὶ τὴν ἐπίσπεισιν

τοῦ οἴνου πάντες Αἰγύπτιοι νόμοισι τοῖσι αὐτοῖσι χρέωνται ὁμοίως ἐς πάντα τὰ ἱρά, καὶ ἀπὸ τούτου τοῦ νόμου οὐδὲ ἄλλου οὐδενὸς ἐμψύχου κεφαλῆς γεύσεται Αἰγυπτίων οὐδείς. (II. 38, 39)

32. The REWARDS of divination

ἐπεὰν δὲ βασιλεὺς ὁ Σκυθέων κάμῃ, μεταπέμπεται τῶν μαντίων ἄνδρας τρεῖς ˙ τοὺς εὐδοκιμέοντας μάλιστα, οἳ τρόπῳ τῷ εἰρημένῳ μαντεύονται· καὶ λέγουσι οὗτοι ὡς τὸ ἐπίπαν μάλιστα τάδε, ὡς τὰς βασιληίας ἱστίας ἐπιώρκηκε ὃς καὶ ὅς, λέγοντες τῶν ἀστῶν τὸν ἂν δὴ λέγωσι. τὰς δὲ βασιληίας ἱστίας νόμος Σκύθῃσι τὰ μάλιστά ἐστι ὀμνύναι τότε ἐπεὰν τὸν μέγιστον ὅρκον ἐθέλωσι ὀμνύναι. αὐτίκα δὲ διαλελαμμένος ἄγεται οὗτος τὸν ἂν δὴ φῶσι ἐπιορκῆσαι, ἀπιγμένον δὲ ἐλέγχουσι οἱ μάντιες ὡς ἐπιορκήσας φαίνεται ἐν τῇ μαντικῇ τὰς βασιληίας ἱστίας καὶ διὰ ταῦτα ἀλγέει ὁ βασιλεύς· ὁ δὲ ἀρνέεται, οὐ φάμενος ἐπιορκῆσαι, καὶ δεινολογέεται. ἀρνεομένου δὲ τούτου ὁ βασιλεὺς μεταπέμπεται ἄλλους διπλησίους μάντιας· καὶ ἢν μὲν καὶ οὗτοι ἐσορῶντες ἐς τὴν μαντικὴν καταδήσωσι ἐπιορκῆσαι, τοῦ δὲ ἰθέως τὴν κεφαλὴν ἀποτάμνουσι καὶ τὰ χρήματα αὐτοῦ διαλαγχάνουσι οἱ πρῶτοι τῶν μαντίων· ἢν δὲ οἱ ἐπελθόντες μάντιες ἀπολύσωσι, ἄλλοι πάρεισι μάντιες καὶ μάλα ἄλλοι· ἢν ὦν οἱ πλεῦνες τὸν ἄνθρωπον ἀπολύσωσι, δέδοκται τοῖσι πρώτοισι τῶν μαντίων αὐτοῖσι ἀπόλλυσθαι. ἀπολλῦσι δὲ αὐτοὺς τρόπῳ τοιῷδε· ἐπεὰν ἄμαξαν φρυγάνων πλήσωσι καὶ ὑποζεύξωσι βοῦς, ἐμποδίσαντες τοὺς μάντιας καὶ χεῖρας ὀπίσω δήσαντες καὶ στομώσαντες κατεργνῦσι ἐς μέσα τὰ φρύγανα, ὑποπρήσαντες δὲ αὐτὰ ἀπιεῖσι φοβήσαντες τοὺς βοῦς. πολλοὶ

μὲν δὴ συγκατακαίονται τοῖσι μάντισι βόες, πολλοὶ δὲ
περικεκαυμένοι ἀποφεύγουσι, ἐπεὰν αὐτῶν ὁ ῥυμὸς
κατακαυθῇ. κατακαίουσι δὲ τρόπῳ τῷ εἰρημένῳ καὶ δι'
ἄλλας αἰτίας τοὺς μάντιας, ψευδομάντιας καλέοντες.
τοὺς δ' ἂν ἀποκτείνῃ βασιλεύς, τούτων οὐδὲ τοὺς παῖδας
λείπει, ἀλλὰ πάντα τὰ ἔρσενα κτείνει, τὰ δὲ θήλεα οὐκ
ἀδικέει. (IV. 68, 69)

33. The canal at MOUNT ATHOS

πόλιες μὲν αὗται αἳ τὸν Ἄθων νέμονται, ὤρυσσον δὲ
ὧδε δασάμενοι τὸν χῶρον οἱ βάρβαροι κατὰ ἔθνεα. κατὰ
Σάνην πόλιν σχοινοτενὲς ποιησάμενοι, ἐπείτε ἐγίνετο
βαθέα ἡ διῶρυξ, οἱ μὲν κατώτατα ἑστεῶτες ὤρυσσον,
ἕτεροι δὲ παρεδίδοσαν τὸν αἰεὶ ἐξορυσσόμενον χοῦν
ἄλλοισι κατύπερθε ἑστεῶσι ἐπὶ βάθρων, οἱ δ' αὖ ἐκ-
δεκόμενοι ἑτέροισι, ἕως ἀπίκοντο ἐς τοὺς ἀνωτάτω· οὗτοι
δὲ ἐξεφόρεόν τε καὶ ἐξέβαλλον. τοῖσι μέν νυν ἄλλοισι
πλὴν Φοινίκων καταρρηγνύμενοι οἱ κρημνοὶ τοῦ ὀρύγ-
ματος πόνον διπλήσιον παρεῖχον· ἅτε γὰρ τοῦ τε ἄνω
στόματος καὶ τοῦ κάτω τὰ αὐτὰ μέτρα ποιευμένων
ἔμελλέ σφι τοιοῦτον ἀποβήσεσθαι. οἱ δὲ Φοίνικες
σοφίην ἔν τε τοῖσι ἄλλοισι ἔργοισι ἀποδείκνυνται καὶ
δὴ καὶ ἐν ἐκείνῳ· ἀπολαχόντες γὰρ μόριον ὅσον αὐτοῖσι
ἐπέβαλλε, ὤρυσσον τὸ μὲν ἄνω στόμα τῆς διώρυχος
ποιεῦντες διπλήσιον ἢ ὅσον ἔδει αὐτὴν τὴν διώρυχα
γενέσθαι, προβαίνοντος δὲ τοῦ ἔργου συνῆγον αἰεί· κάτω
τε δὴ ἐγίνετο καὶ ἐξισοῦτο τοῖσι ἄλλοισι τὸ ἔργον.
ἐνθαῦτα δὲ λειμών ἐστι, ἵνα σφι ἀγορή τε ἐγίνετο καὶ
πρητήριον· σῖτος δέ σφι πολλὸς ἐφοίτα ἐκ τῆς Ἀσίης
ἀληλεσμένος. ὡς μὲν ἐμὲ συμβαλλόμενον εὑρίσκειν,
μεγαλοφροσύνης εἵνεκεν αὐτὸ Ξέρξης ὀρύσσειν ἐκέλευε,

ἐθέλων τε δύναμιν ἀποδείκνυσθαι καὶ μνημόσυνα λιπέ-
σθαι· παρεὸν γὰρ μηδένα πόνον λαβόντας τὸν ἰσθμὸν
τὰς νέας διειρύσαι, ὀρύσσειν ἐκέλευε διώρυχα τῇ θα-
λάσσῃ εὖρος ὡς δύο τριήρεας πλέειν ὁμοῦ ἐλαστρεομένας.

(VII. 23, 24)

34. THEMISTOCLES' ingenious device

Ἀθηναίων δὲ νέας τὰς ἄριστα πλεούσας ἐπιλεξάμενος
Θεμιστοκλέης ἐπορεύετο περὶ τὰ πότιμα ὕδατα, ἐντάμνων
ἐν τοῖσι λίθοισι γράμματα, τὰ Ἴωνες ἐπελθόντες τῇ
ὑστεραίῃ ἡμέρῃ ἐπὶ τὸ Ἀρτεμίσιον ἐπελέξαντο. τὰ δὲ
γράμματα τάδε ἔλεγε· Ἄνδρες Ἴωνες, οὐ ποιέετε δίκαια
ἐπὶ τοὺς πατέρας στρατευόμενοι καὶ τὴν Ἑλλάδα κατα-
δουλούμενοι. ἀλλὰ μάλιστα μὲν πρὸς ἡμέων γίνεσθε· εἰ
δὲ ὑμῖν ἐστι τοῦτο μὴ δυνατὸν ποιῆσαι, ὑμεῖς δὲ ἔτι καὶ
νῦν ἐκ τοῦ μέσου ἡμῖν ἔζεσθε καὶ αὐτοὶ καὶ τῶν Καρῶν
δέεσθε τὰ αὐτὰ ὑμῖν ποιέειν· εἰ δὲ μηδέτερον τούτων
οἷόν τε γίνεσθαι, ἀλλ᾽ ὑπ᾽ ἀναγκαίης μέζονος κατέζευχθε
ἢ ὥστε ἀπίστασθαι, ὑμεῖς δὲ ἐν τῷ ἔργῳ, ἐπεὰν συμ-
μίσγωμεν, ἐθελοκακέετε, μεμνημένοι ὅτι ἀπ᾽ ἡμέων γεγό-
νατε καὶ ὅτι ἀρχῆθεν ἡ ἔχθρη πρὸς τὸν βάρβαρον ἀπ᾽
ὑμέων ἡμῖν γέγονε. Θεμιστοκλέης δὲ ταῦτα ἔγραψε,
δοκέειν ἐμοί, ἐπ᾽ ἀμφότερα νοέων, ἵνα ἢ λαθόντα τὰ
γράμματα βασιλέα Ἴωνας ποιήσῃ μεταβαλεῖν καὶ γενέσθαι πρὸς ἑωυτῶν, ἢ ἐπείτε ἀνενειχθῇ καὶ διαβληθῇ
πρὸς Ξέρξην, ἀπίστους ποιήσῃ τοὺς Ἴωνας καὶ τῶν
ναυμαχιέων αὐτοὺς ἀπόσχῃ.

(VIII. 22)

35. *A* STRANGER *brings news to the* GREEKS *on the eve of* PLATAEA

τῶν δὲ φυλάκων οἱ μὲν πλεῦνες παρέμενον, οἱ δ' ἔθεον
ἐπὶ τοὺς στρατηγούς, ἐλθόντες δὲ ἔλεγον ὡς ἄνθρωπος
ἥκοι ἐπ' ἵππου ἐκ τοῦ στρατοπέδου τοῦ Μήδων, ὃς ἄλλο
μὲν οὐδὲν παραγυμνοῖ ἔπος, στρατηγοὺς δὲ ὀνομάζων
ἐθέλειν φησὶ ἐς λόγους ἐλθεῖν. οἱ δὲ ἐπεὶ ταῦτα ἤκουσαν,
αὐτίκα εἵποντο ἐς τὰς φυλακάς. ἀπικομένοισι δὲ ἔλεγε
Ἀλέξανδρος τάδε· Ἄνδρες Ἀθηναῖοι, παραθήκην ὑμῖν
τὰ ἔπεα τάδε τίθεμαι, ἀπόρρητα ποιεύμενος πρὸς μηδένα
λέγειν ὑμέας ἄλλον ἢ Παυσανίην, μή με καὶ διαφθείρητε·
οὐ γὰρ ἂν ἔλεγον, εἰ μὴ μεγάλως ἐκηδόμην συναπάσης
τῆς Ἑλλάδος. αὐτός τε γὰρ Ἕλλην γένος εἰμὶ τὠρχαῖον
καὶ ἀντ' ἐλευθέρης δεδουλωμένην οὐκ ἂν ἐθέλοιμι ὁρᾶν
τὴν Ἑλλάδα. λέγω δὲ ὧν ὅτι Μαρδονίῳ τε καὶ τῇ
στρατιῇ τὰ σφάγια οὐ δύναται καταθύμια γενέσθαι·
πάλαι γὰρ ἂν ἐμάχεσθε. νῦν δέ οἱ δέδοκται τὰ μὲν
σφάγια ἐᾶν χαίρειν, ἅμα ἡμέρῃ δὲ διαφαυσκούσῃ συμβολὴν ποιέεσθαι· καταρρώδηκε γὰρ μὴ πλεῦνες συλ-
λεχθῆτε, ὡς ἐγὼ εἰκάζω. πρὸς ταῦτα ἑτοιμάζεσθε. ἢν
δὲ ἄρα ὑπερβάληται τὴν συμβολὴν Μαρδόνιος καὶ μὴ
ποιῆται, λιπαρέετε μένοντες· ὀλιγέων γάρ σφι ἡμερέων
λείπεται σιτία. ἢν δὲ ὑμῖν ὁ πόλεμος ὅδε κατὰ νόον
τελευτήσῃ, μνησθῆναί τινα χρὴ καὶ ἐμεῦ ἐλευθερώσιος
πέρι, ὃς Ἑλλήνων εἵνεκα ἔργον οὕτω παράβολον ἔρ-
γασμαι ὑπὸ προθυμίης, ἐθέλων ὑμῖν δηλῶσαι τὴν διάνοιαν τὴν Μαρδονίου, ἵνα μὴ ἐπιπέσωσι ὑμῖν ἐξαίφνης
οἱ βάρβαροι μὴ προσδεκομένοισί κω. εἰμὶ δὲ Ἀλέξανδρος
ὁ Μακεδών. ὁ μὲν ταῦτα εἴπας ἀπήλαυνε ὀπίσω ἐς τὸ
στρατόπεδον καὶ τὴν ἑωυτοῦ τάξιν. (IX. 44, 45)

208   PART II. GREEK

SOPHOCLES
496—406 B.C.
Tragedian

36. OEDIPUS *accuses the prophet* TEIRESIAS *of having been suborned by* CREON *to attack him*

ὦ πλοῦτε καὶ τυραννὶ καὶ τέχνη τέχνης
ὑπερφέρουσα τῷ πολυζήλῳ βίῳ,
ὅσος παρ' ὑμῖν ὁ φθόνος φυλάσσεται,
εἰ τῆσδέ γ' ἀρχῆς οὕνεχ', ἣν ἐμοὶ πόλις
δωρητόν, οὐκ αἰτητόν, εἰσεχείρισεν,
ταύτης Κρέων ὁ πιστός, οὑξ ἀρχῆς φίλος,
λάθρᾳ μ' ὑπελθὼν ἐκβαλεῖν ἱμείρεται,
ὑφεὶς μάγον τοιόνδε μηχανορράφον,
δόλιον ἀγύρτην, ὅστις ἐν τοῖς κέρδεσιν
μόνον δέδορκε, τὴν τέχνην δ' ἔφυ τυφλός.
ἐπεὶ φέρ' εἰπέ, ποῦ σὺ μάντις εἶ σαφής;
πῶς οὐχ, ὅθ' ἡ ῥαψῳδὸς ἐνθάδ' ἦν κύων,
ηὔδας τι τοῖσδ' ἀστοῖσιν ἐκλυτήριον;
καίτοι τό γ' αἴνιγμ' οὐχὶ τοὐπιόντος ἦν
ἀνδρὸς διειπεῖν, ἀλλὰ μαντείας ἔδει·
ἣν οὔτ' ἀπ' οἰωνῶν σὺ προὐφάνης ἔχων
οὔτ' ἐκ θεῶν του γνωτόν· ἀλλ' ἐγὼ μολών,
ὁ μηδὲν εἰδὼς Οἰδίπους, ἔπαυσά νιν,
γνώμῃ κυρήσας οὐδ' ἀπ' οἰωνῶν μαθών·
ὃν δὴ σὺ πειρᾷς ἐκβαλεῖν, δοκῶν θρόνοις
παραστατήσειν τοῖς Κρεοντείοις πέλας.
κλαίων δοκεῖς μοι καὶ σὺ χὠ συνθεὶς τάδε

ἀγηλατήσειν· εἰ δὲ μὴ 'δόκεις γέρων
εἶναι, παθὼν ἔγνως ἂν οἷά περ φρονεῖς.

(Oed. Tyr. 380–403)

37. THESEUS welcomes the exiled OEDIPUS

πολλῶν ἀκούων ἔν τε τῷ πάρος χρόνῳ
τὰς αἱματηρὰς ὀμμάτων διαφθορὰς
ἔγνωκά σ', ὦ παῖ Λαΐου, τανῦν θ' ὁδοῖς
ἐν ταῖσδ' ἀκούων μᾶλλον ἐξεπίσταμαι.
σκευή τε γάρ σε καὶ τὸ δύστηνον κάρα
δηλοῦτον ἡμῖν ὄνθ' ὃς εἶ, καί σ' οἰκτίσας
θέλω 'περέσθαι, δύσμορ' Οἰδίπου, τίνα
πόλεως ἐπέστης προστροπὴν ἐμοῦ τ' ἔχων,
αὐτός τε χἠ σὴ δύσμορος παραστάτις.
δίδασκε· δεινὴν γάρ τιν' ἂν πρᾶξιν τύχοις
λέξας ὁποίας ἐξαφισταίμην ἐγώ·
ὃς οἶδά γ' αὐτὸς ὡς ἐπαιδεύθην ξένος,
ὥσπερ σύ, χὡς εἰς πλεῖστ' ἀνὴρ ἐπὶ ξένης
ἤθλησα κινδυνεύματ' ἐν τὠμῷ κάρα·
ὥστε ξένον γ' ἂν οὐδέν' ὄνθ', ὥσπερ σὺ νῦν,
ὑπεκτραποίμην μὴ οὐ συνεκσῴζειν· ἐπεὶ
ἔξοιδ' ἀνὴρ ὤν, χὥτι τῆς ἐς αὔριον
οὐδὲν πλέον μοι σοῦ μέτεστιν ἡμέρας.

(Oed. Col. 551–568)

38. CREON declares his determination to punish
ANTIGONE for having defied him

ἀλλ' ἴσθι τοι τὰ σκλήρ' ἄγαν φρονήματα
πίπτειν μάλιστα, καὶ τὸν ἐγκρατέστατον
σίδηρον ὀπτὸν ἐκ πυρὸς περισκελῆ

θραυσθέντα καὶ ῥαγέντα πλεῖστ' ἂν εἰσίδοις·
σμικρῷ χαλινῷ δ' οἶδα τοὺς θυμουμένους
ἵππους καταρτυθέντας· οὐ γὰρ ἐκπέλει
φρονεῖν μέγ' ὅστις δοῦλός ἐστι τῶν πέλας.
αὕτη δ' ὑβρίζειν μὲν τότ' ἐξηπίστατο,
νόμους ὑπερβαίνουσα τοὺς προκειμένους·
ὕβρις δ', ἐπεὶ δέδρακεν, ἥδε δευτέρα,
τούτοις ἐπαυχεῖν καὶ δεδρακυῖαν γελᾶν.
ἦ νῦν ἐγὼ μὲν οὐκ ἀνήρ, αὕτη δ' ἀνήρ,
εἰ ταῦτ' ἀνατὶ τῇδε κείσεται κράτη.
ἀλλ' εἴτ' ἀδελφῆς εἴθ' ὁμαιμονεστέρα
τοῦ παντὸς ἡμῖν Ζηνὸς ἑρκείου κυρεῖ,
αὐτή τε χἠ ξύναιμος οὐκ ἀλύξετον
μόρου κακίστου· καὶ γὰρ οὖν κείνην ἴσον
ἐπαιτιῶμαι τοῦδε βουλεῦσαι τάφου.
καί νιν καλεῖτ'· ἔσω γὰρ εἶδον ἀρτίως
λυσσῶσαν αὐτὴν οὐδ' ἐπήβολον φρενῶν·
φιλεῖ δ' ὁ θυμὸς πρόσθεν ᾐρῆσθαι κλοπεὺς
τῶν μηδὲν ὀρθῶς ἐν σκότῳ τεχνωμένων.
μισῶ γε μέντοι χὤταν ἐν κακοῖσί τις
ἁλοὺς ἔπειτα τοῦτο καλλύνειν θέλῃ.

(*Antigone* 473–496)

39. Tecmessa *pleads with* Ajax

ὦ δέσποτ' Αἴας, τῆς ἀναγκαίας τύχης
οὐκ ἔστιν οὐδὲν μεῖζον ἀνθρώποις κακόν.
ἐγὼ δ' ἐλευθέρου μὲν ἐξέφυν πατρός,
εἴπερ τινὸς σθένοντος ἐν πλούτῳ Φρυγῶν·
νῦν δ' εἰμὶ δούλη.   θεοῖς γὰρ ὧδ' ἔδοξέ που
καὶ σῇ μάλιστα χειρί.   τοιγαροῦν, ἐπεὶ
τὸ σὸν λέχος ξυνῆλθον, εὖ φρονῶ τὰ σά,

καί σ' ἀντιάζω πρός τ' ἐφεστίου Διὸς
εὐνῆς τε τῆς σῆς, ᾗ συνηλλάχθης ἐμοί,
μή μ' ἀξιώσῃς βάξιν ἀλγεινὴν λαβεῖν
τῶν σῶν ὑπ' ἐχθρῶν, χειρίαν ἐφεὶς τινί.
ᾗ γὰρ θάνῃς σὺ καὶ τελευτήσας ἀφῇς,
ταύτῃ νόμιζε κἀμὲ τῇ τόθ' ἡμέρᾳ
βίᾳ ξυναρπασθεῖσαν Ἀργείων ὕπο
ξὺν παιδὶ τῷ σῷ δουλίαν ἕξειν τροφήν.
καί τις πικρὸν πρόσφθεγμα δεσποτῶν ἐρεῖ
λόγοις ἰάπτων· ἴδετε τὴν ὁμευνέτιν
Αἴαντος, ὃς μέγιστον ἴσχυσε στρατοῦ,
οἵας λατρείας ἀνθ' ὅσου ζήλου τρέφει.
τοιαῦτ' ἐρεῖ τις· κἀμὲ μὲν δαίμων ἐλᾷ,
σοὶ δ' αἰσχρὰ τἄπη ταῦτα καὶ τῷ σῷ γένει.

(Ajax 485–505)

40. CHRYSOTHEMIS *tries to persuade her sister*
ELECTRA *to submit to* CLYTEMNESTRA *and*
AEGISTHUS

καὶ πρίν γε φωνεῖν, ὦ γυναῖκες, εἰ φρενῶν
ἐτύγχαν' αὕτη μὴ κακῶν, ἐσῴζετ' ἂν
τὴν εὐλάβειαν, ὥσπερ οὐχὶ σῴζεται.
ποῖ γάρ ποτ' ἐμβλέψασα τοιοῦτον θράσος
αὐτή θ' ὁπλίζει κἄμ' ὑπηρετεῖν καλεῖς;
οὐκ εἰσορᾷς; γυνὴ μὲν οὐδ' ἀνὴρ ἔφυς,
σθένεις δ' ἔλασσον τῶν ἐναντίων χερί.
δαίμων δὲ τοῖς μὲν εὐτυχὴς καθ' ἡμέραν,
ἡμῖν δ' ἀπορρεῖ κἀπὶ μηδὲν ἔρχεται.
τίς οὖν τοιοῦτον ἄνδρα βουλεύων ἑλεῖν
ἄλυπος ἄτης ἐξαπαλλαχθήσεται;

ὅρα κακῶς πράσσοντε μὴ μείζω κακὰ
κτησώμεθ᾽, εἴ τις τούσδ᾽ ἀκούσεται λόγους.
λύει γὰρ ἡμᾶς οὐδὲν οὐδ᾽ ἐπωφελεῖ
βάξιν καλὴν λαβόντε δυσκλεῶς θανεῖν·
οὐ γὰρ θανεῖν ἔχθιστον, ἀλλ᾽ ὅταν θανεῖν
χρῄζων τις εἶτα μηδὲ τοῦτ᾽ ἔχῃ λαβεῖν.
ἀλλ᾽ ἀντιάζω, πρὶν πανωλέθρους τὸ πᾶν
ἡμᾶς τ᾽ ὀλέσθαι κἀξερημῶσαι γένος,
κατάσχες ὀργήν. καὶ τὰ μὲν λελεγμένα
ἄρρητ᾽ ἐγώ σοι κατελῇ φυλάξομαι,
αὐτὴ δὲ νοῦν σχὲς ἀλλὰ τῷ χρόνῳ ποτέ,
σθένουσα μηδὲν τοῖς κρατοῦσιν εἰκαθεῖν.

(*Electra* 992–1014)

41. ODYSSEUS *urges* NEOPTOLEMUS *to assist him in carrying off* PHILOCTETES *by craft*

NE. τί μ᾽ οὖν ἄνωγας ἄλλο πλὴν ψευδῆ λέγειν;
ΟΔ. λέγω σ᾽ ἐγὼ δόλῳ Φιλοκτήτην λαβεῖν.
NE. τί δ᾽ ἐν δόλῳ δεῖ μᾶλλον ἢ πείσαντ᾽ ἄγειν;
ΟΔ. οὐ μὴ πίθηται· πρὸς βίαν δ᾽ οὐκ ἂν λάβοις.
NE. οὕτως ἔχει τι δεινὸν ἰσχύος θράσος;
ΟΔ. ἰοὺς ἀφύκτους καὶ προπέμποντας φόνον.
NE. οὐκ ἆρ᾽ ἐκείνῳ γ᾽ οὐδὲ προσμεῖξαι θρασύ;
ΟΔ. οὔ, μὴ δόλῳ λαβόντα γ᾽, ὡς ἐγὼ λέγω.
NE. οὐκ αἰσχρὸν ἡγεῖ δῆτα τὰ ψευδῆ λέγειν;
ΟΔ. οὔκ, εἰ τὸ σωθῆναί γε τὸ ψεῦδος φέρει.
NE. πῶς οὖν βλέπων τις ταῦτα τολμήσει λακεῖν;
ΟΔ. ὅταν τι δρᾷς εἰς κέρδος, οὐκ ὀκνεῖν πρέπει.
NE. κέρδος δ᾽ ἐμοὶ τί τοῦτον εἰς Τροίαν μολεῖν;
ΟΔ. αἱρεῖ τὰ τόξα ταῦτα τὴν Τροίαν μόνα.
NE. οὐκ ἆρ᾽ ὁ πέρσων, ὡς ἐφάσκετ᾽, εἴμ᾽ ἐγώ;

ΟΔ. οὔτ' ἂν σὺ κείνων χωρὶς οὔτ' ἐκεῖνα σοῦ.
ΝΕ. θηρατέ' οὖν γίγνοιτ' ἄν, εἴπερ ὧδ' ἔχει.
ΟΔ. ὡς τοῦτό γ' ἔρξας δύο φέρει δωρήματα.
ΝΕ. ποίω; μαθὼν γὰρ οὐκ ἂν ἀρνοίμην τὸ δρᾶν.
ΟΔ. σοφός τ' ἂν αὐτὸς κἀγαθὸς κεκλῇ' ἅμα.
ΝΕ. ἴτω· ποήσω, πᾶσαν αἰσχύνην ἀφείς.

(*Philoctetes* 100–120)

EURIPIDES
480—406 B.C.
Tragedian

42. *The* JUDGMENT *of* PARIS

ἦ μεγάλων ἀχέων ἄρ' ὑπῆρξεν, ὅτ' Ἰδαίαν
    ἐς νάπαν ἦλθ' ὁ Μαί-
    ας τε καὶ Διὸς τόκος,
    τρίπωλον ἅρμα δαιμόνων
    ἄγων τὸ καλλιζυγές,
ἔριδι στυγερᾷ κεκορυθμένον εὐμορφίας
    σταθμοὺς ἐπὶ βούτα,
    βοτῆρά τ' ἀμφὶ μονότροπον νεανίαν
    ἔρημόν θ'
    ἑστιοῦχον αὐλάν.

ταὶ δ' ἐπεὶ ὑλόκομον νάπος ἤλυθον οὐρειᾶν
    πιδάκων νίψαν αἰ-
    γλᾶντα σώματα ῥοαῖς,
    ἔβαν δὲ Πριαμίδαν ὑπερ-
    βολαῖς λόγων δυσφρόνων
παραβαλλόμεναι, δολίοις δ' ἕλε Κύπρις λόγοις,
    τερπνοῖς μὲν ἀκοῦσαι,

πικρὰν δὲ σύγχυσιν βίου Φρυγῶν πόλει
ταλαίνᾳ
περγάμοις τε Τροίας.

ἀλλ᾿ εἴθ᾿ ὑπὲρ κεφαλὰν ἔβαλεν κακὸν
ἁ τεκοῦσά νιν Πάριν
πρὶν Ἰδαῖ-
ον κατοικίσαι λέπας·
ὅτε νιν παρὰ θεσπεσίῳ δάφνᾳ
βόασε Κασάνδρα κτανεῖν,
μεγάλαν Πριάμου πόλεως λώβαν.
τίν᾿ οὐκ ἐπῆλθε, ποῖον οὐκ ἐλίσσετο
δαμογερόν-
των βρέφος φονεύειν;

οὔτ᾿ ἂν ἐπ᾿ Ἰλιάσι ζυγὸν ἤλυθε
δούλιον, σύ τ᾿ ἂν γύναι,
τυράννων
ἔσχες ἂν δόμων ἕδρας·
παρέλυσε δ᾿ ἂν Ἑλλάδος ἀλγεινοὺς
μόχθους οὓς ἀμφὶ Τροίαν
δεκέτεις ἀλάληντο νέοι λόγχαις.
λέχη τ᾿ ἔρημ᾿ ἂν οὔποτ᾿ ἐξελείπετο,
καὶ τεκέων
ὀρφανοὶ γέροντες.

(*Andromache* 274–308)

43. POLYXENA *declares to* ODYSSEUS *her readiness to die*

θάρσει· πέφευγας τὸν ἐμὸν Ἱκέσιον Δία·
ὡς ἕψομαί γε τοῦ τ᾿ ἀναγκαίου χάριν
θανεῖν τε χρῄζουσ᾿· εἰ δὲ μὴ βουλήσομαι,

κακὴ φανοῦμαι καὶ φιλόψυχος γυνή.
τί γάρ με δεῖ ζῆν; ἦ πατὴρ μὲν ἦν ἄναξ
Φρυγῶν ἁπάντων· τοῦτό μοι πρῶτον βίου·
ἔπειτ' ἐθρέφθην ἐλπίδων καλῶν ὕπο
βασιλεῦσι νύμφη, ζῆλον οὐ σμικρὸν γάμων
ἔχουσ', ὅτου δῶμ' ἑστίαν τ' ἀφίξομαι·
δέσποινα δ' ἡ δύστηνος Ἰδαίαισιν ἢ
γυναιξὶ παρθένοις τ' ἀπόβλεπτος μέτα,
ἴση θεοῖσι πλὴν τὸ κατθανεῖν μόνον·
νῦν δ' εἰμὶ δούλη. πρῶτα μέν με τοὔνομα
θανεῖν ἐρᾶν τίθησιν οὐκ εἰωθὸς ὄν·
ἔπειτ' ἴσως ἂν δεσποτῶν ὠμῶν φρένας
τύχοιμ' ἄν, ὅστις ἀργύρου μ' ὠνήσεται,
τὴν Ἕκτορός τε χἀτέρων πολλῶν κάσιν,
προσθεὶς δ' ἀνάγκην σιτοποιὸν ἐν δόμοις,
σαίρειν τε δῶμα κερκίσιν τ' ἐφεστάναι
λυπρὰν ἄγουσαν ἡμέραν μ' ἀναγκάσει·
λέχη δὲ τἀμὰ δοῦλος ὠνητός ποθεν
χρανεῖ, τυράννων πρόσθεν ἠξιωμένα.
οὐ δῆτ'· ἀφίημ' ὀμμάτων ἐλευθέρων
φέγγος τόδ', Ἅιδῃ προστιθεῖσ' ἐμὸν δέμας.
(Hecuba 345–368)

44. THESEUS moralises

ἄλλοισι δὴ 'πόνησ' ἁμιλληθεὶς λόγῳ
τοιῷδ'. ἔλεξε γάρ τις ὡς τὰ χείρονα
πλείω βροτοῖσίν ἐστι τῶν ἀμεινόνων·
ἐγὼ δὲ τούτοις ἀντίαν γνώμην ἔχω,
πλείω τὰ χρηστὰ τῶν κακῶν εἶναι βροτοῖς·
εἰ μὴ γὰρ ἦν τόδ', οὐκ ἂν ἦμεν ἐν φάει.
αἰνῶ δ' ὃς ἡμῖν βίοτον ἐκ πεφυρμένου

καὶ θηριώδους θεῶν διεσταθμήσατο,
πρῶτον μὲν ἐνθεὶς σύνεσιν, εἶτα δ' ἄγγελον
γλῶσσαν λόγων δούς, ὥστε γιγνώσκειν ὄπα,
τροφήν τε καρποῦ τῇ τροφῇ τ' ἀπ' οὐρανοῦ
σταγόνας ὑδρηλάς, ὡς τά γ' ἐκ γαίας τρέφῃ
ἄρδῃ τε νηδύν· πρὸς δὲ τοῖσι χείματος
προβλήματ', αἶθρον ἐξαμύνασθαι θεοῦ,
πόντου τε ναυστολήμαθ', ὡς διαλλαγὰς
ἔχοιμεν ἀλλήλοισιν ὧν πένοιτο γῆ.
ἃ δ' ἔστ' ἄσημα κοὺ σαφῶς γιγνώσκομεν,
ἐς πῦρ βλέποντες καὶ κατὰ σπλάγχνων πτυχὰς
μάντεις προσημαίνουσιν οἰωνῶν τ' ἄπο.
ἆρ' οὐ τρυφῶμεν θεοῦ κατασκευὴν βίῳ
δόντος τοιαύτην, οἷσιν οὐκ ἀρκεῖ τάδε;
ἀλλ' ἡ φρόνησις τοῦ θεοῦ μεῖζον σθένειν
ζητεῖ, τὸ γαῦρον δ' ἐν φρεσὶν κεκτημένοι
δοκοῦμεν εἶναι δαιμόνων σοφώτεροι.

(*Supplices* 195–218)

45. *The* CHORUS *lament their* SONS

οὐκέτ' εὔτεκνος, οὐκέτ' εὔ-
παις, οὐδ' εὐτυχίας μέτε-
στίν μοι κουροτόκοις ἐν Ἀργείαις·
οὐδ' Ἄρτεμις λοχία
προσφθέγξαιτ' ἂν τὰς ἀτέκνους.
δυσαίων δ' ὁ βίος,
πλαγκτὰ δ' ὡσεί τις νεφέλα
πνευμάτων ὑπὸ δυσχίμων ἀίσσω.

ἑπτὰ ματέρες ἑπτὰ κού-
ρους ἐγεινάμεθ' αἱ ταλαί-
πωροι κλεινοτάτους ἐν Ἀργείοις·

καὶ νῦν ἄπαις ἄτεκνος
γηράσκω δυστανοτάτως,
οὔτ' ἐν φθιμένοις
οὔτ' ἐν ζωοῖσιν ἀριθμουμένη,
χωρὶς δή τινα τῶνδ' ἔχουσα μοῖραν.

ὑπολελειμμένα μοι δάκρυα·
μέλεα παιδὸς ἐν οἴκοις
κεῖται μνήματα, πένθιμοι
κουραὶ καὶ στέφανοι κόμας,
λοιβαί τε νεκύων φθιμένων,
ἀοιδαί θ' ἃς χρυσοκόμας
Ἀπόλλων οὐκ ἐνδέχεται·
γόοισι δ' ὀρθρευομένα
δάκρυσι νοτερὸν ἀεὶ πέπλων
πρὸς στέρνῳ πτύχα τέγξω.

καὶ μὴν θαλάμας τάσδ' ἐσορῶ δὴ
Καπανέως ἤδη τύμβον θ' ἱερὸν
μελάθρων τ' ἐκτὸς
Θησέως ἀναθήματα νεκροῖς,
κλεινήν τ' ἄλοχον τοῦ καπφθιμένου
τοῦδε κεραυνῷ πέλας Εὐάδνην,
ἣν Ἶφις ἄναξ παῖδα φυτεύει.
τί ποτ' αἰθερίαν ἔστηκε πέτραν,
ἣ τῶνδε δομων ὑπερακρίζει,
τήνδ' ἐμβαίνουσα κέλευθον;   (*Id.* 955–989)

46. The OLD MAN'S *attempt to murder* ION
is detected by an accident

ἐπεὶ δ' ἐς αὐλοὺς ἧκον ἐς κρατῆρά τε
κοινόν, γέρων ἔλεξ'· " Ἀφαρπάζειν χρεὼν

οἰνηρὰ τεύχη σμικρά, μεγάλα δ' ἐσφέρειν,
ὡς θᾶσσον ἔλθωσ' οἵδ' ἐς ἡδονὰς φρενῶν."
ἦν δὴ φερόντων μόχθος ἀργυρηλάτους
χρυσέας τε φιάλας· ὁ δὲ λαβὼν ἐξαίρετον,
ὡς τῷ νέῳ δὴ δεσπότῃ χάριν φέρων,
ἔδωκε πλῆρες τεῦχος, εἰς οἶνον βαλὼν
ὅ φασι δοῦναι φάρμακον δραστήριον
δέσποιναν, ὡς παῖς ὁ νέος ἐκλίποι φάος·
κοὐδεὶς τάδ' ᾔδειν. ἐν χεροῖν ἔχοντι δὲ
σπονδὰς μετ' ἄλλων παιδὶ τῷ πεφηνότι
βλασφημίαν τις οἰκετῶν ἐφθέγξατο·
ὁ δ', ὡς ἐν ἱερῷ μάντεσίν τ' ἐσθλοῖς τραφείς,
οἰωνὸν ἔθετο, κἀκέλευσ' ἄλλον νέον
κρατῆρα πληροῦν· τὰς δὲ πρὶν σπονδὰς θεοῦ
δίδωσι γαίᾳ, πᾶσί τ' ἐκσπένδειν λέγει.
σιγὴ δ' ὑπῆλθεν. ἐκ δ' ἐπίμπλαμεν δρόσου
κρατῆρας ἱεροὺς Βυβλίνου τε πώματος.
κἂν τῷδε μόχθῳ πτηνὸς ἐσπίπτει δόμοις
κῶμος πελειῶν—Λοξίου γὰρ ἐν δόμοις
ἄτρεστα ναίουσ'—ὡς δ' ἀπέσπεισαν μέθυ,
ἐς αὐτὸ χείλη πώματος κεχρημέναι
καθῆκαν, εἷλκον δ' εὐπτέρους ἐς αὐχένας.
καὶ ταῖς μὲν ἄλλαις ἄνοσος ἦν λοιβὴ θεοῦ·
ἡ δ' ἕζετ' ἔνθ' ὁ καινὸς ἔσπεισεν γόνος,
ποτοῦ τ' ἐγεύσατ', εὐθὺς εὔπτερον δέμας
ἔσεισε κἀβάκχευσεν, ἐκ δ' ἔκλαγξ' ὄπα
ἀξύνετον αἰάζουσ'· ἐθάμβησεν δὲ πᾶς
θοινατόρων ὅμιλος ὄρνιθος πόνους.
θνῄσκει δ' ἀπασπαίρουσα, φοινικοσκελεῖς
χηλὰς παρεῖσα.   (*Ion* 1177–1208)

EURIPIDES 219

47. The Greek HERALD addresses CASSANDRA and HECUBA

ΤΑ. εἰ μή σ' Ἀπόλλων ἐξεβάκχευεν φρένας,
οὔ τἂν ἀμισθὶ τοὺς ἐμοὺς στρατηλάτας
τοιαῖσδε φήμαις ἐξέπεμπες ἂν χθονός.
ἀτὰρ τὰ σεμνὰ καὶ δοκήμασιν σοφὰ
οὐδέν τι κρείσσω τῶν τὸ μηδὲν ἦν ἄρα.
ὁ γὰρ μέγιστος τῶν Πανελλήνων ἄναξ,
Ἀτρέως φίλος παῖς, τῆσδ' ἔρωτ' ἐξαίρετον
μαινάδος ὑπέστη· καὶ πένης μέν εἰμ' ἐγώ,
ἀτὰρ λέχος γε τῆσδ' ἂν οὐκ ἐκτησάμην.
καὶ σοὶ μέν—οὐ γὰρ ἀρτίας ἔχεις φρένας—
Ἀργεῖ' ὀνείδη καὶ Φρυγῶν ἐπαινέσεις
ἀνέμοις φέρεσθαι παραδίδωμ'· ἕπου δέ μοι
πρὸς ναῦς, καλὸν νύμφευμα τῷ στρατηλάτῃ.
σὺ δ', ἡνίκ' ἄν σε Λαρτίου χρήζῃ τόκος
ἄγειν, ἕπεσθαι· σώφρονος δ' ἔσῃ λάτρις
γυναικός, ὥς φασ' οἱ μολόντες Ἴλιον.
ΚΑ. ἦ δεινὸς ὁ λάτρις. τί ποτ' ἔχουσι τοὔνομα
κήρυκες, ἓν ἀπέχθημα πάγκοινον βροτοῖς,
οἱ περὶ τυράννους καὶ πόλεις ὑπηρέται;
σὺ τὴν ἐμὴν φῂς μητέρ' εἰς Ὀδυσσέως
ἥξειν μέλαθρα; ποῦ δ' Ἀπόλλωνος λόγοι,
οἵ φασιν αὐτὴν εἰς ἔμ' ἡρμηνευμένοι
αὐτοῦ θανεῖσθαι;...τἄλλα δ' οὐκ ὀνειδιῶ.

(Troades 408–430)

48. ELECTRA converses with the disguised ORESTES

ΟΡ. τί δῆτ' Ὀρέστης πρὸς τόδ', Ἄργος ἢν μόλῃ;
ΗΛ. ἤρου τόδ'; αἰσχρόν γ' εἶπας· οὐ γὰρ νῦν ἀκμή;

ΟΡ. ἐλθὼν δὲ δὴ πῶς φονέας ἂν κτάνοι πατρός;

ΗΛ. τολμῶν ὑπ᾽ ἐχθρῶν οἷ᾽ ἐτολμήθη πατήρ.

ΟΡ. ἦ καὶ μετ᾽ αὐτοῦ μητέρ᾽ ἂν τλαίης κτανεῖν;

ΗΛ. ταύτῳ γε πελέκει τῷ πατὴρ ἀπώλετο.

ΟΡ. λέγω τάδ᾽ αὐτῷ, καὶ βέβαια τἀπὸ σοῦ;

ΗΛ. θάνοιμι μητρὸς αἷμ᾽ ἐπισφάξασ᾽ ἐμῆς.

ΟΡ. φεῦ·
εἴθ᾽ ἦν Ὀρέστης πλησίον κλύων τάδε.

ΗΛ. ἀλλ᾽, ὦ ξέν᾽, οὐ γνοίην ἂν εἰσιδοῦσά νιν.

ΟΡ. νέα γάρ, οὐδὲν θαῦμ᾽, ἀπεζεύχθης νέου.

ΗΛ. εἷς ἂν μόνος νιν τῶν ἐμῶν γνοίη φίλων.

ΟΡ. ἆρ᾽ ὃν λέγουσιν αὐτὸν ἐκκλέψαι φόνου;

ΗΛ. πατρός γε παιδαγωγὸς ἀρχαῖος γέρων.

ΟΡ. ὁ κατθανὼν δὲ σὸς πατὴρ τύμβου κυρεῖ;

ΗΛ. ἔκυρσεν ὡς ἔκυρσεν, ἐκβληθεὶς δόμων.

ΟΡ. οἴμοι, τόδ᾽ οἷον εἶπας·...αἴσθησις γὰρ οὖν
κἀκ τῶν θυραίων πημάτων δάκνει βροτούς.
λέξον δ᾽, ἵν᾽ εἰδὼς σῷ κασιγνήτῳ φέρω
λόγους ἀτερπεῖς, ἀλλ᾽ ἀναγκαίους κλύειν.
ἔνεστι δ᾽ οἶκτος ἀμαθίᾳ μὲν οὐδαμοῦ,
σοφοῖσι δ᾽ ἀνδρῶν· καὶ γὰρ οὐδ᾽ ἀζήμιον
γνώμην ἐνεῖναι τοῖς σοφοῖς λίαν σοφήν.

ΧΟ. κἀγὼ τὸν αὐτὸν τῷδ᾽ ἔρον ψυχῆς ἔχω.

(Electra 274-297)

49. The Chorus expresses its longing for Greece

ὄρνις, ἃ παρὰ πετρίνας
πόντου δειράδας, ἀλκυών,
ἔλεγον οἶτον ἀείδεις,
εὐξύνετον ξυνετοῖς βοάν,

ὅτι πόσιν κελαδεῖς ἀεὶ μολπαῖς,
ἐγώ σοι παραβάλλομαι
    θρήνους, ἄπτερος ὄρνις,
ποθοῦσ' Ἑλλάνων ἀγόρους,
ποθοῦσ' Ἄρτεμιν λοχίαν,
ἃ παρὰ Κύνθιον ὄχθον οἰ-
κεῖ φοίνικά θ' ἁβροκόμαν
    δάφναν τ' εὐερνέα καὶ
γλαυκᾶς θαλλὸν ἱερὸν ἐλαί-
ας, Λατοῦς ὠδῖνα φίλαν,
λίμναν θ' εἱλίσσουσαν ὕδωρ
κύκλιον, ἔνθα κύκνος μελῳ-
δὸς Μούσας θεραπεύει.

ὦ πολλαὶ δακρύων λιβάδες,
αἳ παρηίδας εἰς ἐμὰς
    ἔπεσον, ἁνίκα πύργων
ὀλομένων ἐν ναυσὶν ἔβαν
πολεμίων ἐρετμοῖσι καὶ λόγχαις.
ζαχρύσου δὲ δι' ἐμπολᾶς
    νόστον βάρβαρον ἦλθον,
ἔνθα τᾶς ἐλαφοκτόνου
θεᾶς ἀμφίπολον κόραν
παῖδ' Ἀγαμεμνονίαν λατρεύ-
ω βωμούς τ' οὐ μηλοθύτας,
    ζηλοῦσ' ἄταν διὰ παν-
τὸς δυσδαίμον'· ἐν γὰρ ἀνάγκαις οὐ κάμνεις σύντροφος ὤν.
            (Iphigenia in Tauris 1089–1119)

50. HELEN *and* MENELAUS *plan their escape*

ΜΕ. ἀλλ' οὐδὲ μὴν ναῦς ἔστιν ᾗ σωθεῖμεν ἂν
　　φεύγοντες· ἦν γὰρ εἴχομεν θάλασσ' ἔχει.

ΕΛ. ἄκουσον, ἤν τι καὶ γυνὴ λέξῃ σοφόν.
　　βούλῃ λέγεσθαι, μὴ θανών, λόγῳ θανεῖν;

ΜΕ. κακὸς μὲν ὄρνις· εἰ δὲ κερδανῶ, λέγειν
　　ἕτοιμός εἰμι μὴ θανὼν λόγῳ θανεῖν.

ΕΛ. καὶ μὴν γυναικείοις σ' ἂν οἰκτισαίμεθα
　　κουραῖσι καὶ θρήνοισι πρὸς τὸν ἀνόσιον.

ΜΕ. σωτηρίας δὲ τοῦτ' ἔχει τί νῷν ἄκος;
　　παλαιότης γὰρ τῷ λόγῳ γ' ἔνεστί τις.

ΕΛ. ὡς δὴ θανόντα σ' ἐνάλιον κενῷ τάφῳ
　　θάψαι τύραννον τῆσδε γῆς αἰτήσομαι.

ΜΕ. καὶ δὴ παρεῖκεν· εἶτα πῶς ἄνευ νεὼς
　　σωθησόμεσθα κενοταφοῦντ' ἐμὸν δέμας;

ΕΛ. δοῦναι κελεύσω πορθμίδ', ᾗ καθήσομαι
　　κόσμον τάφῳ σῷ πελαγίους ἐς ἀγκάλας.

ΜΕ. ὡς εὖ τόδ' εἶπας πλὴν ἕν· εἰ χέρσῳ ταφὰς
　　θεῖναι κελεύσει σ', οὐδὲν ἡ σκῆψις φέρει.

ΕΛ. ἀλλ' οὐ νομίζειν φήσομεν καθ' Ἑλλάδα
　　χέρσῳ καλύπτειν τοὺς θανόντας ἐναλίους.

ΜΕ. τοῦτ' αὖ κατορθοῖς· εἶτ' ἐγὼ συμπλεύσομαι
　　καὶ συγκαθήσω κόσμον ἐν ταὐτῷ σκάφει.

ΕΛ. σὲ καὶ παρεῖναι δεῖ μάλιστα τούς τε σοὺς
　　πλωτῆρας οἵπερ ἔφυγον ἐκ ναυαγίας.

(Helena 1047–1070*)*

51. *Combat of* ETEOCLES *and* POLYNEICES

ἔνθεν δὲ κώπας ἁρπάσαντε φασγάνων
ἐς ταὐτὸν ἧκον, συμβαλόντε δ' ἀσπίδας

πολὺν ταραγμὸν ἀμφιβάντ' εἶχον μάχης.
καί πως νοήσας Ἐτεοκλῆς τὸ Θεσσαλὸν
ἐσήγαγεν σόφισμ' ὁμιλίᾳ χθονός.
ἐξαλλαγεὶς γὰρ τοῦ παρεστῶτος πόνου,
λαιὸν μὲν ἐς τοὔπισθεν ἀμφέρει πόδα,
πρόσω τὰ κοῖλα γαστρὸς εὐλαβούμενος,
προβὰς δὲ κῶλον δεξιὸν δι' ὀμφαλοῦ
καθῆκεν ἔγχος σφονδύλοις τ' ἐνήρμοσεν.
ὁμοῦ δὲ κάμψας πλευρὰ καὶ νηδὺν τάλας
σὺν αἱματηραῖς σταγόσι Πολυνείκης πίτνει.
ὁ δ', ὡς κρατῶν δὴ καὶ νενικηκὼς μάχῃ,
ξίφος δικὼν ἐς γαῖαν ἐσκύλευέ νιν
τὸν νοῦν πρὸς αὑτὸν οὐκ ἔχων, ἐκεῖσε δέ.
ὁ καί νιν ἔσφηλ'· ἔτι γὰρ ἐμπνέων βραχύ,
σῴζων σίδηρον ἐν λυγρῷ πεσήματι,
μόλις μέν, ἐξέτεινε δ' εἰς ἧπαρ ξίφος
Ἐτεοκλέους ὁ πρόσθε Πολυνείκης πεσών.
γαῖαν δ' ὀδὰξ ἑλόντες ἀλλήλων πέλας
πίπτουσιν ἄμφω κοὐ διώρισαν κράτος.

(*Phoenissae* 1404–1424)

52. The MESSENGER *recounts the doom of* PENTHEUS

πρῶτον μὲν οὖν ποιηρὸν ἵζομεν νάπος,
τά τ' ἐκ ποδῶν σιγηλὰ καὶ γλώσσης ἄπο
σῴζοντες, ὡς ὁρῶμεν οὐχ ὁρώμενοι.
ἦν δ' ἄγκος ἀμφίκρημνον, ὕδασι διάβροχον,
πεύκαισι συσκιάζον, ἔνθα μαινάδες
καθῆντ' ἔχουσαι χεῖρας ἐν τερπνοῖς πόνοις.
αἱ μὲν γὰρ αὐτῶν θύρσον ἐκλελοιπότα
κισσῷ κομήτην αὖθις ἐξανέστεφον,
αἱ δ', ἐκλιποῦσαι ποικίλ' ὡς πῶλοι ζυγά,

βακχεῖον ἀντέκλαζον ἀλλήλαις μέλος.
Πενθεὺς δ᾽ ὁ τλήμων θῆλυν οὐχ ὁρῶν ὄχλον
ἔλεξε τοιάδ᾽· "Ὦ ξέν᾽, οὗ μὲν ἕσταμεν,
οὐκ ἐξικνοῦμαι μαινάδων ὅσσοις νόθων·
ὄχθων δ᾽ ἔπ᾽, ἀμβὰς ἐς ἐλάτην ὑψαύχενα,
ἴδοιμ᾽ ἂν ὀρθῶς μαινάδων αἰσχρουργίαν."
τοὐντεῦθεν ἤδη τοῦ ξένου τὸ θαῦμ᾽ ὁρῶ·
λαβὼν γὰρ ἐλάτης οὐράνιον ἄκρον κλάδον
κατῆγεν, ἦγεν, ἦγεν ἐς μέλαν πέδον·
κυκλοῦτο δ᾽ ὥστε τόξον ἢ κυρτὸς τροχὸς
τόρνῳ γραφόμενος περιφορὰν ἕλκει δρόμον·
ὣς κλῶν᾽ ὄρειον ὁ ξένος χεροῖν ἄγων
ἔκαμπτεν ἐς γῆν, ἔργματ᾽ οὐχὶ θνητὰ δρῶν.
Πενθέα δ᾽ ἱδρύσας ἐλατίνων ὄζων ἔπι,
ὀρθὸν μεθίει διὰ χερῶν βλάστημ᾽ ἄνω
ἀτρέμα, φυλάσσων μὴ ἀναχαιτίσειέ νιν,
ὀρθὴ δ᾽ ἐς ὀρθὸν αἰθέρ᾽ ἐστηρίζετο,
ἔχουσα νώτοις δεσπότην ἐφήμενον·
ὤφθη δὲ μᾶλλον ἢ κατεῖδε μαινάδας.

(*Bacchae* 1048–1075)

53. CLYTEMNESTRA *appeals to* ACHILLES

φεῦ·
πῶς ἄν σ᾽ ἐπαινέσαιμι μὴ λίαν λόγοις,
μηδ᾽ ἐνδεὴς τοῦδ᾽ ἀπολέσαιμι τὴν χάριν;
αἰνούμενοι γὰρ οἱ ἀγαθοὶ τρόπον τινὰ
μισοῦσι τοὺς αἰνοῦντας, ἢν αἰνῶσ᾽ ἄγαν.
αἰσχύνομαι δὲ παραφέρουσ᾽ οἰκτροὺς λόγους,
ἰδίᾳ νοσοῦσα· σὺ δ᾽ ἄνοσος κακῶν ἐμῶν.
ἀλλ᾽ οὖν ἔχει τοι σχῆμα, κἂν ἄπωθεν ᾖ
ἀνὴρ ὁ χρηστός, δυστυχοῦντας ὠφελεῖν.

οἴκτιρε δ' ἡμᾶς· οἰκτρὰ γὰρ πεπόνθαμεν·
ἣ πρῶτα μέν σε γαμβρὸν οἰηθεῖσ' ἔχειν,
κενὴν κατέσχον ἐλπίδ'· εἶτά σοι τάχα
ὄρνις γένοιτ' ἂν τοῖσι μέλλουσιν γάμοις
θανοῦσ' ἐμὴ παῖς, ὅ σε φυλάξασθαι χρεών.
ἀλλ' εὖ μὲν ἀρχὰς εἶπας, εὖ δὲ καὶ τέλη·
σοῦ γὰρ θέλοντος παῖς ἐμὴ σωθήσεται.

βούλῃ νιν ἱκέτιν σὸν περιπτύξαι γόνυ;
ἀπαρθένευτα μὲν τάδ'· εἰ δέ σοι δοκεῖ,
ἥξει, δι' αἰδοῦς ὄμμ' ἔχουσ' ἐλεύθερον.
εἰ δ' οὐ παρούσης ταὐτὰ τεύξομαι σέθεν,
μενέτω κατ' οἴκους· σεμνὰ γὰρ σεμνύνεται.
ὅμως δ' ὅσον γε δυνατὸν αἰδεῖσθαι χρεών.

(*Iphigenia in Aulis* 977–997)

54. *The* CHARIOTEER *tells of his* MASTER'S *death*

κἀγὼ μελούσῃ καρδίᾳ λήξας ὕπνου
πώλοισι χόρτον, προσδοκῶν ἑωθινὴν
ζεύξειν ἐς ἀλκήν, ἀφθόνῳ μετρῶ χερί.
λεύσσω δὲ φῶτε περιπολοῦνθ' ἡμῶν στρατὸν
πυκνῆς δι' ὄρφνης· ὡς δ' ἐκινήθην ἐγώ,
ἐπτηξάτην τε κἀνεχωρείτην πάλιν·
ἤπυσα δ' αὐτοῖς μὴ πελάζεσθαι στρατῷ,
κλῶπας δοκήσας συμμάχων πλάθειν τινάς.
οἳ δ' οὐδέν· οὐ μὴν οὐδ' ἐγὼ τὰ πλείονα.
ηὗδον δ' ἀπελθὼν αὖθις ἐς κοίτην πάλιν.

καί μοι καθ' ὕπνον δόξα τις παρίσταται·
ἵππους γὰρ ἃς ἔθρεψα κἀδιφρηλάτουν
Ῥήσῳ παρεστώς, εἶδον, ὡς ὄναρ δοκῶν,
λύκους ἐπεμβεβῶτας ἑδραίαν ῥάχιν·
θείνοντε δ' οὐρᾷ πωλικῆς ῥινοῦ τρίχα

ἤλαυνον, αἱ δ' ἔρρεγκον ἐξ ἀντηρίδων
θυμὸν πνέουσαι κἀνεχαίτιζον φόβῳ.
ἐγὼ δ' ἀμύνων θῆρας ἐξεγείρομαι
πώλοισιν· ἔννυχος γὰρ ἐξώρμα φόβος.
κλύω δ' ἐπάρας κρᾶτα μυχθισμὸν νεκρῶν.
θερμὸς δὲ κρουνὸς δεσπότου πάρα σφαγαῖς
βάλλει με δυσθνῄσκοντος αἵματος νέου.
ὀρθὸς δ' ἀνᾴσσω χειρὶ σὺν κενῇ δορός.
καί μ' ἔγχος αὐγάζοντα καὶ θηρώμενον
παίει παραστὰς νεῖραν ἐς πλευρὰν ξίφει
ἀνὴρ ἀκμάζων· φασγάνου γὰρ ᾐσθόμην
πληγῆς, βαθεῖαν ἄλοκα τραύματος λαβών.
πίπτω δὲ πρηνής· οἱ δ' ὄχημα πωλικὸν
λαβόντες ἵππων ἵεσαν φυγῇ πόδα.

(Rhesus 770–798)

ARISTOPHANES
450—385 (?) B.C.
Writer of Comedy

55. The old men of ATHENS grumble at their
misfortunes in the LAW COURTS

οἱ γέροντες οἱ παλαιοὶ μεμφόμεσθα τῇ πόλει·
οὐ γὰρ ἀξίως ἐκείνων ὧν ἐναυμαχήσαμεν
γηροβοσκούμεσθ' ὑφ' ὑμῶν, ἀλλὰ δεινὰ πάσχομεν,
οἵτινες γέροντας ἄνδρας ἐμβαλόντες ἐς γραφὰς
ὑπὸ νεανίσκων ἐᾶτε καταγελᾶσθαι ῥητόρων,
οὐδὲν ὄντας, ἀλλὰ κωφοὺς καὶ παρεξηυλημένους,
οἷς Ποσειδῶν ἀσφάλειός ἐστιν ἡ βακτηρία·

ARISTOPHANES 227

τονθορύζοντες δὲ γήρᾳ τῷ λίθῳ προσέσταμεν,
οὐχ ὁρῶντες οὐδὲν εἰ μὴ τῆς δίκης τὴν ἠλύγην.
ὁ δέ, νεανίας ἑαυτῷ σπουδάσας ξυνηγορεῖν,
ἐς τάχος παίει ξυνάπτων στρογγύλοις τοῖς ῥήμασιν·
κᾆτ' ἀνελκύσας ἐρωτᾷ σκανδάληθρ' ἱστὰς ἐπῶν
ἄνδρα Τιθωνὸν σπαράττων καὶ ταράττων καὶ κυκῶν.
ὁ δ' ὑπὸ γήρως μασταρύζει, κᾆτ' ὀφλὼν ἀπέρχεται,
εἶτα λύζει καὶ δακρύει καὶ λέγει πρὸς τοὺς φίλους,
"οὗ μ' ἐχρῆν σορὸν πρίασθαι τοῦτ' ὀφλὼν ἀπέρχομαι."
(Acharnians 676–691)

56. CLEON throws up the sponge when he realises he
has met his destined CONQUEROR

ΚΛ. καὶ μήν σ' ἐλέγξαι βούλομαι τεκμηρίῳ,
εἴ τι ξυνοίσεις τοῦ θεοῦ τοῖς θεσφάτοις.
καί σου τοσοῦτον πρῶτον ἐκπειράσομαι·
παῖς ὢν ἐφοίτας ἐς τίνος διδασκάλου;
ΑΛ. ἐν ταῖσιν εὔστραις κονδύλοις ἡρμοττόμην.
ΚΛ. πῶς εἶπας; ὥς μου χρησμὸς ἅπτεται φρενῶν.
εἶεν.
ἐν παιδοτρίβου δὲ τίνα πάλην ἐμάνθανες;
ΑΛ. κλέπτων ἐπιορκεῖν καὶ βλέπειν ἐναντίον·
ΚΛ. ὦ Φοῖβ' Ἄπολλον Λύκιε τί ποτέ μ' ἐργάσει;
τέχνην δὲ τίνα ποτ' εἶχες ἐξανδρούμενος;
ΑΛ. ἠλλαντοπώλουν.
ΚΛ. οἴμοι κακοδαίμων· οὐκέτ' οὐδέν εἰμ' ἐγώ.
λεπτή τις ἐλπίς ἐστ' ἐφ' ἧς ὀχούμεθα.
καί μοι τοσοῦτον εἰπέ· πότερον ἐν ἀγορᾷ
ἠλλαντοπώλεις ἐτεὸν ἢ 'πὶ ταῖς πύλαις;
ΑΛ. ἐπὶ ταῖς πύλαισιν, οὗ τὸ τάριχος ὤνιον.

ΚΛ. οἴμοι πέπρακται τοῦ θεοῦ τὸ θέσφατον.
κυλίνδετ᾿ εἴσω τόνδε τὸν δυσδαίμονα.
ὦ στέφανε χαίρων ἄπιθι, κεἴ σ᾿ ἄκων ἐγὼ
λείπω· σὲ δ᾿ ἄλλος τις λαβὼν κεκτήσεται,
κλέπτης μὲν οὐκ ἂν μᾶλλον, εὐτυχὴς δ᾿ ἴσως.

(*Knights* 1232–1252)

57. BDELYCLEON *advises his father*, PHILOCLEON,
to give up attending the LAW COURTS *and have a
private one at home instead*.

ΒΔ. ἴθ᾿ ὦ πάτερ πρὸς τῶν θεῶν ἐμοὶ πιθοῦ.

ΦΙ. τί σοι πίθωμαι; λέγ᾿ ὅ τι βούλει πλὴν ἑνός.

ΒΔ. ποίου; φέρ᾿ ἴδω. ΦΙ. τοῦ μὴ δικάζειν. τοῦτο δὲ
῞Αιδης διακρινεῖ πρότερον ἢ 'γὼ πείσομαι.

ΒΔ. σὺ δ᾿ οὖν, ἐπειδὴ τοῦτο κεχάρηκας ποιῶν,
ἐκεῖσε μὲν μηκέτι βάδιζ᾿, ἀλλ᾿ ἐνθάδε
αὐτοῦ μένων δίκαζε τοῖσιν οἰκέταις.

ΦΙ. περὶ τοῦ; τί ληρεῖς; ΒΔ. ταῦθ᾿ ἅπερ ἐκεῖ πράτ-
τεται·
ὅτι τὴν θύραν ἀνέῳξεν ἡ σηκὶς λάθρᾳ,
ταύτης ἐπιβολὴν ψηφιεῖ μίαν μόνην.
πάντως δὲ κἀκεῖ ταῦτ᾿ ἔδρας ἑκάστοτε.
καὶ ταῦτα μέν νυν εὐλόγως, ἢν ἐξέχῃ
ἕλη κατ᾿ ὄρθρον, ἡλιάσει πρὸς ἥλιον·
ἐὰν δὲ νείφῃ, πρὸς τὸ πῦρ καθήμενος·
ὕοντος εἴσει· κἂν ἔγρῃ μεσημβρινός,
οὐδείς σ᾿ ἀποκλήσει θεσμοθέτης τῇ κιγκλίδι.

ΦΙ. τουτί μ᾿ ἀρέσκει. ΒΔ. πρὸς δὲ τούτοις γ᾿, ἢν δίκην
λέγῃ μακράν τις, οὐχὶ πεινῶν ἀναμενεῖς
δάκνων σεαυτὸν καὶ τὸν ἀπολογούμενον.

(*Wasps* 760–778)

58. HERMES *explains to* TRYGAEUS, *who has come on a visit to* ZEUS, *why the* GODS *have left their home*

TP. ἐξῳκίσαντο δ' οἱ θεοὶ τίνος οὕνεκα;

EP. Ἕλλησιν ὀργισθέντες. εἶτ' ἐνταῦθα μὲν
ἵν' ἦσαν αὐτοὶ τὸν Πόλεμον κατῴκισαν,
ὑμᾶς παραδόντες δρᾶν ἀτεχνῶς ὅ τι βούλεται·
αὐτοὶ δ' ἀνῳκίσανθ' ὅπως ἀνωτάτω,
ἵνα μὴ βλέποιεν μαχομένους ὑμᾶς ἔτι
μηδ' ἀντιβολούντων μηδὲν αἰσθανοίατο.

TP. τοῦ δ' οὕνεχ' ἡμᾶς ταῦτ' ἔδρασαν; εἰπέ μοι.

EP. ὁτιὴ πολεμεῖν ᾑρεῖσθ' ἐκείνων πολλάκις
σπονδὰς ποιούντων· κεἰ μὲν οἱ Λακωνικοὶ
ὑπερβάλοιντο μικρόν, ἔλεγον ἂν ταδί·
"ναὶ τὼ σιὼ νῦν Ἀττικίων δωσεῖ δίκαν."
εἰ δ' αὖ τι πράξαιτ' ἀγαθὸν ἀττικωνικοί,
κἄλθοιεν οἱ Λάκωνες εἰρήνης πέρι,
ἐλέγετ' ἂν ὑμεῖς εὐθύς· "ἐξαπατώμεθα
νὴ τὴν Ἀθηνᾶν, νὴ Δί', οὐχὶ πειστέον·
ἥξουσι καὖθις, ἢν ἔχωμεν τὴν Πύλον."

TP. ὁ γοῦν χαρακτὴρ ἡμεδαπὸς τῶν ῥημάτων.

EP. ὧν οὕνεκ' οὐκ οἶδ' εἴ ποτ' Εἰρήνην ἔτι
τὸ λοιπὸν ὄψεσθ'.   (*Peace* 203–222)

59. AEACUS *tells* XANTHIAS, DIONYSUS' *slave, of the dispute between* AESCHYLUS *and* EURIPIDES *for the* POET-LAUREATESHIP *of the lower world*

AIA.   πρᾶγμα πρᾶγμα μέγα κεκίνηται μέγα
ἐν τοῖς νεκροῖσι καὶ στάσις πολλὴ πάνυ.

ΞΑ. ἐκ τοῦ; AIA. νόμος τις ἐνθάδ' ἐστὶ κείμενος

ἀπὸ τῶν τεχνῶν ὅσαι μεγάλαι καὶ δεξιαί,
τὸν ἄριστον ὄντα τῶν ἑαυτοῦ συντέχνων
σίτησιν αὐτὸν ἐν πρυτανείῳ λαμβάνειν
θρόνον τε τοῦ Πλούτωνος ἑξῆς— ΞΑ. μανθάνω.

ΑΙΑ. ἕως ἀφίκοιτο τὴν τέχνην σοφώτερος
ἕτερός τις αὐτοῦ· τότε δὲ παραχωρεῖν ἔδει.

ΞΑ. τί δῆτα τουτὶ τεθορύβηκεν Αἰσχύλον;

ΑΙΑ. ἐκεῖνος εἶχε τὸν τραγῳδικὸν θρόνον,
ὡς ὢν κράτιστος τὴν τέχνην. ΞΑ. νυνὶ δὲ τίς;

ΑΙΑ. ὅτε δὴ κατῆλθ' Εὐριπίδης, ἐπεδείκνυτο
τοῖς λωποδύταις καὶ τοῖσι βαλλαντιοτόμοις
καὶ τοῖσι πατραλοίαισι καὶ τοιχωρύχοις,
ὅπερ ἔστ' ἐν Ἅιδου πλῆθος, οἱ δ' ἀκροώμενοι
τῶν ἀντιλογιῶν καὶ λυγισμῶν καὶ στροφῶν
ὑπερεμάνησαν κἀνόμισαν σοφώτατον·
κἄπειτ' ἐπαρθεὶς ἀντελάβετο τοῦ θρόνου,
ἵν' Αἰσχύλος καθῆστο. ΞΑ. κοὐκ ἐβάλλετο;

ΑΙΑ. μὰ Δί' ἀλλ' ὁ δῆμος ἀνεβόα κρίσιν ποιεῖν
ὁπότερος εἴη τὴν τέχνην σοφώτερος.

(Frogs 759-780)

60. EURIPIDES criticises AESCHYLUS' dramatic technique

ΕΥ. καὶ μὴν ἐμαυτὸν μέν γε τὴν ποίησιν οἷός εἰμι,
ἐν τοῖσιν ὑστάτοις φράσω, τοῦτον δὲ πρῶτ' ἐλέγξω,
ὡς ἦν ἀλαζὼν καὶ φέναξ οἵοις τε τοὺς θεατὰς
ἐξηπάτα μώρους λαβὼν παρὰ Φρυνίχῳ τραφέντας.
πρώτιστα μὲν γὰρ ἕνα τιν' ἂν καθῖσεν ἐγκαλύψας,
Ἀχιλλέα τιν' ἢ Νιόβην, τὸ πρόσωπον οὐχὶ δεικνύς,
πρόσχημα τῆς τραγῳδίας, γρύζοντας οὐδὲ τουτί.

ΔΙ. μὰ τὸν Δί' οὐ δῆθ'. Ευ. ὁ δὲ χορός γ' ἤρειδεν
 ὁρμαθοὺς ἂν
 μελῶν ἐφεξῆς τέτταρας ξυνεχῶς ἄν· οἱ δ' ἐσίγων.
ΔΙ. ἐγὼ δ' ἔχαιρον τῇ σιωπῇ, καί με τοῦτ' ἔτερπεν
 οὐχ ἧττον ἢ νῦν οἱ λαλοῦντες. ΕΤ. ἠλίθιος γὰρ
 ἦσθα,
 σάφ' ἴσθι.   ΔΙ. κἀμαυτῷ δοκῶ. τί δὲ ταῦτ'
 ἔδρασ' ὁ δεῖνα;
ΕΤ. ὑπ' ἀλαζονείας, ἵν' ὁ θεατὴς προσδοκῶν καθοῖτο,
 ὁπόθ' ἡ Νιόβη τι φθέγξεται· τὸ δρᾶμα δ' ἂν διῄει.
ΔΙ. ὢ παμπόνηρος, οἷ' ἄρ' ἐφενακιζόμην ὑπ' αὐτοῦ.
 τί σκορδινᾷ καὶ δυσφορεῖς;   ΕΤ. ὅτι αὐτὸν ἐξε-
 λέγχω.
 κἄπειτ' ἐπειδὴ ταῦτα ληρήσειε καὶ τὸ δρᾶμα
 ἤδη μεσοίη, ῥήματ' ἂν βόεια δώδεκ' εἶπεν,
 ὀφρῦς ἔχοντα καὶ λόφους, δείν' ἄττα μορμορωπά,
 ἄγνωτα τοῖς θεωμένοις.   ΑΙΣ. οἴμοι τάλας.
 ΔΙ. σιώπα.
ΕΤ. σαφὲς δ' ἂν εἶπεν οὐδὲ ἕν—   ΔΙ. μὴ πρῖε τοὺς
 ὀδόντας.
ΕΤ. ἀλλ' ἢ Σκαμάνδρους ἢ τάφρους ἢ 'π' ἀσπίδων
 ἐπόντας
 γρυπαιέτους χαλκηλάτους καὶ ῥήμαθ' ἱππόκρημνα,
 ἃ ξυμβαλεῖν οὐ ῥᾴδι' ἦν.   ΔΙ. νὴ τοὺς θεοὺς ἐγὼ
 γοῦν
 ἤδη ποτ' ἐν μακρῷ χρόνῳ νυκτὸς διηγρύπνησα
 τὸν ξουθὸν ἱππαλεκτρυόνα ζητῶν τίς ἐστιν ὄρνις.

                                   (Id. 907–932)

61. PRAXAGORA, *disguised as a* MAN, *expatiates in the* ECCLESIA *on the superiority of the* FEMALE SEX

ὡς δ᾽ εἰσὶν ἡμῶν τοὺς τρόπους βελτίονες
ἐγὼ διδάξω. πρῶτα μὲν γὰρ τἄρια
βάπτουσι θερμῷ κατὰ τὸν ἀρχαῖον νόμον
ἁπαξάπασαι, κοὐχὶ μεταπειρωμένας
ἴδοις ἂν αὐτάς. ἡ δ᾽ Ἀθηναίων πόλις,
εἰ τοῦτο χρηστῶς εἶχεν, οὐκ ἂν ἐσῴζετο,
εἰ μή τι καινὸν ἄλλο περιηργάζετο.
καθήμεναι φρύγουσιν ὥσπερ καὶ πρὸ τοῦ·
ἐπὶ τῆς κεφαλῆς φέρουσιν ὥσπερ καὶ πρὸ τοῦ·
τὰ Θεσμοφόρι᾽ ἄγουσιν ὥσπερ καὶ πρὸ τοῦ·
πέττουσι τοὺς πλακοῦντας ὥσπερ καὶ πρὸ τοῦ·
τοὺς ἄνδρας ἐπιτρίβουσιν ὥσπερ καὶ πρὸ τοῦ.
αὐταῖς παροψωνοῦσιν ὥσπερ καὶ πρὸ τοῦ·
οἶνον φιλοῦσ᾽ εὔζωρον ὥσπερ καὶ πρὸ τοῦ.
ταύταισιν οὖν ὦνδρες παραδόντες τὴν πόλιν
μὴ περιλαλῶμεν, μηδὲ πυνθανώμεθα
τί ποτ᾽ ἄρα δρᾶν μέλλουσιν, ἀλλ᾽ ἁπλῷ τρόπῳ
ἐῶμεν ἄρχειν, σκεψάμενοι ταυτὶ μόνα,
ὡς τοὺς στρατιώτας πρῶτον οὖσαι μητέρες
σῴζειν ἐπιθυμήσουσιν· εἶτα σιτία
τίς τῆς τεκούσης μᾶλλον ἐπιπέμψειεν ἄν;
χρήματα πορίζειν εὐπορώτατον γυνή,
ἄρχουσά τ᾽ οὐκ ἂν ἐξαπατηθείη ποτέ·
αὐταὶ γάρ εἰσιν ἐξαπατᾶν εἰθισμέναι.
τὰ δ᾽ ἄλλ᾽ ἐάσω· ταῦτ᾽ ἐὰν πίθησθέ μοι,
εὐδαιμονοῦντες τὸν βίον διάξετε.

(*Ecclesiazusae* 214–240)

62. CHREMYLUS *explains how, if* PLUTUS *be cured of his* BLINDNESS, *he will reform the present* DISTRIBUTION *of* WEALTH

ΧΡ. φανερὸν μὲν ἔγωγ᾽ οἶμαι γνῶναι τοῦτ᾽ εἶναι πᾶσιν
ὁμοίως,
ὅτι τοὺς χρηστοὺς τῶν ἀνθρώπων εὖ πράττειν ἐστὶ
δίκαιον,
τοὺς δὲ πονηροὺς καὶ τοὺς ἀθέους τούτων τἀναντία
δήπου.
τοῦτ᾽ οὖν ἡμεῖς ἐπιθυμοῦντες μόλις ηὕρομεν, ὥστε
γενέσθαι
βούλευμα καλὸν καὶ γενναῖον καὶ χρήσιμον εἰς
ἅπαν ἔργον.
ἢν γὰρ ὁ Πλοῦτος νυνὶ βλέψῃ καὶ μὴ τυφλὸς ὢν
περινοστῇ,
ὡς τοὺς ἀγαθοὺς τῶν ἀνθρώπων βαδιεῖται κοὐκ
ἀπολείψει,
τοὺς δὲ πονηροὺς καὶ τοὺς ἀθέους φευξεῖται· κᾆτα
ποιήσει
πάντας χρηστοὺς καὶ πλουτοῦντας δήπου τά τε
θεῖα σέβοντας.
καίτοι τούτου τοῖς ἀνθρώποις τίς ἂν ἐξεύροι ποτ᾽
ἄμεινον;
ΒΛ. οὐδείς· τούτου μάρτυς ἐγώ σοι· μηδὲν ταύτην γ᾽
ἀνερώτα.
ΧΡ. ὡς μὲν γὰρ νῦν ἡμῖν ὁ βίος τοῖς ἀνθρώποις διάκειται,
τίς ἂν οὐχ ἡγοῖτ᾽ εἶναι μανίαν κακοδαιμονίαν τ᾽ ἔτι
μᾶλλον;
πολλοὶ μὲν γὰρ τῶν ἀνθρώπων ὄντες πλουτοῦσι
πονηροί,

ἀδίκως αὐτὰ ξυλλεξάμενοι· πολλοὶ δ᾽ ὄντες πάνυ
χρηστοὶ
πράττουσι κακῶς καὶ πεινῶσιν μετὰ σοῦ τε τὰ
πλεῖστα σύνεισιν.
οὔκουν εἶναί φημ᾽, εἰ παύσει ταύτην βλέψας ποθ᾽ ὁ
Πλοῦτος,
ὁδὸν ἥντιν᾽ ἰὼν τοῖς ἀνθρώποις ἀγάθ᾽ ἂν μείζω πορί-
σειεν. (*Plutus* 489–506)

THUCYDIDES
471—401 (?) B.C.
Historian

63. KING ARCHIDAMUS *advises* SPARTA *not to
make* WAR *yet against* ATHENS

οὐ μὴν οὐδὲ ἀναισθήτως αὐτοὺς κελεύω τούς τε ξυμμάχους ἡμῶν ἐᾶν βλάπτειν καὶ ἐπιβουλεύοντας μὴ
καταφωρᾶν, ἀλλὰ ὅπλα μὲν μήπω κινεῖν, πέμπειν δὲ
καὶ αἰτιᾶσθαι μήτε πόλεμον ἄγαν δηλοῦντας μήθ᾽ ὡς
ἐπιτρέψομεν, κἂν τούτῳ καὶ τὰ ἡμέτερ᾽ αὐτῶν ἐξαρτύ-
εσθαι ξυμμάχων τε προσαγωγῇ καὶ Ἑλλήνων καὶ
βαρβάρων, εἴ ποθέν τινα ἢ ναυτικοῦ ἢ χρημάτων δύναμιν
προσληψόμεθα (ἀνεπίφθονον δέ, ὅσοι ὥσπερ καὶ ἡμεῖς
ὑπ᾽ Ἀθηναίων ἐπιβουλευόμεθα, μὴ Ἕλληνας μόνον,
ἀλλὰ καὶ βαρβάρους προσλαβόντας διασωθῆναι), καὶ
τὰ αὑτῶν ἅμα ἐκποριζώμεθα. καὶ ἢν μὲν ἐσακούωσί τι
πρεσβευομένων ἡμῶν, ταῦτα ἄριστα· ἢν δὲ μή, διελθόν-
των ἐτῶν δύο καὶ τριῶν ἄμεινον ἤδη, ἢν δοκῇ, πεφραγ-
μένοι ἴμεν ἐπ᾽ αὐτούς. καὶ ἴσως ὁρῶντες ἡμῶν ἤδη τὴν

τε παρασκευὴν καὶ τοὺς λόγους αὐτῇ ὁμοῖα ὑποσημαί-
νοντας μᾶλλον ἂν εἴκοιεν, καὶ γῆν ἔτι ἄτμητον ἔχοντες
καὶ περὶ παρόντων ἀγαθῶν καὶ οὔπω ἐφθαρμένων
βουλευόμενοι. μὴ γὰρ ἄλλο τι νομίσητε τὴν γῆν αὐτῶν
ἢ ὅμηρον ἔχειν καὶ οὐχ ἧσσον ὅσῳ ἄμεινον ἐξείργασται·
ἧς φείδεσθαι χρὴ ὡς ἐπὶ πλεῖστον, καὶ μὴ ἐς ἀπόνοιαν
καταστήσαντας αὐτοὺς ἀληπτοτέρους ἔχειν. εἰ γὰρ
ἀπαράσκευοι τοῖς τῶν ξυμμάχων ἐγκλήμασιν ἐπειχθέντες
τεμοῦμεν αὐτήν, ὁρᾶτε ὅπως μὴ αἴσχιον καὶ ἀπορώτερον
τῇ Πελοποννήσῳ πράξομεν. ἐγκλήματα μὲν γὰρ καὶ
πόλεων καὶ ἰδιωτῶν οἷόν τε καταλῦσαι· πόλεμον δὲ
ξύμπαντας ἀραμένους ἕνεκα τῶν ἰδίων, ὃν οὐχ ὑπάρχει
εἰδέναι καθ' ὅτι χωρήσει, οὐ ῥᾴδιον εὐπρεπῶς θέσθαι.

(I, 82)

64. THEMISTOCLES *flies for his life*

τοῦ δὲ μηδισμοῦ τοῦ Παυσανίου οἱ Λακεδαιμόνιοι
πρέσβεις πέμψαντες παρὰ τοὺς Ἀθηναίους ξυνεπῃτιῶντο
καὶ τὸν Θεμιστοκλέα, ὡς ηὕρισκον ἐκ τῶν περὶ Παυ-
σανίαν ἐλέγχων, ἠξίουν τε τοῖς αὐτοῖς κολάζεσθαι αὐτόν.
οἱ δὲ πεισθέντες (ἔτυχε γὰρ ὠστρακισμένος καὶ ἔχων
δίαιταν μὲν ἐν Ἄργει, ἐπιφοιτῶν δὲ καὶ ἐς τὴν ἄλλην
Πελοπόννησον) πέμπουσι μετὰ τῶν Λακεδαιμονίων
ἑτοίμων ὄντων ξυνδιώκειν ἄνδρας οἷς εἴρητο ἄγειν ὅπου
ἂν περιτύχωσιν. ὁ δὲ Θεμιστοκλῆς προαισθόμενος φεύγει
ἐκ Πελοποννήσου ἐς Κέρκυραν, ὢν αὐτῶν εὐεργέτης.
δεδιέναι δὲ φασκόντων Κερκυραίων ἔχειν αὐτὸν ὥστε
Λακεδαιμονίοις καὶ Ἀθηναίοις ἀπεχθέσθαι, διακομίζεται
ὑπ' αὐτῶν ἐς τὴν ἤπειρον τὴν καταντικρύ. καὶ διωκό-
μενος ὑπὸ τῶν προστεταγμένων κατὰ πύστιν ᾗ χωροίη,
ἀναγκάζεται κατά τι ἄπορον παρὰ Ἄδμητον τὸν Μολοσ-

σῶν βασιλέα ὄντα αὐτῷ οὐ φίλον καταλῦσαι. καὶ ὁ μὲν
οὐκ ἔτυχεν ἐπιδημῶν, ὁ δὲ τῆς γυναικὸς ἱκέτης γενόμενος
διδάσκεται ὑπ᾽ αὐτῆς τὸν παῖδα σφῶν λαβὼν καθέζεσθαι
ἐπὶ τὴν ἑστίαν. καὶ ἐλθόντος οὐ πολὺ ὕστερον τοῦ
Ἀδμήτου δηλοῖ τε ὅς ἐστι καὶ οὐκ ἀξιοῖ, εἴ τι ἄρα
αὐτὸς ἀντεῖπεν αὐτῷ Ἀθηναίων δεομένῳ, φεύγοντα
τιμωρεῖσθαι· καὶ γὰρ ἂν ὑπ᾽ ἐκείνου πολλῷ ἀσθενεστέρου
ἐν τῷ παρόντι κακῶς πάσχειν, γενναῖον δὲ εἶναι τοὺς
ὁμοίους ἀπὸ τοῦ ἴσου τιμωρεῖσθαι. καὶ ἅμα αὐτὸς μὲν
ἐκείνῳ χρείας τινὸς καὶ οὐκ ἐς τὸ σῶμα σῴζεσθαι ἐναν-
τιωθῆναι, ἐκεῖνον δ᾽ ἄν, εἰ ἐκδοίη αὐτόν (εἰπὼν ὑφ᾽ ὧν καὶ
ἐφ᾽ ᾧ διώκεται), σωτηρίας ἂν τῆς ψυχῆς ἀποστερῆσαι.

(I, 135 § 2–136)

65. PERICLES *defends himself against his*
COUNTRYMEN'S *anger*

καὶ προσδεχομένῳ μοι τὰ τῆς ὀργῆς ὑμῶν ἔς με γεγέ-
νηται (αἰσθάνομαι γὰρ τὰς αἰτίας) καὶ ἐκκλησίαν τούτου
ἕνεκα ξυνήγαγον, ὅπως ὑπομνήσω καὶ μέμψωμαι εἴ τι
μὴ ὀρθῶς ἢ ἐμοὶ χαλεπαίνετε ἢ ταῖς ξυμφοραῖς εἴκετε.
ἐγὼ γὰρ ἡγοῦμαι πόλιν πλείω ξύμπασαν ὀρθουμένην
ὠφελεῖν τοὺς ἰδιώτας ἢ καθ᾽ ἕκαστον τῶν πολιτῶν
εὐπραγοῦσαν, ἀθρόαν δὲ σφαλλομένην. καλῶς μὲν γὰρ
φερόμενος ἀνὴρ τὸ καθ᾽ ἑαυτὸν διαφθειρομένης τῆς
πατρίδος οὐδὲν ἧσσον ξυναπόλλυται, κακοτυχῶν δὲ ἐν
εὐτυχούσῃ πολλῷ μᾶλλον διασῴζεται. ὁπότε οὖν πόλις
μὲν τὰς ἰδίας ξυμφορὰς οἷά τε φέρειν, εἷς δ᾽ ἕκαστος τὰς
ἐκείνης ἀδύνατος, πῶς οὐ χρὴ πάντας ἀμύνειν αὐτῇ, καὶ
μὴ ὃ νῦν ὑμεῖς δρᾶτε· ταῖς κατ᾽ οἶκον κακοπραγίαις
ἐκπεπληγμένοι τοῦ κοινοῦ τῆς σωτηρίας ἀφίεσθε, καὶ

ἐμέ τε τὸν παραινέσαντα πολεμεῖν καὶ ὑμᾶς αὐτοὺς οἳ
ξυνέγνωτε δι᾽ αἰτίας ἔχετε. καίτοι ἐμοὶ τοιούτῳ ἀνδρὶ
ὀργίζεσθε ὃς οὐδενὸς ἥσσων οἴομαι εἶναι γνῶναί τε τὰ
δέοντα καὶ ἑρμηνεῦσαι ταῦτα, φιλόπολίς τε καὶ χρημάτων κρείσσων. ὅ τε γὰρ γνοὺς καὶ μὴ σαφῶς διδάξας
ἐν ἴσῳ καὶ εἰ μὴ ἐνεθυμήθη· ὅ τε ἔχων ἀμφότερα, τῇ δὲ
πόλει δύσνους, οὐκ ἂν ὁμοίως τι οἰκείως φράζοι· προσ-
όντος δὲ καὶ τοῦδε, χρήμασι δὲ νικωμένου, τὰ ξύμπαντα
τούτου ἑνὸς ἂν πωλοῖτο. ὥστ᾽ εἴ μοι καὶ μέσως ἡγούμενοι
μᾶλλον ἑτέρων προσεῖναι αὐτὰ πολεμεῖν ἐπείσθητε, οὐκ
ἂν εἰκότως νῦν τοῦ γε ἀδικεῖν αἰτίαν φεροίμην.

(II, 60)

66. Diodotus *dissuades the* Athenians *from
visiting the* Mitylenaeans *with extreme penalties
on the ground that history has proved these to be
no real* deterrent

ἐν οὖν ταῖς πόλεσι πολλῶν θανάτου ζημίαι πρόκεινται,
καὶ οὐκ ἴσων τῷδε, ἀλλ᾽ ἐλασσόνων ἁμαρτημάτων· ὅμως
δὲ τῇ ἐλπίδι ἐπαιρόμενοι κινδυνεύουσι, καὶ οὐδείς πω
καταγνοὺς ἑαυτοῦ μὴ περιέσεσθαι τῷ ἐπιβουλεύματι
ἦλθεν ἐς τὸ δεινόν. πόλις τε ἀφισταμένη τίς πω ἥσσω
τῇ δοκήσει ἔχουσα τὴν παρασκευὴν ἢ οἰκείαν ἢ ἄλλων
ξυμμαχίᾳ τούτῳ ἐπεχείρησεν; πεφύκασί τε ἅπαντες καὶ
ἰδίᾳ καὶ δημοσίᾳ ἁμαρτάνειν, καὶ οὐκ ἔστι νόμος ὅστις
ἀπείρξει τούτου, ἐπεὶ διεξεληλύθασί γε διὰ πασῶν τῶν
ζημιῶν οἱ ἄνθρωποι προστιθέντες, εἴ πως ἧσσον ἀδικοῖντο
ὑπὸ τῶν κακούργων. καὶ εἰκὸς τὸ πάλαι τῶν μεγίστων
ἀδικημάτων μαλακωτέρας κεῖσθαι αὐτάς, παραβαινομέ-
νων δὲ τῷ χρόνῳ ἐς τὸν θάνατον αἱ πολλαὶ ἀνήκουσιν·

καὶ τοῦτο ὅμως παραβαίνεται. ἡ τοίνυν δεινότερόν τι
τούτου δέος εὑρετέον ἐστὶν ἢ τόδε γε οὐδὲν ἐπίσχει, ἀλλ᾽
ἡ μὲν πενία ἀνάγκῃ τὴν τόλμαν παρέχουσα, ἡ δ᾽ ἐξουσία
ὕβρει τὴν πλεονεξίαν καὶ φρονήματι, αἱ δ᾽ ἄλλαι ξυν-
τυχίαι ὀργῇ τῶν ἀνθρώπων ὡς ἑκάστη τις κατέχεται
ὑπ᾽ ἀνηκέστου τινὸς κρείσσονος ἐξάγουσιν ἐς τοὺς κινδύνους. ἥ τε ἐλπὶς καὶ ὁ ἔρως ἐπὶ παντί, ὁ μὲν ἡγούμενος,
ἡ δ᾽ ἐφεπομένη, καὶ ὁ μὲν τὴν ἐπιβουλὴν ἐκφροντίζων,
ἡ δὲ τὴν εὐπορίαν τῆς τύχης ὑποτιθεῖσα, πλεῖστα βλάπ-
τουσι, καὶ ὄντα ἀφανῆ κρείσσω ἐστὶ τῶν ὁρωμένων
δεινῶν. καὶ ἡ τύχη ἐπ᾽ αὐτοῖς οὐδὲν ἔλασσον ξυμβάλ-
λεται ἐς τὸ ἐπαίρειν· ἀδοκήτως γὰρ ἔστιν ὅτε παριστα-
μένη καὶ ἐκ τῶν ὑποδεεστέρων κινδυνεύειν τινὰ προάγει,
καὶ οὐχ ἧσσον τὰς πόλεις, ὅσῳ περὶ τῶν μεγίστων,
ἐλευθερίας ἢ ἄλλων ἀρχῆς, καὶ μετὰ πάντων ἕκαστος
ἀλογίστως ἐπὶ πλέον τι αὐτὸν ἐδόξασεν. ἁπλῶς τε
ἀδύνατον καὶ πολλῆς εὐηθείας, ὅστις οἴεται τῆς ἀνθρω-
πείας φύσεως ὁρμωμένης προθύμως τι πρᾶξαι ἀποτροπήν
τινα ἔχειν ἢ νόμων ἰσχύι ἢ ἄλλῳ τῳ δεινῷ.

(III, 45)

67. Surrender of PLATAEA

ὑπὸ δὲ τοὺς αὐτοὺς χρόνους τοῦ θέρους τούτου καὶ οἱ
Πλαταιῆς οὐκέτι ἔχοντες σῖτον οὐδὲ δυνάμενοι πολιορ-
κεῖσθαι ξυνέβησαν τοῖς Πελοποννησίοις τοιῷδε τρόπῳ.
προσέβαλλον αὐτῶν τῷ τείχει, οἱ δὲ οὐκ ἐδύναντο
ἀμύνεσθαι. γνοὺς δὲ ὁ Λακεδαιμόνιος ἄρχων τὴν ἀσθέ-
νειαν αὐτῶν βίᾳ μὲν οὐκ ἐβούλετο ἑλεῖν (εἰρημένον γὰρ
ἦν αὐτῷ ἐκ Λακεδαίμονος, ὅπως, εἰ σπονδαὶ γίγνοιντό
ποτε πρὸς Ἀθηναίους καὶ ξυγχωροῖεν ὅσα πολέμῳ
χωρία ἔχουσιν ἑκάτεροι ἀποδίδοσθαι, μὴ ἀνάδοτος εἴη

ἡ Πλάταια ὡς αὐτῶν ἑκόντων προσχωρησάντων), προσπέμπει δὲ αὐτοῖς κήρυκα λέγοντα, εἰ βούλονται παραδοῦναι τὴν πόλιν ἑκόντες τοῖς Λακεδαιμονίοις καὶ δικασταῖς ἐκείνοις χρήσασθαι, τούς τε ἀδίκους κολάζειν, παρὰ δίκην δὲ οὐδένα. τοσαῦτα μὲν ὁ κῆρυξ εἶπεν· οἱ δέ (ἦσαν γὰρ ἤδη ἐν τῷ ἀσθενεστάτῳ) παρέδοσαν τὴν πόλιν. καὶ τοὺς Πλαταιᾶς ἔτρεφον οἱ Πελοποννήσιοι ἡμέρας τινάς, ἐν ὅσῳ οἱ ἐκ τῆς Λακεδαίμονος δικασταὶ πέντε ἄνδρες ἀφίκοντο. ἐλθόντων δὲ αὐτῶν κατηγορία μὲν οὐδεμία προυτέθη, ἠρώτων δὲ αὐτοὺς ἐπικαλεσάμενοι τοσοῦτον μόνον, εἴ τι Λακεδαιμονίους καὶ τοὺς ξυμμάχους ἐν τῷ πολέμῳ τῷ καθεστῶτι ἀγαθὸν εἰργασμένοι εἰσίν.

(III, 52)

68. Brasidas *fails in an* ATTEMPT *to enter* Megara

Βρασίδας δὲ ὁ Τέλλιδος Λακεδαιμόνιος κατὰ τοῦτον τὸν χρόνον ἐτύγχανε περὶ Σικυῶνα καὶ Κόρινθον ὤν, ἐπὶ Θρᾴκης στρατείαν παρασκευαζόμενος. καὶ ὡς ᾔσθετο τῶν τειχῶν τὴν ἅλωσιν, δείσας περί τε τοῖς ἐν τῇ Νισαίᾳ Πελοποννησίοις καὶ μὴ τὰ Μέγαρα ληφθῇ, πέμπει ἔς τε τοὺς Βοιωτοὺς κελεύων κατὰ τάχος στρατιᾷ ἀπαντῆσαι ἐπὶ Τριποδίσκον (ἔστι δὲ κώμη τῆς Μεγαρίδος ὄνομα τοῦτο ἔχουσα ὑπὸ τῷ ὄρει τῇ Γερανείᾳ), καὶ αὐτὸς ἔχων ἦλθεν ἑπτακοσίους μὲν καὶ δισχιλίους Κορινθίων ὁπλίτας, Φλειασίων δὲ τετρακοσίους, Σικυωνίων δὲ ἑξακοσίους, καὶ τοὺς μεθ' αὑτοῦ ὅσοι ἤδη ξυνειλεγμένοι ἦσαν, οἰόμενος τὴν Νίσαιαν ἔτι καταλήψεσθαι ἀνάλωτον. ὡς δὲ ἐπύθετο (ἔτυχε γὰρ νυκτὸς ἐπὶ τὸν Τριποδίσκον ἐξελθών), ἀπολέξας τριακοσίους τοῦ στρατοῦ, πρὶν ἔκπυστος γενέσθαι, προσῆλθε τῇ τῶν Μεγαρέων πόλει

λαθὼν τοὺς Ἀθηναίους ὄντας περὶ τὴν θάλασσαν, βουλόμενος μὲν τῷ λόγῳ καὶ ἅμα, εἰ δύναιτο, ἔργῳ τῆς
Νισαίας πειρᾶσαι, τὸ δὲ μέγιστον, τὴν τῶν Μεγαρέων
πόλιν ἐσελθὼν βεβαιώσασθαι. καὶ ἠξίου δέξασθαι
σφᾶς, λέγων ἐν ἐλπίδι εἶναι ἀναλαβεῖν Νίσαιαν. αἱ δὲ
τῶν Μεγαρέων στάσεις φοβούμεναι, οἱ μὲν μὴ τοὺς
φεύγοντας σφίσιν ἐσαγαγὼν αὐτοὺς ἐκβάλῃ, οἱ δὲ μὴ
αὐτὸ τοῦτο ὁ δῆμος δείσας ἐπίθηται σφίσι καὶ ἡ πόλις
ἐν μάχῃ καθ᾽ αὑτὴν οὖσα ἐγγὺς ἐφεδρευόντων Ἀθηναίων
ἀπόληται, οὐκ ἐδέξαντο, ἀλλ᾽ ἀμφοτέροις ἐδόκει ἡσυχά-
σασι τὸ μέλλον περιιδεῖν. ἤλπιζον γὰρ καὶ μάχην
ἑκάτεροι ἔσεσθαι τῶν τε Ἀθηναίων καὶ τῶν προσβοηθη-
σάντων, καὶ οὕτω σφίσιν ἀσφαλεστέρως ἔχειν, οἷς τις
εἴη εὔνους, κρατήσασι προσχωρῆσαι· ὁ δὲ Βρασίδας
ὡς οὐκ ἔπειθεν, ἀνεχώρησε πάλιν ἐς τὸ ἄλλο στράτευμα.

(IV, 70, 71)

69. AGIS *withdraws before the* ARGIVES

οἱ δ᾽ Ἀργεῖοι καὶ οἱ ξύμμαχοι ὡς εἶδον αὐτούς, κατα-
λαβόντες χωρίον ἐρυμνὸν καὶ δυσπρόσοδον παρετάξαντο
ὡς ἐς μάχην. καὶ οἱ Λακεδαιμόνιοι εὐθὺς αὐτοῖς ἐπῇσαν·
καὶ μέχρι μὲν λίθου καὶ ἀκοντίου βολῆς ἐχώρησαν,
ἔπειτα τῶν πρεσβυτέρων τις Ἄγιδι ἐπεβόησεν, ὁρῶν
πρὸς χωρίον καρτερὸν ἰόντας σφᾶς, ὅτι διανοεῖται κακὸν
κακῷ ἰᾶσθαι, δηλῶν τῆς ἐξ Ἄργους ἐπαιτίου ἀναχω-
ρήσεως τὴν παροῦσαν ἄκαιρον προθυμίαν ἀνάληψιν
βουλόμενον εἶναι. ὁ δέ, εἴτε καὶ διὰ τὸ ἐπιβόημα εἴτε
καὶ αὐτῷ ἄλλο τι ἢ κατὰ τὸ αὐτὸ δόξαν ἐξαίφνης, πάλιν
τὸ στράτευμα κατὰ τάχος πρὶν ξυμμεῖξαι ἀπῆγεν. καὶ
ἀφικόμενος πρὸς τὴν Τεγεᾶτιν τὸ ὕδωρ ἐξέτρεπεν ἐς τὴν
Μαντινικήν, περὶ οὗπερ ὡς τὰ πολλὰ βλάπτοντος

ὁποτέρωσε ἂν ἐσπίπτῃ Μαντινῆς καὶ Τεγεᾶται πολε-
μοῦσιν. ἐβούλετο δὲ τοὺς ἀπὸ τοῦ λόφου βοηθοῦντας
ἐπὶ τὴν τοῦ ὕδατος ἐκτροπήν, ἐπειδὰν πύθωνται, κατα-
βιβάσαι [τοὺς Ἀργείους καὶ τοὺς ξυμμάχους] καὶ ἐν
τῷ ὁμαλῷ τὴν μάχην ποιεῖσθαι. καὶ ὁ μὲν τὴν ἡμέραν
ταύτην μείνας αὐτοῦ περὶ τὸ ὕδωρ ἐξέτρεπεν· οἱ δ'
Ἀργεῖοι καὶ οἱ ξύμμαχοι τὸ μὲν πρῶτον καταπλαγέντες
τῇ ἐξ ὀλίγου αἰφνιδίῳ αὐτῶν ἀναχωρήσει οὐκ εἶχον ὅτι
εἰκάσωσιν· εἶτα ἐπειδὴ ἀναχωροῦντες ἐκεῖνοί τε ἀπέ-
κρυψαν καὶ σφεῖς ἡσύχαζον καὶ οὐκ ἐπηκολούθουν,
ἐνταῦθα τοὺς ἑαυτῶν στρατηγοὺς αὖθις ἐν αἰτίᾳ εἶχον
τό τε πρότερον καλῶς ληφθέντας πρὸς Ἄργει Λακεδαιμονίους ἀφεθῆναι καὶ νῦν ὅτι ἀποδιδράσκοντας οὐδεὶς
ἐπιδιώκει, ἀλλὰ καθ' ἡσυχίαν οἱ μὲν σῴζονται, σφεῖς δὲ
προδίδονται. οἱ δὲ στρατηγοὶ ἐθορυβήθησαν μὲν τὸ
παραυτίκα, ὕστερον δὲ ἀπάγουσιν αὐτοὺς ἀπὸ τοῦ λόφου
καὶ προελθόντες ἐς τὸ ὁμαλὸν ἐστρατοπεδεύσαντο ὡς
ἰόντες ἐπὶ τοὺς πολεμίους. (v, 65)

70. ALCIBIADES (*in exile*) stimulates the SPARTANS
against his own country

ἀναγκαῖον περὶ τῆς ἐμῆς διαβολῆς πρῶτον ἐς ὑμᾶς
εἰπεῖν, ἵνα μὴ χεῖρον τὰ κοινὰ τῷ ὑπόπτῳ μου ἀκροά-
σησθε. τῶν δ' ἐμῶν προγόνων τὴν προξενίαν ὑμῶν κατά
τι ἔγκλημα ἀπειπόντων αὐτὸς ἐγὼ πάλιν ἀναλαμβάνων
ἐθεράπευον ὑμᾶς ἄλλα τε καὶ περὶ τὴν ἐκ Πύλου
ξυμφοράν. καὶ διατελοῦντός μου προθύμου ὑμεῖς πρὸς
Ἀθηναίους καταλλασσόμενοι τοῖς μὲν ἐμοῖς ἐχθροῖς
δύναμιν δι' ἐκείνων πράξαντες, ἐμοὶ δὲ ἀτιμίαν περιέθετε.
καὶ διὰ ταῦτα δικαίως ὑπ' ἐμοῦ πρός τε τὰ Μαντινέων

καὶ Ἀργείων τραπομένου καὶ ὅσα ἄλλα ἐνηντιούμην
ὑμῖν ἐβλάπτεσθε· καὶ νῦν, εἴ τις καὶ τότε ἐν τῷ πάσχειν
οὐκ εἰκότως ὠργίζετό μοι, μετὰ τοῦ ἀληθοῦς σκοπῶν
ἀναπειθέσθω. ἢ εἴ τις, διότι καὶ τῷ δήμῳ προσεκείμην
μᾶλλον, χείρω με ἐνόμιζε, μηδ᾽ οὕτως ἡγήσηται ὀρθῶς
ἄχθεσθαι. τοῖς γὰρ τυράννοις αἰεί ποτε διάφοροί ἐσμεν
(πᾶν δὲ τὸ ἐναντιούμενον τῷ δυναστεύοντι δῆμος ὠνό-
μασται), καὶ ἀπ᾽ ἐκείνου ξυμπαρέμεινεν ἡ προστασία
ἡμῖν τοῦ πλήθους. ἅμα δὲ καὶ τῆς πόλεως δημοκρατου-
μένης τὰ πολλὰ ἀνάγκη ἦν τοῖς παροῦσιν ἕπεσθαι. τῆς
δὲ ὑπαρχούσης ἀκολασίας ἐπειρώμεθα μετριώτεροι ἐς
τὰ πολιτικὰ εἶναι. ἄλλοι δ᾽ ἦσαν καὶ ἐπὶ τῶν πάλαι
καὶ νῦν οἱ ἐπὶ τὰ πονηρότερα ἐξῆγον τὸν ὄχλον· οἵπερ
καὶ ἐμὲ ἐξήλασαν. ἡμεῖς δὲ τοῦ ξύμπαντος προέστημεν,
δικαιοῦντες ἐν ᾧ σχήματι μεγίστη ἡ πόλις ἐτύγχανε
καὶ ἐλευθερωτάτη οὖσα καὶ ὅπερ ἐδέξατό τις, τοῦτο
ξυνδιασῴζειν, ἐπεὶ δημοκρατίαν γε καὶ ἐγιγνώσκομεν οἱ
φρονοῦντές τι, καὶ αὐτὸς οὐδενὸς ἂν χεῖρον, ὅσῳ καὶ
λοιδορήσαιμι. ἀλλὰ περὶ ὁμολογουμένης ἀνοίας οὐδὲν
ἂν καινὸν λέγοιτο· καὶ τὸ μεθιστάναι αὐτὴν οὐκ ἐδόκει
ἡμῖν ἀσφαλὲς εἶναι ὑμῶν πολεμίων προσκαθημένων.

(VI, 89)

71. *The* WRETCHED *plight of the* ATHENIAN
army in SICILY

τῆς δὲ νυκτὸς τῷ Νικίᾳ καὶ Δημοσθένει ἐδόκει, ἐπειδὴ
κακῶς σφίσι τὸ στράτευμα εἶχε τῶν τε ἐπιτηδείων
πάντων ἀπορίᾳ ἤδη, καὶ κατατετραυματισμένοι ἦσαν
πολλοὶ ἐν πολλαῖς προσβολαῖς τῶν πολεμίων γεγενημέ-
ναις, πυρὰ καύσαντας ὡς πλεῖστα ἀπάγειν τὴν στρατιάν,

μηκέτι τὴν αὐτὴν ὁδὸν ᾗ διενοήθησαν, ἀλλὰ τοὐναντίον
ἢ οἱ Συρακόσιοι ἐτήρουν, πρὸς τὴν θάλασσαν. ἦν δὲ ἡ
ξύμπασα ὁδὸς αὕτη οὐκ ἐπὶ Κατάνης τῷ στρατεύματι,
ἀλλὰ κατὰ τὸ ἕτερον μέρος τῆς Σικελίας τὸ πρὸς
Καμάριναν καὶ Γέλαν καὶ τὰς ταύτῃ πόλεις καὶ Ἑλ-
ληνίδας καὶ βαρβάρους. καύσαντες οὖν πυρὰ πολλὰ
ἐχώρουν ἐν τῇ νυκτί. καὶ αὐτοῖς, οἷον φιλεῖ καὶ πᾶσι
στρατοπέδοις, μάλιστα δὲ τοῖς μεγίστοις, φόβοι καὶ
δείματα ἐγγίγνεσθαι, ἄλλως τε καὶ ἐν νυκτί τε καὶ διὰ
πολεμίας καὶ ἀπὸ πολεμίων οὐ πολὺ ἀπεχόντων ἰοῦσιν,
ἐμπίπτει ταραχή· καὶ τὸ μὲν Νικίου στράτευμα, ὥσπερ
ἡγεῖτο, ξυνέμενέ τε καὶ προύλαβε πολλῷ, τὸ δὲ Δημοσθένους, τὸ ἥμισυ μάλιστα καὶ πλέον, ἀπεσπάσθη τε
καὶ ἀτακτότερον ἐχώρει. ἅμα δὲ τῇ ἕῳ ἀφικνοῦνται
ὅμως πρὸς τὴν θάλασσαν, καὶ ἐσβάντες ἐς τὴν ὁδὸν τὴν
Ἑλωρίνην καλουμένην ἐπορεύοντο, ὅπως, ἐπειδὴ γένοιντο
ἐπὶ τῷ ποταμῷ τῷ Κακυπάρει, παρὰ τὸν ποταμὸν ἴοιεν
ἄνω διὰ μεσογείας· ἤλπιζον γὰρ καὶ τοὺς Σικελοὺς ταύτῃ
οὓς μετεπέμψαντο ἀπαντήσεσθαι. ἐπειδὴ δ' ἐγένοντο
ἐπὶ τῷ ποταμῷ, ηὖρον καὶ ἐνταῦθα φυλακήν τινα τῶν
Συρακοσίων ἀποτειχίζουσάν τε καὶ ἀποσταυροῦσαν τὸν
πόρον. καὶ βιασάμενοι αὐτὴν διέβησάν τε τὸν ποταμὸν
καὶ ἐχώρουν αὖθις πρὸς ἄλλον ποταμὸν τὸν Ἐρινεόν·
ταύτῃ γὰρ οἱ ἡγεμόνες ἐκέλευον. (VII, 80)

72. The trend of feeling in Greece after the Athenian DISASTER in Sicily

τοῦ δ' ἐπιγιγνομένου χειμῶνος πρὸς τὴν ἐκ τῆς Σικελίας τῶν Ἀθηναίων μεγάλην κακοπραγίαν εὐθὺς οἱ
Ἕλληνες πάντες ἐπηρμένοι ἦσαν, οἱ μὲν μηδετέρων ὄντες

ξύμμαχοι, ὡς, ἤν τις καὶ μὴ παρακαλῇ σφᾶς, οὐκ
ἀποστατέον ἔτι τοῦ πολέμου εἴη, ἀλλ' ἐθελοντὶ ἰτέον
ἐπὶ τοὺς Ἀθηναίους, νομίσαντες κἂν ἐπὶ σφᾶς ἕκαστοι
ἐλθεῖν αὐτούς, εἰ τὰ ἐν τῇ Σικελίᾳ κατώρθωσαν, καὶ ἅμα
βραχὺν ἔσεσθαι τὸν λοιπὸν πόλεμον, οὗ μετασχεῖν καλὸν
εἶναι, οἱ δ' αὖ τῶν Λακεδαιμονίων ξύμμαχοι ξυμπροθυ-
μηθέντες ἐπὶ πλέον ἢ πρὶν ἀπαλλάξεσθαι διὰ τάχους
πολλῆς ταλαιπωρίας. μάλιστα δὲ οἱ τῶν Ἀθηναίων
ὑπήκοοι ἕτοιμοι ἦσαν καὶ παρὰ δύναμιν αὐτῶν ἀφί-
στασθαι διὰ τὸ ὀργῶντες κρίνειν τὰ πράγματα καὶ μηδ'
ὑπολείπειν λόγον αὐτοῖς ὡς τό γ' ἐπιὸν θέρος οἷοί τ'
ἔσονται περιγενέσθαι. ἡ δὲ τῶν Λακεδαιμονίων πόλις
πᾶσί τε τούτοις ἐθάρσει καὶ μάλιστα ὅτι οἱ ἐκ τῆς
Σικελίας αὐτοῖς ξύμμαχοι πολλῇ δυνάμει, κατ' ἀνάγκην
ἤδη τοῦ ναυτικοῦ προσγεγενημένου, ἅμα τῷ ἦρι ὡς εἰκὸς
παρέσεσθαι ἔμελλον. πανταχόθεν τε εὐέλπιδες ὄντες
ἀπροφασίστως ἅπτεσθαι διενοοῦντο τοῦ πολέμου, λογι-
ζόμενοι καλῶς τελευτήσαντος αὐτοῦ κινδύνων τε τοιούτων
ἀπηλλάχθαι ἂν τὸ λοιπὸν οἷος καὶ ὁ ἀπὸ τῶν Ἀθηναίων
περιέστη ἂν αὐτούς, εἰ τὸ Σικελικὸν προσέλαβον, καὶ
καθελόντες ἐκείνους αὐτοὶ τῆς πάσης Ἑλλάδος ἤδη
ἀσφαλῶς ἡγήσεσθαι.   (VIII, 2)

ANDOCIDES
467—385 (?) B.C.
Orator

73. ANDOCIDES *defends himself*

σκέψασθε τοίνυν καὶ τάδε, ἄν με σώσητε, οἷον ἕξετε
πολίτην· ὃς πρῶτον μὲν ἐκ πολλοῦ πλούτου, ὅσον ὑμεῖς
ἴστε, οὐ δι᾿ ἐμαυτὸν ἀλλὰ διὰ τὰς τῆς πόλεως συμφορὰς
εἰς πενίαν πολλὴν καὶ ἀπορίαν κατέστην, ἔπειτα δὲ
καινὸν βίον εἰργασάμην ἐκ τοῦ δικαίου, τῇ γνώμῃ καὶ
ταῖν χεροῖν ταῖν ἐμαυτοῦ· ἔτι δὲ εἰδότα μὲν οἷόν ἐστι
πόλεως τοιαύτης πολίτην εἶναι, εἰδότα δὲ οἷόν ἐστι ξένον
εἶναι καὶ μέτοικον ἐν τῇ τῶν πλησίον, ἐπιστάμενον δὲ
οἷον τὸ σωφρονεῖν καὶ ὀρθῶς βουλεύεσθαι, ἐπιστάμενον
δ᾿ οἷον τὸ ἁμαρτόντα πρᾶξαι κακῶς, πολλοῖς συγγε-
νόμενος καὶ πλείστων πειραθείς, ἀφ᾿ ὧν ἐμοὶ ξενίαι καὶ
φιλότητες πρὸς πολλοὺς καὶ βασιλέας καὶ πόλεις καὶ
ἄλλους ἰδίᾳ ξένους γεγένηνται, ὧν ἐμὲ σώσαντες μεθέξετε,
καὶ ἔσται ὑμῖν χρῆσθαι τούτοις, ὅπου ἂν ἐν καιρῷ τι
ὑμῖν γίγνηται. ἔχει δὲ καὶ ὑμῖν ὦ ἄνδρες οὕτως· ἐάν με
νυνὶ διαφθείρητε, οὐκ ἔστιν ὑμῖν ἔτι λοιπὸς τοῦ γένους
τοῦ ἡμετέρου οὐδείς, ἀλλ᾿ οἴχεται πᾶν πρόρριζον. καίτοι
οὐκ ὄνειδος ὑμῖν ἐστιν ἡ Ἀνδοκίδου καὶ Λεωγόρου οἰκία
οὖσα, ἀλλὰ πολὺ μᾶλλον τότ᾿ ἦν ὄνειδος, ὅτ᾿ ἐμοῦ
φεύγοντος Κλεοφῶν αὐτὴν ὁ λυροποιὸς ᾤκει. οὐ γὰρ
ἔστιν ὅστις πώποτε ὑμῶν παριὼν τὴν οἰκίαν τὴν ἡμετέ-
ραν ἀνεμνήσθη ἢ ἰδίᾳ τι ἢ δημοσίᾳ κακὸν παθὼν ὑπ᾿
ἐκείνων, οἳ πλείστας μὲν στρατηγήσαντες στρατηγίας
πολλὰ τρόπαια τῶν πολεμίων καὶ κατὰ γῆν καὶ κατὰ

θάλατταν ὑμῖν ἀπέδειξαν, πλείστας δὲ ἄλλας ἀρχὰς
ἄρξαντες καὶ χρήματα διαχειρίσαντες τὰ ὑμέτερα οὐδένα πώποτε ὦφλον, οὐδ᾽ ἡμάρτηται οὐδὲν οὔτε ἡμῖν
εἰς ὑμᾶς οὔτε ὑμῖν εἰς ἡμᾶς, οἰκία δὲ πασῶν ἀρχαιοτάτη
καὶ κοινοτάτη ἀεὶ τῷ δεομένῳ. οὐδ᾽ ἔστιν ὅπου ἐκείνων
τις τῶν ἀνδρῶν καταστὰς εἰς ἀγῶνα ἀπῄτησεν ὑμᾶς
χάριν τούτων τῶν ἔργων.   (De Mysteriis 144–147)

LYSIAS
458—378 B.C.
Orator

74. MANTITHEUS *urges his extreme respectability*

ἐγὼ γὰρ πρῶτον μέν, οὐσίας μοι οὐ πολλῆς καταλειφθείσης διὰ τὰς συμφορὰς καὶ τὰς τοῦ πατρὸς καὶ τὰς
τῆς πόλεως, δύο μὲν ἀδελφὰς ἐξέδωκα ἐπιδοὺς τριάκοντα
μνᾶς ἑκατέρᾳ, πρὸς τὸν ἀδελφὸν δ᾽ οὕτως ἐνειμάμην
ὥστ᾽ ἐκεῖνον πλέον ὁμολογεῖν ἔχειν ἐμοῦ τῶν πατρῴων,
καὶ πρὸς τοὺς ἄλλους ἅπαντας οὕτως βεβίωκα ὥστε
μηδεπώποτέ μοι μηδὲ πρὸς ἕνα μηδὲν ἔγκλημα γενέσθαι.
καὶ τὰ μὲν ἴδια οὕτως διῴκηκα· περὶ δὲ τῶν κοινῶν μοι
μέγιστον ἡγοῦμαι τεκμήριον εἶναι τῆς ἐμῆς ἐπιεικείας,
ὅτι τῶν νεωτέρων ὅσοι περὶ κύβους ἢ πότους ἢ τὰς
τοιαύτας ἀκολασίας τυγχάνουσι τὰς διατριβὰς ποιού-
μενοι, πάντας αὐτοὺς ὄψεσθέ μοι διαφόρους ὄντας, καὶ
πλεῖστα τούτους περὶ ἐμοῦ λογοποιοῦντας καὶ ψευδο-
μένους. καίτοι δῆλον ὅτι, εἰ τῶν αὐτῶν ἐπεθυμοῦμεν,
οὐκ ἂν τοιαύτην γνώμην εἶχον περὶ ἐμοῦ. ἔτι δ᾽, ὦ
βουλή, οὐδεὶς ἂν ἀποδείξαι περὶ ἐμοῦ δύναιτο οὔτε δίκην

αἰσχρὰν οὔτε γραφὴν οὔτε εἰσαγγελίαν γεγενημένην·
καίτοι ἑτέρους ὁρᾶτε πολλάκις εἰς τοιούτους ἀγῶνας
καθεστηκότας. πρὸς τοίνυν τὰς στρατείας καὶ τοὺς
κινδύνους τοὺς πρὸς τοὺς πολεμίους σκέψασθε οἷον
ἐμαυτὸν παρέχω τῇ πόλει. πρῶτον μὲν γάρ, ὅτε τὴν
συμμαχίαν ἐποιήσασθε πρὸς τοὺς Βοιωτοὺς καὶ εἰς
Ἁλίαρτον ἔδει βοηθεῖν, ὑπὸ Ὀρθοβούλου κατειλεγμένος
ἱππεύειν, ἐπειδὴ πάντας ἑώρων τοῖς μὲν ἱππεύουσιν
ἀσφάλειαν εἶναι δεῖν νομίζοντας, τοῖς δ' ὁπλίταις κίνδυνον ἡγουμένους, ἑτέρων ἀναβάντων ἐπὶ τοὺς ἵππους
ἀδοκιμάστων παρὰ τὸν νόμον ἐγὼ προσελθὼν ἔφην τῷ
Ὀρθοβούλῳ ἐξαλεῖψαί με ἐκ τοῦ καταλόγου, ἡγούμενος
αἰσχρὸν εἶναι τοῦ πλήθους μέλλοντος κινδυνεύειν ἄδειαν
ἐμαυτῷ παρασκευάσαντα στρατεύεσθαι.

(*Pro Mantitheo* 10–13)

XENOPHON
434–354 B.C.

Historian

75. *An* ADVENTURER

ἔτι δὲ καθημένων τῶν στρατιωτῶν προσέρχεται Κοιρατάδας Θηβαῖος, ὃς οὐ φεύγων τὴν Ἑλλάδα περιῄει
ἀλλὰ στρατηγιῶν καὶ ἐπαγγελλόμενος, εἴ τις ἢ πόλις ἢ
ἔθνος στρατηγοῦ δέοιτο· καὶ τότε προσελθὼν ἔλεγεν
ὅτι ἔτοιμος εἴη ἡγεῖσθαι αὐτοῖς εἰς τὸ Δέλτα καλούμενον
τῆς Θρᾴκης, ἔνθα πολλὰ καὶ ἀγαθὰ λήψοιντο· ἔστε δ' ἂν
μόλωσιν, εἰς ἀφθονίαν παρέξειν ἔφη καὶ σιτία καὶ ποτά.
ἀκούουσι ταῦτα τοῖς στρατιώταις καὶ τὰ παρὰ Ἀναξι-

βίου ἅμα ἀπαγγελλόμενα—ἀπεκρίνατο γὰρ ὅτι πειθο-
μένοις αὐτοῖς οὐ μεταμελήσει, ἀλλὰ τοῖς τε οἴκοι τέλεσι
ταῦτα ἀπαγγελεῖ καὶ αὐτὸς βουλεύσοιτο περὶ αὐτῶν ὅ
τι δύναιτο ἀγαθόν—ἐκ τούτου οἱ στρατιῶται τόν τε
Κοιρατάδαν δέχονται στρατηγὸν καὶ ἔξω τοῦ τείχους
ἀπῆλθον. ὁ δὲ Κοιρατάδας συντίθεται αὐτοῖς εἰς τὴν
ὑστεραίαν παρέσεσθαι ἐπὶ τὸ στράτευμα ἔχων καὶ
ἱερεῖα καὶ μάντιν καὶ σιτία καὶ ποτὰ τῇ στρατιᾷ. ἐπεὶ
δὲ ἐξῆλθον, ὁ Ἀναξίβιος ἔκλεισε τὰς πύλας καὶ ἐκήρυξεν
ὃς ἂν ἁλῷ ἔνδον ὢν τῶν στρατιωτῶν ὅτι πεπράσεται.
τῇ δ᾽ ὑστεραίᾳ Κοιρατάδας μὲν ἔχων τὰ ἱερεῖα καὶ τὸν
μάντιν ἧκε καὶ ἄλφιτα φέροντες εἵποντο αὐτῷ εἴκοσιν
ἄνδρες καὶ οἶνον ἄλλοι εἴκοσι καὶ ἐλαῶν τρεῖς καὶ
σκορόδων ἀνὴρ ὅσον ἐδύνατο μέγιστον φορτίον καὶ
ἄλλος κρομμύων. ταῦτα δὲ καταθέμενος ὡς ἐπὶ δά-
σμευσιν ἐθύετο.   (*Anabasis* VII. i. 33–7)

76. The murder of JASON of PHERAE

ἐπιόντων δὲ Πυθίων παρήγγειλε μὲν ταῖς πόλεσι
βοῦς καὶ οἷς καὶ αἶγας καὶ ὗς παρασκευάζεσθαι ὡς εἰς
τὴν θυσίαν. καὶ ἔφασαν πάνυ μετρίως ἑκάστῃ πόλει
ἐπαγγελλομένῳ γενέσθαι βοῦς μὲν οὐκ ἐλάττους χιλίων,
τὰ δὲ ἄλλα βοσκήματα πλείω ἢ μύρια. ἐκήρυξε δὲ καὶ
νικητήριον χρυσοῦν στέφανον ἔσεσθαι, ἥτις τῶν πόλεων
βοῦν ἡγεμόνα κάλλιστον τῷ θεῷ θρέψειε. παρήγγειλε
δὲ καὶ ὡς στρατευσομένοις εἰς τὸν περὶ τὰ Πύθια χρόνον
Θετταλοῖς παρασκευάζεσθαι· διενοεῖτο γάρ, ὡς ἔφασαν,
καὶ τὴν πανήγυριν τῷ θεῷ καὶ τοὺς ἀγῶνας αὐτὸς
διατιθέναι. περὶ μέντοι τῶν ἱερῶν χρημάτων ὅπως μὲν
διενοεῖτο ἔτι καὶ νῦν ἄδηλον· λέγεται δὲ ἐπερομένων

τῶν Δελφῶν τί χρὴ ποιεῖν, ἐὰν λαμβάνῃ τῶν τοῦ θεοῦ χρημάτων, ἀποκρίνασθαι τὸν θεὸν ὅτι αὐτῷ μελήσει. ὁ δ' οὖν ἀνὴρ τηλικοῦτος ὢν καὶ τοσαῦτα καὶ τοιαῦτα διανοούμενος, ἐξέτασιν πεποιηκὼς καὶ δοκιμασίαν τοῦ Φεραίων ἱππικοῦ, καὶ ἤδη καθήμενος καὶ ἀποκρινόμενος, εἴ τις δεόμενός του προσίοι, ὑπὸ νεανίσκων ἑπτὰ προσελθόντων ὡς διαφερομένων τι ἀλλήλοις ἀποσφάττεται καὶ κατακόπτεται. βοηθησάντων δὲ ἐρρωμένως τῶν παραγενομένων δορυφόρων εἰς μὲν ἔτι τύπτων τὸν Ἰάσονα λόγχῃ πληγεὶς ἀποθνῄσκει· ἕτερος δὲ ἀναβαίνων ἐφ' ἵππον ἐγκαταληφθεὶς καὶ πολλὰ τραύματα λαβὼν ἀπέθανεν· οἱ δ' ἄλλοι ἀναπηδήσαντες ἐπὶ τοὺς παρεσκευασμένους ἵππους ἀπέφυγον· ὅποι δὲ ἀφίκοιντο τῶν Ἑλληνίδων πόλεων, ἐν ταῖς πλείσταις ἐτιμῶντο. ᾧ καὶ δῆλον ἐγένετο ὅτι ἰσχυρῶς ἔδεισαν οἱ Ἕλληνες αὐτὸν μὴ τύραννος γένοιτο. (*Hellenica*, VI. iv. 29–32)

77. *A* COMIC ΕPISODE *at dinner*

καὶ ὁ Καλλίας, Καὶ πρόσθεν μέν γε, ἔφη, ἀπεκρυπτόμην ὑμᾶς ἔχων πολλὰ καὶ σοφὰ λέγειν, νῦν δέ, ἐὰν παρ' ἐμοὶ ἦτε, ἐπιδείξω ὑμῖν ἐμαυτὸν πάνυ πολλῆς σπουδῆς ἄξιον ὄντα. οἱ οὖν ἀμφὶ τὸν Σωκράτην πρῶτον μὲν ὥσπερ εἰκὸς ἦν ἐπαινοῦντες τὴν κλῆσιν οὐχ ὑπισχνοῦντο συνδειπνήσειν· ὡς δὲ πάνυ ἀχθόμενος φανερὸς ἦν εἰ μὴ ἕψοιντο, συνηκολούθησαν. ἔπειτα δὲ αὐτῷ οἱ μὲν γυμνασάμενοι καὶ χρισάμενοι, οἱ δὲ καὶ λουσάμενοι παρῆλθον. Αὐτόλυκος μὲν οὖν παρὰ τὸν πατέρα ἐκαθέζετο, οἱ δ' ἄλλοι ὥσπερ εἰκὸς κατεκλίθησαν. ἐκεῖνοι μὲν οὖν σιωπῇ ἐδείπνουν, ὥσπερ τοῦτο ἐπιτεταγμένον αὐτοῖς ὑπὸ κρείττονός τινος. Φίλιππος δ' ὁ γελωτοποιὸς

κρούσας τὴν θύραν εἶπε τῷ ὑπακούσαντι εἰσαγγεῖλαι
ὅστις τε εἴη καὶ διότι κατάγεσθαι βούλοιτο· συνεσκευ-
ασμένος τε παρεῖναι ἔφη πάντα τἀπιτήδεια—ὥστε
δειπνεῖν τἀλλότρια, καὶ τὸν παῖδα δὲ ἔφη πάνυ πιέζεσθαι
διά τε τὸ φέρειν—μηδὲν καὶ διὰ τὸ ἀνάριστον εἶναι. ὁ
οὖν Καλλίας ἀκούσας ταῦτα εἶπεν· Ἀλλὰ μέντοι, ὦ
ἄνδρες, αἰσχρὸν στέγης γε φθονῆσαι· εἰσίτω οὖν. καὶ
ἅμα ἀπέβλεψεν εἰς τὸν Αὐτόλυκον, δῆλον ὅτι ἐπισκο-
πῶν τί ἐκείνῳ δόξειε τὸ σκῶμμα εἶναι. ὁ δὲ στὰς ἐπὶ
τῷ ἀνδρῶνι ἔνθα τὸ δεῖπνον ἦν εἶπεν· Ὅτι μὲν γελω-
τοποιός εἰμι ἴστε πάντες· ἥκω δὲ προθύμως νομίσας
γελοιότερον εἶναι τὸ ἄκλητον ἢ τὸ κεκλημένον ἐλθεῖν
ἐπὶ τὸ δεῖπνον. Κατακλίνου τοίνυν, ἔφη ὁ Καλλίας·
καὶ γὰρ οἱ παρόντες σπουδῆς μέν, ὡς ὁρᾷς, μεστοί,
γέλωτος δὲ ἴσως ἐνδεέστεροι.

(*Symposium* I. 6–8, 11–13)

78. *The same* [*continued*]

δειπνούντων δὲ αὐτῶν ὁ Φίλιππος γελοῖόν τι εὐθὺς
ἐπεχείρει λέγειν, ἵνα δὴ ἐπιτελοίη ὧνπερ ἕνεκα ἐκαλεῖτο
ἑκάστοτε ἐπὶ τὰ δεῖπνα. ὡς δ᾽ οὐκ ἐκίνησε γέλωτα,
τότε μὲν ἀχθεσθεὶς φανερὸς ἐγένετο. αὖθις δ᾽ ὀλίγον
ὕστερον ἄλλο τι γελοῖον ἐβούλετο λέγειν. ὡς δὲ οὐδὲ
τότε ἐγέλασαν ἐπ᾽ αὐτῷ, ἐν τῷ μεταξὺ παυσάμενος τοῦ
δείπνου συγκαλυψάμενος κατέκειτο. καὶ ὁ Καλλίας,
Τί τοῦτ᾽, ἔφη, ὦ Φίλιππε; ἀλλ᾽ ἦ ὀδύνη σε εἴληφε;
καὶ ὃς ἀναστενάξας εἶπε, Ναὶ μὰ Δί᾽, ἔφη, ὦ Καλλία,
μεγάλη γε· ἐπεὶ γὰρ γέλως ἐξ ἀνθρώπων ἀπόλωλεν,
ἔρρει τὰ ἐμὰ πράγματα. πρόσθεν μὲν γὰρ τούτου ἕνεκα
ἐκαλούμην ἐπὶ τὰ δεῖπνα ἵνα εὐφραίνοιντο οἱ συνόντες
δι᾽ ἐμὲ γελῶντες· νῦν δὲ τίνος ἕνεκα καὶ καλεῖ μέ τις;

οὔτε γὰρ ἔγωγε σπουδάσαι ἂν δυναίμην μᾶλλον ἤπερ
ἀθάνατος γενέσθαι, οὔτε μὴν ὡς ἀντικληθησόμενος καλεῖ
μέ τις, ἐπεὶ πάντες ἴσασιν ὅτι ἀρχὴν οὐδὲ νομίζεται εἰς
τὴν ἐμὴν οἰκίαν δεῖπνον εἰσφέρεσθαι. καὶ ἅμα λέγων
ταῦτα ἀπεμύττετό τε καὶ τῇ φωνῇ σαφῶς κλαίειν ἐφαίνετο. πάντες μὲν οὖν παρεμυθοῦντό τε αὐτὸν ὡς αὖθις
γελασόμενοι καὶ δειπνεῖν ἐκέλευον, Κριτόβουλος δὲ καὶ
ἐξεκάγχασεν ἐπὶ τῷ οἰκτισμῷ αὐτοῦ. ὁ δ' ὡς ᾔσθετο
τοῦ γέλωτος, ἀνεκαλύψατό τε καὶ τῇ ψυχῇ παρακελευ-
σάμενος θαρρεῖν, ὅτι ἔσονται συμβολαί, πάλιν ἐδείπνει.

(Id. 1. 14-16)

PLATO

427—347 B.C.

Philosopher

79. SOCRATES *argues with his friend* CRITO, *who is
trying to persuade him to escape from* PRISON

ὦ φίλε Κρίτων, ἡ προθυμία σου πολλοῦ ἀξία εἰ μετά
τινος ὀρθότητος εἴη· εἰ δὲ μή, ὅσῳ μείζων τοσούτῳ
χαλεπωτέρα. σκοπεῖσθαι οὖν χρὴ ἡμᾶς εἴτε ταῦτα
πρακτέον εἴτε μή· ὡς ἐγὼ οὐ νῦν πρῶτον ἀλλὰ καὶ ἀεὶ
τοιοῦτος οἷος τῶν ἐμῶν μηδενὶ ἄλλῳ πείθεσθαι ἢ τῷ
λόγῳ ὃς ἄν μοι λογιζομένῳ βέλτιστος φαίνηται. τοὺς
δὴ λόγους οὓς ἐν τῷ ἔμπροσθεν ἔλεγον οὐ δύναμαι νῦν
ἐκβαλεῖν, ἐπειδή μοι ἥδε ἡ τύχη γέγονεν, ἀλλὰ σχεδόν
τι ὅμοιοι φαίνονταί μοι, καὶ τοὺς αὐτοὺς πρεσβεύω καὶ
τιμῶ οὕσπερ καὶ πρότερον· ὧν ἐὰν μὴ βελτίω ἔχωμεν
λέγειν ἐν τῷ παρόντι, εὖ ἴσθι ὅτι οὐ μή σοι συγχωρήσω,

οὐδ' ἂν πλείω τῶν νῦν παρόντων ἡ τῶν πολλῶν δύναμις
ὥσπερ παῖδας ἡμᾶς μορμολύττηται, δεσμοὺς καὶ θανά-
τους ἐπιπέμπουσα καὶ χρημάτων ἀφαιρέσεις. πῶς οὖν
ἂν μετριώτατα σκοποίμεθα αὐτά; εἰ πρῶτον μὲν τοῦτον
τὸν λόγον ἀναλάβοιμεν, ὃν σὺ λέγεις περὶ τῶν δοξῶν,
πότερον καλῶς ἐλέγετο ἑκάστοτε ἢ οὔ, ὅτι ταῖς μὲν δεῖ
τῶν δοξῶν προσέχειν τὸν νοῦν, ταῖς δὲ οὔ· ἢ πρὶν μὲν
ἐμὲ δεῖν ἀποθνήσκειν καλῶς ἐλέγετο, νῦν δὲ κατάδηλος
ἄρα ἐγένετο ὅτι ἄλλως ἕνεκα λόγου ἐλέγετο, ἦν δὲ
παιδιὰ καὶ φλυαρία ὡς ἀληθῶς; ἐπιθυμῶ δ' ἔγωγ'
ἐπισκέψασθαι, ὦ Κρίτων, κοινῇ μετὰ σοῦ εἴ τί μοι
ἀλλοιότερος φανεῖται, ἐπειδὴ ὧδε ἔχω, ἢ ὁ αὐτός, καὶ
ἐάσομεν χαίρειν ἢ πεισόμεθα αὐτῷ. ἐλέγετο δέ πως, ὡς
ἐγῷμαι, ἑκάστοτε ὧδε ὑπὸ τῶν οἰομένων τὶ λέγειν, ὥσπερ
νυνδὴ ἐγὼ ἔλεγον, ὅτι τῶν δοξῶν ἃς οἱ ἄνθρωποι δοξά-
ζουσιν δέοι τὰς μὲν περὶ πολλοῦ ποιεῖσθαι, τὰς δὲ μή.
τοῦτο πρὸς θεῶν, ὦ Κρίτων, οὐ δοκεῖ καλῶς σοι λέγεσθαι;—σὺ γάρ, ὅσα γε τἀνθρώπεια, ἐκτὸς εἶ τοῦ
μέλλειν ἀποθνήσκειν αὔριον, καὶ οὐκ ἂν σὲ παρακρούοι
ἡ παροῦσα συμφορά· σκόπει δή—οὐχ ἱκανῶς δοκεῖ σοι
λέγεσθαι ὅτι οὐ πάσας χρὴ τὰς δόξας τῶν ἀνθρώπων
τιμᾶν ἀλλὰ τὰς μέν, τὰς δ' οὔ, οὐδὲ πάντων ἀλλὰ τῶν
μέν, τῶν δ' οὔ; τί φῇς; ταῦτα οὐχὶ καλῶς λέγεται;

(Crito 46 b–47 a)

80. SOCRATES *in his last hours, and his* GAOLER

ταῦτ' εἰπὼν ἐκεῖνος μὲν ἀνίστατο εἰς οἴκημά τι ὡς
λουσόμενος, καὶ ὁ Κρίτων εἵπετο αὐτῷ, ἡμᾶς δ' ἐκέλευε
περιμένειν. περιεμένομεν οὖν πρὸς ἡμᾶς αὐτοὺς δια-
λεγόμενοι περὶ τῶν εἰρημένων καὶ ἀνασκοποῦντες, τοτὲ
δ' αὖ περὶ τῆς συμφορᾶς διεξιόντες ὅση ἡμῖν γεγονυῖα

εἴη, ἀτεχνῶς ἡγούμενοι ὥσπερ πατρὸς στερηθέντες διάξειν ὀρφανοὶ τὸν ἔπειτα βίον. ἐπειδὴ δὲ ἐλούσατο καὶ ἠνέχθη παρ' αὐτὸν τὰ παιδία—δύο γὰρ αὐτῷ υἱεῖς σμικροὶ ἦσαν, εἷς δὲ μέγας—καὶ αἱ οἰκεῖαι γυναῖκες ἀφίκοντο ἐκεῖναι, ἐναντίον τοῦ Κρίτωνος διαλεχθείς τε καὶ ἐπιστείλας ἄττα ἐβούλετο, τὰς μὲν γυναῖκας καὶ τὰ παιδία ἀπιέναι ἐκέλευσεν, αὐτὸς δὲ ἧκε παρ' ἡμᾶς. καὶ ἦν ἤδη ἐγγὺς ἡλίου δυσμῶν· χρόνον γὰρ πολὺν διέτριψεν ἔνδον. ἐλθὼν δ' ἐκαθέζετο λελουμένος καὶ οὐ πολλὰ ἄττα μετὰ ταῦτα διελέχθη, καὶ ἧκεν ὁ τῶν ἕνδεκα ὑπηρέτης καὶ στὰς παρ' αὐτόν, Ὦ Σώκρατες, ἔφη, οὐ καταγνώσομαί γε σοῦ ὅπερ ἄλλων καταγιγνώσκω, ὅτι μοι χαλεπαίνουσι καὶ καταρῶνται ἐπειδὰν αὐτοῖς παραγγείλω πίνειν τὸ φάρμακον ἀναγκαζόντων τῶν ἀρχόντων. σὲ δὲ ἐγὼ καὶ ἄλλως ἔγνωκα ἐν τούτῳ τῷ χρόνῳ γενναιότατον καὶ πρᾳότατον καὶ ἄριστον ἄνδρα ὄντα τῶν πώποτε δεῦρο ἀφικομένων, καὶ δὴ καὶ νῦν εὖ οἶδ' ὅτι οὐκ ἐμοὶ χαλεπαίνεις, γιγνώσκεις γὰρ τοὺς αἰτίους, ἀλλὰ ἐκείνοις. νῦν οὖν, οἶσθα γὰρ ἃ ἦλθον ἀγγέλλων, χαῖρέ τε καὶ πειρῶ ὡς ῥᾷστα φέρειν τὰ ἀναγκαῖα. καὶ ἅμα δακρύσας μεταστρεφόμενος ἀπῄει.

(*Phaedo* 116 a–116 d)

81. PHILEBUS *hands over to* PROTARCHUS *the task of defending* PLEASURE *as the* '*summum bonum*'

ΣΩ. δέχῃ δὴ τοῦτον τὸν νῦν διδόμενον, ὦ Πρώταρχε, λόγον;

ΠΡΩ. ἀνάγκη δέχεσθαι· Φίληβος γὰρ ἡμῖν ὁ καλὸς ἀπείρηκεν.

ΣΩ. δεῖ δὴ περὶ αὐτῶν τρόπῳ παντὶ τἀληθές πῃ περανθῆναι;

ΠΡΩ. δεῖ γὰρ οὖν.

ΣΩ. ἴθι δή, πρὸς τούτοις διομολογησώμεθα καὶ τόδε.

ΠΡΩ. τὸ ποῖον;

ΣΩ. ὡς νῦν ἡμῶν ἑκάτερος ἕξιν ψυχῆς καὶ διάθεσιν ἀποφαίνειν τινὰ ἐπιχειρήσει τὴν δυναμένην ἀνθρώποις πᾶσι τὸν βίον εὐδαίμονα παρέχειν. ἆρ᾽ οὐχ οὕτως;

ΠΡΩ. οὕτω μὲν οὖν.

ΣΩ. οὐκοῦν ὑμεῖς μὲν τὴν τοῦ χαίρειν, ἡμεῖς δ᾽ αὖ τὴν τοῦ φρονεῖν;

ΠΡΩ. ἔστι ταῦτα.

ΣΩ. τί δ᾽ ἂν ἄλλη τις κρείττων τούτων φανῇ; μῶν οὐκ, ἂν μὲν ἡδονῇ μᾶλλον φαίνηται συγγενής, ἡττώμεθα μὲν ἀμφότεροι τοῦ ταῦτα ἔχοντος βεβαίως βίου, κρατεῖ δὲ ὁ τῆς ἡδονῆς τὸν τῆς φρονήσεως;

ΠΡΩ. ναί.

ΣΩ. ἂν δέ γε φρονήσει, νικᾷ μὲν φρόνησις τὴν ἡδονήν, ἡ δὲ ἡττᾶται; ταῦθ᾽ οὕτως ὁμολογούμενά φατε, ἢ πῶς;

ΠΡΩ. ἐμοὶ γοῦν δοκεῖ.

ΣΩ. τί δὲ Φιλήβῳ; τί φής;

ΦΙ. ἐμοὶ μὲν πάντως νικᾶν ἡδονὴ δοκεῖ καὶ δόξει· σὺ δέ Πρώταρχε, αὐτὸς γνώσῃ.

ΠΡΩ. παραδούς, ὦ Φίληβε, ἡμῖν τὸν λόγον οὐκ ἂν ἔτι κύριος εἴης τῆς πρὸς Σωκράτη ὁμολογίας ἢ καὶ τοὐναντίον.

ΦΙ. ἀληθῆ λέγεις· ἀλλὰ γὰρ ἀφοσιοῦμαι καὶ μαρτύρομαι νῦν αὐτὴν τὴν θεόν.

ΠΡΩ. καὶ ἡμεῖς σοι τούτων γε αὐτῶν συμμάρτυρες ἂν εἶμεν, ὡς ταῦτα ἔλεγες ἃ λέγεις. ἀλλὰ δὴ τὰ μετὰ

ταῦτα ἑξῆς, ὦ Σώκρατες, ὅμως καὶ μετὰ Φιλήβου ἑκόν-
τος ἢ ὅπως ἂν ἐθέλῃ πειρώμεθα περαίνειν.

ΣΩ. πειρατέον, ἀπ' αὐτῆς δὴ τῆς θεοῦ, ἣν ὅδε Ἀφροδίτην μὲν λέγεσθαί φησι, τὸ δ' ἀληθέστατον αὐτῆς
ὄνομα Ἡδονὴν εἶναι.

ΠΡΩ. ὀρθότατα.   (*Philebus* 11 c–12 b)

82. Love the inspirer of self-sacrifice

καὶ μὴν ὑπεραποθνῄσκειν γε μόνοι ἐθέλουσιν οἱ ἐρῶν-
τες, οὐ μόνον ὅτι ἄνδρες, ἀλλὰ καὶ αἱ γυναῖκες. τούτου
δὲ καὶ ἡ Πελίου θυγάτηρ Ἄλκηστις ἱκανὴν μαρτυρίαν
παρέχεται ὑπὲρ τοῦδε τοῦ λόγου εἰς τοὺς Ἕλληνας,
ἐθελήσασα μόνη ὑπὲρ τοῦ αὑτῆς ἀνδρὸς ἀποθανεῖν,
ὄντων αὐτῷ πατρός τε καὶ μητρός, οὓς ἐκείνη τοσοῦτον
ὑπερεβάλετο τῇ φιλίᾳ διὰ τὸν ἔρωτα, ὥστε ἀποδεῖξαι
αὐτοὺς ἀλλοτρίους ὄντας τῷ υἱεῖ καὶ ὀνόματι μόνον
προσήκοντας, καὶ τοῦτ' ἐργασαμένη τὸ ἔργον οὕτω καλὸν
ἔδοξεν ἐργάσασθαι οὐ μόνον ἀνθρώποις ἀλλὰ καὶ θεοῖς,
ὥστε πολλῶν πολλὰ καὶ καλὰ ἐργασαμένων εὐαριθμή-
τοις δή τισιν ἔδοσαν τοῦτο γέρας οἱ θεοί, ἐξ Ἅιδου
ἀνεῖναι πάλιν τὴν ψυχήν, ἀλλὰ τὴν ἐκείνης ἀνεῖσαν
ἀγασθέντες τῷ ἔργῳ· οὕτω καὶ θεοὶ τὴν περὶ τὸν ἔρωτα
σπουδήν τε καὶ ἀρετὴν μάλιστα τιμῶσιν. Ὀρφέα δὲ
τὸν Οἰάγρου ἀτελῆ ἀπέπεμψαν ἐξ Ἅιδου, φάσμα δεί-
ξαντες τῆς γυναικὸς ἐφ' ἣν ἧκεν, αὐτὴν δὲ οὐ δόντες, ὅτι
μαλθακίζεσθαι ἐδόκει, ἅτε ὢν κιθαρῳδός, καὶ οὐ τολμᾶν
ἕνεκα τοῦ ἔρωτος ἀποθνῄσκειν ὥσπερ Ἄλκηστις, ἀλλὰ
διαμηχανᾶσθαι ζῶν εἰσιέναι εἰς Ἅιδου. τοιγάρτοι διὰ
ταῦτα δίκην αὐτῷ ἐπέθεσαν, καὶ ἐποίησαν τὸν θάνατον
αὐτοῦ ὑπὸ γυναικῶν γενέσθαι, οὐχ ὥσπερ Ἀχιλλέα

τὸν τῆς Θέτιδος υἱὸν ἐτίμησαν καὶ εἰς μακάρων νήσους
ἀπέπεμψαν, ὅτι πεπυσμένος παρὰ τῆς μητρὸς ὡς ἀπο-
θανοῖτο ἀποκτείνας Ἕκτορα, μὴ ἀποκτείνας δὲ τοῦτον
οἴκαδε ἐλθὼν γηραιὸς τελευτήσοι, ἐτόλμησεν ἑλέσθαι
βοηθήσας τῷ ἐραστῇ Πατρόκλῳ καὶ τιμωρήσας οὐ
μόνον ὑπεραποθανεῖν ἀλλὰ καὶ ἐπαποθανεῖν τετελευτη-
κότι· ὅθεν δὴ καὶ ὑπεραγασθέντες οἱ θεοὶ διαφερόντως
αὐτὸν ἐτίμησαν, ὅτι τὸν ἐραστὴν οὕτω περὶ πολλοῦ
ἐποιεῖτο.   (*Symposium* 179 b–180 a)

83. *The* LEGEND *of the god* THEUTH—*the art of*
WRITING *destructive to the power of* MEMORY.

ἤκουσα τοίνυν περὶ Ναύκρατιν τῆς Αἰγύπτου γενέσθαι τῶν ἐκεῖ παλαιῶν τινα θεῶν, οὗ καὶ τὸ ὄρνεον ἱερὸν
ὃ δὴ καλοῦσιν Ἶβιν· αὐτῷ δὲ ὄνομα τῷ δαίμονι εἶναι
Θεύθ. τοῦτον δὴ πρῶτον ἀριθμόν τε καὶ λογισμὸν εὑρεῖν
καὶ γεωμετρίαν καὶ ἀστρονομίαν, ἔτι δὲ πεττείας τε καὶ
κυβείας, καὶ δὴ καὶ γράμματα. βασιλέως δ' αὖ τότε
ὄντος Αἰγύπτου ὅλης Θαμοῦ περὶ τὴν μεγάλην πόλιν
τοῦ ἄνω τόπου ἣν οἱ Ἕλληνες Αἰγυπτίας Θήβας κα-
λοῦσι, καὶ τὸν θεὸν Ἄμμωνα, παρὰ τοῦτον ἐλθὼν ὁ
Θεὺθ τὰς τέχνας ἐπέδειξεν, καὶ ἔφη δεῖν διαδοθῆναι τοῖς
ἄλλοις Αἰγυπτίοις· ὁ δὲ ἤρετο ἥντινα ἑκάστη ἔχοι ὠφε-
λίαν, διεξιόντος δέ, ὅτι καλῶς ἢ μὴ καλῶς δοκοῖ λέγειν,
τὸ μὲν ἔψεγεν, τὸ δ' ἐπῄνει. πολλὰ μὲν δὴ περὶ ἑκάστης
τῆς τέχνης ἐπ' ἀμφότερα Θαμοῦν τῷ Θεὺθ λέγεται
ἀποφήνασθαι, ἃ λόγος πολὺς ἂν εἴη διελθεῖν· ἐπειδὴ δὲ
ἐπὶ τοῖς γράμμασιν ἦν, "Τοῦτο δέ, ὦ βασιλεῦ, τὸ μάθ-
ημα," ἔφη ὁ Θεύθ, "σοφωτέρους Αἰγυπτίους καὶ μνημο-
νικωτέρους παρέξει· μνήμης τε γὰρ καὶ σοφίας φάρμα-

κον ηὑρέθη." ὁ δ' εἶπεν· "Ὦ τεχνικώτατε Θεύθ, ἄλλος
μὲν τεκεῖν δυνατὸς τὰ τέχνης, ἄλλος δὲ κρῖναι τίν' ἔχει
μοῖραν βλάβης τε καὶ ὠφελίας τοῖς μέλλουσι χρῆσθαι·
καὶ νῦν σύ, πατὴρ ὢν γραμμάτων, δι' εὔνοιαν τοὐναντίον
εἶπες ἢ δύναται. τοῦτο γὰρ τῶν μαθόντων λήθην μὲν
ἐν ψυχαῖς παρέξει μνήμης ἀμελετησίᾳ, ἅτε διὰ πίστιν
γραφῆς ἔξωθεν ὑπ' ἀλλοτρίων τύπων, οὐκ ἔνδοθεν
αὐτοὺς ὑφ' αὑτῶν ἀναμιμνησκομένους· οὔκουν μνήμης
ἀλλὰ ὑπομνήσεως φάρμακον ηὗρες. σοφίας δὲ τοῖς
μαθηταῖς δόξαν, οὐκ ἀλήθειαν πορίζεις. πολυήκοοι γάρ
σοι γενόμενοι ἄνευ διδαχῆς πολυγνώμονες εἶναι δόξου-
σιν, ἀγνώμονες ὡς ἐπὶ τὸ πλῆθος ὄντες, καὶ χαλεποὶ
συνεῖναι, δοξόσοφοι γεγονότες ἀντὶ σοφῶν."

(Phaedrus 274 c–275 b)

84. Proper PARENTAL discipline

ἦ που, ἦν δ' ἐγώ, ὦ Λύσι, σφόδρα φιλεῖ σε ὁ πατὴρ
καὶ ἡ μήτηρ;—Πάνυ γε, ἦ δ' ὅς.—Οὐκοῦν βούλοιντο
ἄν σε ὡς εὐδαιμονέστατον εἶναι;—Πῶς γὰρ οὔ;—Δοκεῖ
δέ σοι εὐδαίμων εἶναι ἄνθρωπος δουλεύων τε καὶ ᾧ μηδὲν
ἐξείη ποιεῖν ὧν ἐπιθυμοῖ;—Μὰ Δί' οὐκ ἔμοιγε, ἔφη.—
Οὐκοῦν εἴ σε φιλεῖ ὁ πατὴρ καὶ ἡ μήτηρ καὶ εὐδαίμονά
σε ἐπιθυμοῦσι γενέσθαι, τοῦτο παντὶ τρόπῳ δῆλον ὅτι
προθυμοῦνται ὅπως ἂν εὐδαιμονοίης.—Πῶς γὰρ οὐχί;
ἔφη.—Ἐῶσιν ἄρα σε ἃ βούλει ποιεῖν, καὶ οὐδὲν ἐπι-
πλήττουσιν οὐδὲ διακωλύουσι ποιεῖν ὧν ἂν ἐπιθυμῇς;
—Ναὶ μὰ Δία ἐμέ γε, ὦ Σώκρατες, καὶ μάλα γε πολλὰ
κωλύουσιν.—Πῶς λέγεις; ἦν δ' ἐγώ. βουλόμενοί σε
μακάριον εἶναι διακωλύουσι τοῦτο ποιεῖν ὃ ἂν βούλῃ;
ὧδε δέ μοι λέγε. ἢν ἐπιθυμήσῃς ἐπί τινος τῶν τοῦ
πατρὸς ἁρμάτων ὀχεῖσθαι λαβὼν τὰς ἡνίας, ὅταν ἁμιλ-

λâται, οὐκ ἂν ἐφέν σε ἀλλὰ διακωλύοιεν;—Μὰ Δί' οὐ
μέντοι ἄν, ἔφη, ἐῶεν.—'Αλλὰ τίνα μήν;—Ἔστιν τις
ἡνίοχος παρὰ τοῦ πατρὸς μισθὸν φέρων.—Πῶς λέγεις;
μισθωτῷ μᾶλλον ἐπιτρέπουσιν ἢ σοὶ ποιεῖν ὅτι ἂν βού-
ληται περὶ τοὺς ἵππους, καὶ προσέτι αὐτοῦ τούτου
ἀργύριον τελοῦσιν;—'Αλλὰ τί μήν; ἔφη. 'Αλλ' ἆρα
ἐπειδὰν οἴκαδε ἔλθῃς παρὰ τὴν μητέρα, ἐκείνη σε ἐᾷ
ποιεῖν ὅτι ἂν βούλῃ, ἵν' αὐτῇ μακάριος ᾖς, ἢ περὶ τὰ
ἔρια ἢ περὶ τὸν ἱστόν, ὅταν ὑφαίνῃ; οὔ τι γάρ που
διακωλύει σε ἢ τῆς σπάθης ἢ τῆς κερκίδος ἢ ἄλλου του
τῶν περὶ ταλασιουργίαν ὀργάνων ἅπτεσθαι.—Καὶ ὃς
γελάσας, Μὰ Δία, ἔφη, ὦ Σώκρατες, οὐ μόνον γε διακωλύει, ἀλλὰ καὶ τυπτοίμην ἂν εἰ ἀπτοίμην.—Ἡράκλεις,
ἦν δ' ἐγώ, μῶν μή τι ἠδίκηκας τὸν πατέρα ἢ τὴν μητέρα;
—Μὰ Δί' οὐκ ἔγωγε, ἔφη.   (Lysis 207 d–208 e)

85. EPIMETHEUS *assigns various qualities and powers to the* ANIMAL *creation*

ἦν γάρ ποτε χρόνος ὅτε θεοὶ μὲν ἦσαν, θνητὰ δὲ γένη
οὐκ ἦν. ἐπειδὴ δὲ καὶ τούτοις χρόνος ἦλθεν εἱμαρμένος
γενέσεως, τυποῦσιν αὐτὰ θεοὶ γῆς ἔνδον ἐκ γῆς καὶ
πυρὸς μείξαντες καὶ τῶν ὅσα πυρὶ καὶ γῇ κεράννυται.
ἐπειδὴ δ' ἄγειν αὐτὰ πρὸς φῶς ἔμελλον, προσέταξαν
Προμηθεῖ καὶ Ἐπιμηθεῖ κοσμῆσαί τε καὶ νεῖμαι δυνάμεις ἑκάστοις ὡς πρέπει. Προμηθέα δὲ παραιτεῖται
Ἐπιμηθεὺς αὐτὸς νεῖμαι, "Νείμαντος δέ μου," ἔφη,
"ἐπίσκεψαι" καὶ οὕτω πείσας νέμει. νέμων δὲ τοῖς μὲν
ἰσχὺν ἄνευ τάχους προσῆπτεν, τοὺς δ' ἀσθενεστέρους
τάχει ἐκόσμει· τοὺς δὲ ὥπλιζε, τοῖς δ' ἄοπλον διδοὺς
φύσιν ἄλλην τιν' αὐτοῖς ἐμηχανᾶτο δύναμιν εἰς σωτη-

ρίαν. ἃ μὲν γὰρ αὐτῶν σμικρότητι ἤμπισχεν, πτηνὸν
φυγὴν ἢ κατάγειον οἴκησιν ἔνεμεν· ἃ δὲ ηὖξε μεγέθει,
τῷδε αὐτῷ αὐτὰ ἔσῳζεν· καὶ τἆλλα οὕτως ἐπανισῶν
ἔνεμεν. ταῦτα δὲ ἐμηχανᾶτο εὐλάβειαν ἔχων μή τι
γένος ἀιστωθείη· ἐπειδὴ δὲ αὐτοῖς ἀλληλοφθοριῶν
διαφυγὰς ἐπήρκεσε, πρὸς τὰς ἐκ Διὸς ὥρας εὐμάρειαν
ἐμηχανᾶτο ἀμφιεννὺς αὐτὰ πυκναῖς τε θριξὶν καὶ στερεοῖς δέρμασιν, ἱκανοῖς μὲν ἀμῦναι χειμῶνα, δυνατοῖς
δὲ καὶ καύματα, καὶ εἰς εὐνὰς ἰοῦσιν ὅπως ὑπάρχοι τὰ
αὐτὰ ταῦτα στρωμνὴ οἰκεία τε καὶ αὐτοφυὴς ἑκάστῳ·
καὶ ὑποδῶν τὰ μὲν ὁπλαῖς, τὰ δὲ δέρμασιν στερεοῖς
καὶ ἀναίμοις. τοὐντεῦθεν τροφὰς ἄλλοις ἄλλας ἐξε-
πόριζεν, τοῖς μὲν ἐκ γῆς βοτάνην, ἄλλοις δὲ δένδρων
καρπούς, τοῖς δὲ ῥίζας· ἔστι δ' οἷς ἔδωκεν εἶναι τροφὴν
ζῴων ἄλλων βοράν· καὶ τοῖς μὲν ὀλιγογονίαν προσῆψε,
τοῖς δ' ἀναλισκομένοις ὑπὸ τούτων πολυγονίαν, σωτηρίαν τῷ γένει πορίζων.   (*Protagoras* 320 c–321 b)

86. *The same continued*—PROMETHEUS *gives man the gift of* FIRE

ἅτε δὴ οὖν οὐ πάνυ τι σοφὸς ὢν ὁ Ἐπιμηθεὺς ἔλαθεν
αὐτὸν καταναλώσας τὰς δυνάμεις εἰς τὰ ἄλογα· λοιπὸν
δὴ ἀκόσμητον ἔτι αὐτῷ ἦν τὸ ἀνθρώπων γένος, καὶ
ἠπόρει ὅτι χρήσαιτο. ἀποροῦντι δὲ αὐτῷ ἔρχεται Προ-
μηθεὺς ἐπισκεψόμενος τὴν νομήν, καὶ ὁρᾷ τὰ μὲν ἄλλα
ζῷα ἐμμελῶς πάντων ἔχοντα, τὸν δὲ ἄνθρωπον γυμνόν
τε καὶ ἀνυπόδητον καὶ ἄστρωτον καὶ ἄοπλον· ἤδη δὲ
καὶ ἡ εἱμαρμένη ἡμέρα παρῆν, ἐν ᾗ ἔδει καὶ ἄνθρωπον
ἐξιέναι ἐκ γῆς εἰς φῶς. ἀπορίᾳ οὖν σχόμενος ὁ Προμη-
θεὺς ἥντινα σωτηρίαν τῷ ἀνθρώπῳ εὕροι, κλέπτει

Ἡφαίστου καὶ Ἀθηνᾶς τὴν ἔντεχνον σοφιαν σὺν πυρί
—ἀμήχανον γὰρ ἦν ἄνευ πυρὸς αὐτὴν κτητήν τῳ ἢ
χρησίμην γενέσθαι—καὶ οὕτω δὴ δωρεῖται ἀνθρώπῳ.
τὴν μὲν οὖν περὶ τὸν βίον σοφίαν ἄνθρωπος ταύτῃ
ἔσχεν, τὴν δὲ πολιτικὴν οὐκ εἶχεν· ἦν γὰρ παρὰ τῷ
Διί. τῷ δὲ Προμηθεῖ εἰς μὲν τὴν ἀκρόπολιν τὴν τοῦ
Διὸς οἴκησιν οὐκέτι ἐνεχώρει εἰσελθεῖν—πρὸς δὲ καὶ αἱ
Διὸς φυλακαὶ φοβεραὶ ἦσαν—εἰς δὲ τὸ τῆς Ἀθηνᾶς
καὶ Ἡφαίστου οἴκημα τὸ κοινόν, ἐν ᾧ ἐφιλοτεχνείτην,
λαθὼν εἰσέρχεται, καὶ κλέψας τήν τε ἔμπυρον τέχνην
τὴν τοῦ Ἡφαίστου καὶ τὴν ἄλλην τὴν τῆς Ἀθηνᾶς
δίδωσιν ἀνθρώπῳ, καὶ ἐκ τούτου εὐπορία μὲν ἀνθρώπῳ
τοῦ βίου γίγνεται, Προμηθέα δὲ δι' Ἐπιμηθέα ὕστερον,
ᾗπερ λέγεται, κλοπῆς δίκη μετῆλθεν.

(Id. 321 b–322 a)

87. SOCRATES argues with POLUS the rhetorician

ὦ μακάριε, ῥητορικῶς γάρ με ἐπιχειρεῖς ἐλέγχειν,
ὥσπερ οἱ ἐν τοῖς δικαστηρίοις ἡγούμενοι ἐλέγχειν. καὶ
γὰρ ἐκεῖ οἱ ἕτεροι τοὺς ἑτέρους δοκοῦσιν ἐλέγχειν, ἐπειδὰν τῶν λόγων ὧν ἂν λέγωσι μάρτυρας πολλοὺς παρέ-
χωνται καὶ εὐδοκίμους, ὁ δὲ τἀναντία λέγων ἕνα τινὰ
παρέχηται ἢ μηδένα. οὗτος δὲ ὁ ἔλεγχος οὐδενὸς ἄξιός
ἐστιν πρὸς τὴν ἀλήθειαν· ἐνίοτε γὰρ ἂν καὶ καταψευ-
δομαρτυρηθείη τις ὑπὸ πολλῶν καὶ δοκούντων εἶναί τι.
καὶ νῦν περὶ ὧν σὺ λέγεις ὀλίγου σοι πάντες συμφή-
σουσιν ταὐτὰ Ἀθηναῖοι καὶ οἱ ξένοι, ἐὰν βούλῃ κατ'
ἐμοῦ μάρτυρας παρασχέσθαι ὡς οὐκ ἀληθῆ λέγω. μαρ-
τυρήσουσί σοι, ἐὰν μὲν βούλῃ, Νικίας ὁ Νικηράτου καὶ
οἱ ἀδελφοὶ μετ' αὐτοῦ, ὧν οἱ τρίποδες οἱ ἐφεξῆς ἑστῶτές
εἰσιν ἐν τῷ Διονυσίῳ, ἐὰν δὲ βούλῃ, Ἀριστοκράτης ὁ

Σκελλίου, οὗ αὖ ἐστιν ἐν Πυθίου τοῦτο τὸ καλὸν ἀνά-
θημα, ἐὰν δὲ βούλῃ, ἡ Περικλέους ὅλη οἰκία ἢ ἄλλη
συγγένεια ἥντινα ἂν βούλῃ τῶν ἐνθάδε ἐκλέξασθαι.
ἀλλ' ἐγώ σοι εἷς ὢν οὐχ ὁμολογῶ· οὐ γάρ με σὺ ἀναγ-
κάζεις, ἀλλὰ ψευδομάρτυρας πολλοὺς κατ' ἐμοῦ παρα-
σχόμενος ἐπιχειρεῖς ἐκβάλλειν με ἐκ τῆς οὐσίας καὶ τοῦ
ἀληθοῦς. ἐγὼ δὲ ἂν μὴ σὲ αὐτὸν ἕνα ὄντα μάρτυρα
παράσχωμαι ὁμολογοῦντα περὶ ὧν λέγω, οὐδὲν οἶμαι
ἄξιον λόγου μοι πεπεράνθαι περὶ ὧν ἂν ἡμῖν ὁ λόγος ᾖ·
οἶμαι δὲ οὐδὲ σοί, ἐὰν μὴ ἐγώ σοι μαρτυρῶ εἷς ὢν μόνος,
τοὺς δ' ἄλλους πάντας τούτους χαίρειν ἐᾷς.

(Gorgias 471 e–472 c)

88. *An* ARGUMENT *as to the nature of*
VIRTUE

ΜΕΝ. ἀλλὰ σύ, ὦ Σώκρατες, ἀληθῶς οὐδ' ὅτι ἀρετή
ἐστιν οἶσθα, ἀλλὰ ταῦτα περὶ σοῦ καὶ οἴκαδε ἀπαγγέλ-
λωμεν;

ΣΩ. μὴ μόνον γε, ὦ ἑταῖρε, ἀλλὰ καὶ ὅτι οὐδ' ἄλλῳ
πω ἐνέτυχον εἰδότι, ὡς ἐμοὶ δοκῶ.

ΜΕΝ. τί δέ; Γοργίᾳ οὐκ ἐνέτυχες ὅτε ἐνθάδε ἦν;

ΣΩ. ἔγωγε.

ΜΕΝ. εἶτα οὐκ ἐδόκει σοι εἰδέναι;

ΣΩ. οὐ πάνυ εἰμὶ μνήμων, ὦ Μένων, ὥστε οὐκ ἔχω
εἰπεῖν ἐν τῷ παρόντι πῶς μοι τότε ἔδοξεν, ἀλλ' ἴσως
ἐκεῖνός τε οἶδε, καὶ σὺ ἃ ἐκεῖνος ἔλεγε· ἀνάμνησον οὖν
με πῶς ἔλεγεν. εἰ δὲ βούλει, αὐτὸς εἰπέ· δοκεῖ γὰρ
δήπου σοὶ ἅπερ ἐκείνῳ.

ΜΕΝ. ἔμοιγε.

ΣΩ. ἐκεῖνον μὲν τοίνυν ἐῶμεν, ἐπειδὴ καὶ ἄπεστιν·
σὺ δὲ αὐτός, ὦ πρὸς θεῶν, Μένων, τί φῂς ἀρετὴν εἶναι;

εἶπον καὶ μὴ φθονήσῃς, ἵνα εὐτυχέστατον ψεῦσμα ἐψευσμένος ὦ, ἂν φανῇς σὺ μὲν εἰδὼς καὶ Γοργίας, ἐγὼ δὲ εἰρηκὼς μηδενὶ πώποτε εἰδότι ἐντετυχηκέναι. ΜΕΝ. ἀλλ᾽ οὐ χαλεπόν, ὦ Σώκρατες, εἰπεῖν. πρῶτον μέν, εἰ βούλει ἀνδρὸς ἀρετήν, ῥᾴδιον, ὅτι αὕτη ἐστὶν ἀνδρὸς ἀρετή, ἱκανὸν εἶναι τὰ τῆς πόλεως πράττειν, καὶ πράττοντα τοὺς μὲν φίλους εὖ ποιεῖν, τοὺς δ᾽ ἐχθροὺς κακῶς, καὶ αὐτὸν εὐλαβεῖσθαι μηδὲν τοιοῦτον παθεῖν. εἰ δὲ βούλει γυναικὸς ἀρετήν, οὐ χαλεπὸν διελθεῖν, ὅτι δεῖ αὐτὴν τὴν οἰκίαν εὖ οἰκεῖν, σῴζουσάν τε τὰ ἔνδον καὶ κατήκοον οὖσαν τοῦ ἀνδρός. καὶ ἄλλη ἐστὶν παιδὸς ἀρετή, καὶ θηλείας καὶ ἄρρενος, καὶ πρεσβυτέρου ἀνδρός, εἰ μὲν βούλει, ἐλευθέρου, εἰ δὲ βούλει, δούλου. καὶ ἄλλαι πάμπολλαι ἀρεταί εἰσιν, ὥστε οὐκ ἀπορία εἰπεῖν ἀρετῆς πέρι ὅτι ἐστίν· καθ᾽ ἑκάστην γὰρ τῶν πράξεων καὶ τῶν ἡλικιῶν πρὸς ἕκαστον ἔργον ἑκάστῳ ἡμῶν ἡ ἀρετή ἐστιν, ὡσαύτως δὲ οἶμαι, ὦ Σώκρατες, καὶ ἡ κακία.

ΣΩ. πολλῇ γέ τινι εὐτυχίᾳ ἔοικα κεχρῆσθαι, ὦ Μένων, εἰ μίαν ζητῶν ἀρετὴν σμῆνός τι ἀνηύρηκα ἀρετῶν παρὰ σοὶ κείμενον.   (*Meno* 71 *b*–72 *a*)

89. *Is it* BETTER *or* WORSE *to commit an error*
WILLINGLY *or* UNWILLINGLY?

ΣΩ. καὶ μὴν σφόδρα γε ἐπιθυμῶ, ὦ Ἱππία, διασκέψασθαι τὸ νυνδὴ λεγόμενον, πότεροί ποτε ἀμείνους, οἱ ἑκόντες ἢ οἱ ἄκοντες ἁμαρτάνοντες. οἶμαι οὖν ἐπὶ τὴν σκέψιν ὀρθότατ᾽ ἂν ὧδε ἐλθεῖν. ἀλλ᾽ ἀπόκριναι· καλεῖς τινα δρομέα ἀγαθόν;—ΙΠ. ἔγωγε.—ΣΩ. καὶ κακόν; —ΙΠ. ναί.—ΣΩ. οὐκοῦν ἀγαθὸς μὲν ὁ εὖ θέων, κακὸς δὲ ὁ κακῶς;—ΙΠ. ναί.—ΣΩ. οὐκοῦν ὁ βραδέως θέων

κακῶς θεῖ, ὁ δὲ ταχέως εὖ;—ΙΠ. ναί.—ΣΩ. ἐν δρόμῳ
μὲν ἄρα καὶ τῷ θεῖν τάχος μὲν ἀγαθόν, βραδυτὴς δὲ
κακόν;—ΙΠ. ἀλλὰ τί μέλλει;—ΣΩ. πότερος οὖν ἀμείνων δρομεύς, ὁ ἑκὼν βραδέως θέων ἢ ὁ ἄκων;—ΙΠ. ὁ
ἑκών.—ΣΩ. ἆρ' οὖν οὐ ποιεῖν τί ἐστι τὸ θεῖν;—ΙΠ.
ποιεῖν μὲν οὖν.—ΣΩ. εἰ δὲ ποιεῖν, οὐ καὶ ἐργάζεσθαί
τι;—ΙΠ. ναί.—ΣΩ. ὁ κακῶς ἄρα θέων κακὸν καὶ
αἰσχρὸν ἐν δρόμῳ τοῦτο ἐργάζεται;—ΙΠ. κακόν· πῶς
γὰρ οὔ;—ΣΩ. κακῶς δὲ θεῖ ὁ βραδέως θέων;—ΙΠ.
ναί.—ΣΩ. οὐκοῦν ὁ μὲν ἀγαθὸς δρομεὺς ἑκὼν τὸ κακὸν
τοῦτο ἐργάζεται καὶ τὸ αἰσχρόν, ὁ δὲ κακὸς ἄκων;—
ΙΠ. ἔοικέν γε.—ΣΩ. ἐν δρόμῳ μὲν ἄρα πονηρότερος
ὁ ἄκων κακὰ ἐργαζόμενος ἢ ὁ ἑκών;—ΙΠ. ἐν δρόμῳ
γε.—ΣΩ. τί δ' ἐν πάλῃ; πότερος παλαιστὴς ἀμείνων,
ὁ ἑκὼν πίπτων ἢ ὁ ἄκων;—ΙΠ. ὁ ἑκών, ὡς ἔοικεν.—
ΣΩ. πονηρότερον δὲ καὶ αἴσχιον ἐν πάλῃ τὸ πίπτειν ἢ
τὸ καταβάλλειν;—ΙΠ. τὸ πίπτειν.—ΣΩ. καὶ ἐν πάλῃ
ἄρα ὁ ἑκὼν τὰ πονηρὰ καὶ αἰσχρὰ ἐργαζόμενος βελτίων
παλαιστὴς ἢ ὁ ἄκων.—ΙΠ. ἔοικεν.—ΣΩ. τί δὲ ἐν τῇ
ἄλλῃ πάσῃ τῇ τοῦ σώματος χρείᾳ; οὐχ ὁ βελτίων τὸ
σῶμα δύναται ἀμφότερα ἐργάζεσθαι, καὶ τὰ ἰσχυρὰ καὶ
τὰ ἀσθενῆ, καὶ τὰ αἰσχρὰ καὶ τὰ καλά· ὥστε ὅταν
κατὰ τὸ σῶμα πονηρὰ ἐργάζηται, ἑκὼν ἐργάζεται ὁ βελτίων τὸ σῶμα, ὁ δὲ πονηρότερος ἄκων;—ΙΠ. ἔοικεν
καὶ τὰ κατὰ τὴν ἰσχὺν οὕτως ἔχειν.

(*Hippias Minor* 373 c–374 b)

90. *A* BULLY *enters on the scene*

καί ὁ Θρασύμαχος πολλάκις μὲν καὶ διαλεγομένων
ἡμῶν μεταξὺ ὥρμα ἀντιλαμβάνεσθαι τοῦ λόγου, ἔπειτα
ὑπὸ τῶν παρακαθημένων διεκωλύετο βουλομένων δια-

κοῦσαι τὸν λόγον· ὡς δὲ διεπαυσάμεθα καὶ ἐγὼ ταῦτ᾽
εἶπον, οὐκέτι ἡσυχίαν ἦγεν, ἀλλὰ συστρέψας ἑαυτὸν
ὥσπερ θηρίον ἦκεν ἐφ᾽ ἡμᾶς ὡς διαρπασόμενος.

καὶ ἐγώ τε καὶ ὁ Πολέμαρχος δείσαντες διεπτοήθη-
μεν· ὁ δ᾽ εἰς τὸ μέσον φθεγξάμενος, Τίς, ἔφη, ὑμᾶς πάλαι
φλυαρία ἔχει, ὦ Σώκρατες; καὶ τί εὐηθίζεσθε πρὸς
ἀλλήλους ὑποκατακλινόμενοι ὑμῖν αὐτοῖς; ἀλλ᾽ εἴπερ
ὡς ἀληθῶς βούλει εἰδέναι τὸ δίκαιον ὅτι ἔστι, μὴ μόνον
ἐρώτα μηδὲ φιλοτιμοῦ ἐλέγχων ἐπειδάν τίς τι ἀπο-
κρίνηται, ἐγνωκὼς τοῦτο, ὅτι ῥᾷον ἐρωτᾶν ἢ ἀποκρίνεσ-
θαι, ἀλλὰ καὶ αὐτὸς ἀπόκριναι καὶ εἰπὲ τί φῂς εἶναι τὸ
δίκαιον. καὶ ὅπως μοι μὴ ἐρεῖς ὅτι τὸ δέον ἐστὶν μηδ᾽
ὅτι τὸ ὠφέλιμον μηδ᾽ ὅτι τὸ λυσιτελοῦν μηδ᾽ ὅτι τὸ
κερδαλέον μηδ᾽ ὅτι τὸ συμφέρον, ἀλλὰ σαφῶς μοι καὶ
ἀκριβῶς λέγε ὅτι ἂν λέγῃς· ὡς ἐγὼ οὐκ ἀποδέξομαι ἐὰν
ὕθλους τοιούτους λέγῃς.

καὶ ἐγὼ ἀκούσας ἐξεπλάγην καὶ προσβλέπων αὐτὸν
ἐφοβούμην, καί μοι δοκῶ, εἰ μὴ πρότερος ἑωράκη αὐτὸν
ἢ ἐκεῖνος ἐμέ, ἄφωνος ἂν γενέσθαι. νῦν δὲ ἡνίκα ὑπὸ
τοῦ λόγου ἤρχετο ἐξαγριαίνεσθαι, προσέβλεψα αὐτὸν
πρότερος, ὥστε αὐτῷ οἷός τ᾽ ἐγενόμην ἀποκρίνασθαι,
καὶ εἶπον ὑποτρέμων· ὦ Θρασύμαχε, μὴ χαλεπὸς
ἡμῖν ἴσθι· εἰ γάρ τι ἐξαμαρτάνομεν ἐν τῇ τῶν λόγων
σκέψει ἐγώ τε καὶ ὅδε, εὖ ἴσθι ὅτι ἄκοντες ἁμαρτάνομεν.
μὴ γὰρ δὴ οἴου, εἰ μὲν χρυσίον ἐζητοῦμεν, οὐκ ἄν ποτε
ἡμᾶς ἑκόντας εἶναι ὑποκατακλίνεσθαι ἀλλήλοις ἐν τῇ
ζητήσει καὶ διαφθείρειν τὴν εὕρεσιν αὐτοῦ, δικαιοσύνην δὲ ζητοῦντας, πρᾶγμα πολλῶν χρυσίων τιμιώτερον,
ἔπειθ᾽ οὕτως ἀνοήτως ὑπείκειν ἀλλήλοις καὶ οὐ σπουδά-
ζειν ὅτι μάλιστα φανῆναι αὐτό. οἴου γε σύ, ὦ φίλε.
ἀλλ᾽ οἶμαι οὐ δυνάμεθα· ἐλεεῖσθαι οὖν ἡμᾶς πολὺ μᾶλ-

λον εἰκός ἐστίν που ὑπὸ ὑμῶν τῶν δεινῶν ἢ χαλεπαί-
νεσθαι. (*Republic* I. 336 b–337 a)

91. *A terrible* OBJECT LESSON

ἔφη γὰρ δὴ παραγενέσθαι ἐρωτωμένῳ ἑτέρῳ ὑπὸ
ἑτέρου ὅπου εἴη Ἀρδιαῖος ὁ μέγας. ὁ δὲ Ἀρδιαῖος οὗτος
τῆς Παμφυλίας ἔν τινι πόλει τύραννος ἐγεγόνει, ἤδη
χιλιοστὸν ἔτος εἰς ἐκεῖνον τὸν χρόνον, γέροντά τε πατέρα
ἀποκτείνας καὶ πρεσβύτερον ἀδελφόν, καὶ ἄλλα δὴ
πολλά τε καὶ ἀνόσια εἰργασμένος, ὡς ἐλέγετο. ἔφη οὖν
τὸν ἐρωτώμενον εἰπεῖν, "Οὐχ ἥκει," φάναι, "οὐδ' ἂν
ἥξει δεῦρο. ἐθεασάμεθα γὰρ οὖν δὴ καὶ τοῦτο τῶν δεινῶν
θεαμάτων· ἐπειδὴ ἐγγὺς τοῦ στομίου ἦμεν μέλλοντες
ἀνιέναι καὶ τἆλλα πάντα πεπονθότες, ἐκεῖνόν τε κατεί-
δομεν ἐξαίφνης καὶ ἄλλους—σχεδόν τι αὐτῶν τοὺς
πλείστους τυράννους ἦσαν δὲ καὶ ἰδιῶταί τινες τῶν
μεγάλα ἡμαρτηκότων—οὓς οἰομένους ἤδη ἀναβήσεσθαι
οὐκ ἐδέχετο τὸ στόμιον, ἀλλ' ἐμυκᾶτο ὁπότε τις τῶν
οὕτως ἀνιάτως ἐχόντων εἰς πονηρίαν ἢ μὴ ἱκανῶς δεδω-
κὼς δίκην ἐπιχειροῖ ἀνιέναι. ἐνταῦθα δὴ ἄνδρες, ἔφη,
ἄγριοι, διάπυροι ἰδεῖν, παρεστῶτες καὶ καταμανθάνοντες
τὸ φθέγμα, τοὺς μὲν διαλαβόντες ἦγον, τὸν δὲ Ἀρδιαῖον
καὶ ἄλλους συμποδίσαντες χεῖράς τε καὶ πόδας καὶ
κεφαλήν, καταβαλόντες καὶ ἐκδείραντες, εἷλκον παρὰ
τὴν ὁδὸν ἐκτὸς ἐπ' ἀσπαλάθων κνάμπτοντες, καὶ τοῖς
ἀεὶ παριοῦσι σημαίνοντες ὧν ἕνεκά τε καὶ ὅτι εἰς τὸν
Τάρταρον ἐμπεσούμενοι ἄγοιντο." ἔνθα δὴ φόβων, ἔφη,
πολλῶν καὶ παντοδαπῶν σφίσι γεγονότων, τοῦτον
ὑπερβάλλειν, μὴ γένοιτο ἑκάστῳ τὸ φθέγμα ὅτε ἀνα-
βαίνοι, καὶ ἀσμενέστατα ἕκαστον σιγήσαντος ἀναβῆναι.
(*Id.* x. 615 c–616 a)

92. *The proper function of* WOMAN

τίνα οὖν ἔμπροσθεν τῶν νῦν ἀποδεδειγμένων θεῖμεν
ἂν τῆς κοινωνίας ταύτης ἣν νῦν αὐταῖς ἡμεῖς προστάτ-
τομεν; πότερον ἣν Θρᾷκες ταῖς γυναιξὶν χρῶνται καὶ
πολλὰ ἕτερα γένη, γεωργεῖν τε καὶ βουκολεῖν καὶ ποι-
μαίνειν καὶ διακονεῖν μηδὲν διαφερόντως τῶν δούλων;
ἢ καθάπερ ἡμεῖς ἅπαντές τε οἱ περὶ τὸν τόπον ἐκεῖνον;
νῦν γὰρ δὴ τό γε παρ' ἡμῖν ὧδέ ἐστιν περὶ τούτων
γιγνόμενον· εἴς τινα μίαν οἴκησιν συμφορήσαντες, τὸ
λεγόμενον, πάντα χρήματα, παρέδομεν ταῖς γυναιξὶν
διαταμιεύειν τε καὶ κερκίδων ἄρχειν καὶ πάσης ταλασίας. ἢ τὸ τούτων δὴ διὰ μέσου φῶμεν, ὦ Μέγιλλε, τὸ
Λακωνικόν; κόρας μὲν γυμνασίων μετόχους οὔσας ἅμα
καὶ μουσικῆς ζῆν δεῖν, γυναῖκας δὲ ἀργοὺς μὲν ταλασίας,
ἀσκητικὸν δέ τινα βίον καὶ οὐδαμῶς φαῦλον οὐδ' εὐτελῆ
διαπλέκειν, θεραπείας δὲ καὶ ταμιείας αὖ καὶ παιδοτρο-
φίας εἴς τι μέσον ἀφικνεῖσθαι, τῶν δ' εἰς τὸν πόλεμον
μὴ κοινωνούσας, ὥστε οὐδ' εἴ τίς ποτε διαμάχεσθαι
περὶ πόλεώς τε καὶ παίδων ἀναγκαία τύχη γίγνοιτο,
οὔτ' ἂν τόξων, ὥς τινες Ἀμαζόνες, οὔτ' ἄλλης κοινωνῆ-
σαί ποτε βολῆς μετὰ τέχνης δυνάμεναι, οὐδὲ ἀσπίδα
καὶ δόρυ λαβοῦσαι μιμήσασθαι τὴν θεόν, ὡς πορθου-
μένης αὐταῖς τῆς πατρίδος γενναίως ἀντιστάσας, φόβον
γε, εἰ μηδὲν μεῖζον, πολεμίοισι δύνασθαι παρασχεῖν ἐν
τάξει τινὶ κατοφθείσας; Σαυρομάτιδας δὲ οὐδ' ἂν τὸ
παράπαν τολμήσειαν μιμήσασθαι τοῦτον τὸν τρόπον
διαβιοῦσαι, παρὰ γυναῖκας δὲ αὐτὰς ἄνδρες ἂν αἱ ἐκείνων
γυναῖκες φανεῖεν. ταῦτ' οὖν ὑμῶν τοὺς νομοθέτας ὁ μὲν
βουλόμενος ἐπαινεῖν ἐπαινείτω, τὸ δ' ἐμὸν οὐκ ἄλλως
ἂν λεχθείη· τέλεον γὰρ καὶ οὐ διήμισυν δεῖν τὸν νομο-

θέτην εἶναι, τὸ θῆλυ μὲν ἀφιέντα τρυφᾶν καὶ ἀναλίσκειν
διαίταις ἀτάκτως χρώμενον, τοῦ δὲ ἄρρενος ἐπιμελη-
θέντα, τελέως σχεδὸν εὐδαίμονος ἥμισυ βίου καταλείπ-
ειν ἀντὶ διπλασίου τῇ πόλει.   (*Leges* VII. 805 *d*–806 *c*)

ISOCRATES
436—338 B.C.
Orator

93. *Comparison of* ATHENS *and* SPARTA

οἶμαι δὲ τοὺς ἀηδῶς ἀκούοντας τῶν λόγων τούτων
τοῖς μὲν εἰρημένοις οὐδὲν ἀντερεῖν ὡς οὐκ ἀληθέσιν
οὖσιν, οὐδ' αὖ πράξεις ἑτέρας ἕξειν εἰπεῖν, περὶ ἃς Λακεδαιμόνιοι γενόμενοι πολλῶν ἀγαθῶν αἴτιοι τοῖς Ἕλλησι
κατέστησαν, κατηγορεῖν δὲ τῆς πόλεως ἡμῶν ἐπιχειρή-
σειν, ὅπερ ἀεὶ ποιεῖν εἰώθασι, καὶ διεξιέναι τὰς δυσχε-
ρεστάτας τῶν πράξεων τῶν ἐπὶ τῆς ἀρχῆς τῆς κατὰ
θάλατταν γεγενημένων, καὶ τάς τε δίκας καὶ τὰς κρίσεις
τὰς ἐνθάδε γιγνομένας τοῖς συμμάχοις καὶ τὴν τῶν
φόρων εἴσπραξιν διαβαλεῖν, καὶ μάλιστα διατρίψειν
περὶ τὰ Μηλίων πάθη καὶ Σκιωναίων καὶ Τορωναίων,
οἰομένους ταῖς κατηγορίαις ταύταις καταρρυπανεῖν τὰς
τῆς πόλεως εὐεργεσίας τὰς ὀλίγῳ πρότερον εἰρημένας.
ἐγὼ δὲ πρὸς ἅπαντα μὲν τὰ δικαίως ἂν ῥηθέντα κατὰ
τῆς πόλεως οὔτ' ἂν δυναίμην ἀντειπεῖν οὔτ' ἂν ἐπιχειρή-
σαιμι τοῦτο ποιεῖν· καὶ γὰρ ἂν αἰσχυνοίμην, ὅπερ εἶπον
ἤδη καὶ πρότερον, εἰ τῶν ἄλλων μηδὲ τοὺς θεοὺς ἀνα-
μαρτήτους εἶναι νομιζόντων ἐγὼ γλιχοίμην καὶ πειρώ-
μην πείθειν, ὡς περὶ οὐδὲν πώποτε τὸ κοινὸν ἡμῶν

πεπλημμέληκεν· οὐ μὴν ἀλλ᾽ ἐκεῖνό γ᾽ οἶμαι ποιήσειν,
τήν τε πόλιν τὴν Σπαρτιατῶν ἐπιδείξειν περὶ τὰς πράξεις τὰς προειρημένας πολὺ πικροτέραν καὶ χαλεπωτέ-
ραν τῆς ἡμετέρας γεγενημένην, τούς θ᾽ ὑπὲρ ἐκείνων
βλασφημοῦντας καθ᾽ ἡμῶν ὡς δυνατὸν ἀφρονέστατα
διακειμένους καὶ τοῦ κακῶς ἀκούειν ὑφ᾽ ἡμῶν τοὺς
φίλους αὐτῶν αἰτίους ὄντας· ἐπειδὰν γὰρ τὰ τοιαῦτα
κατηγορῶσιν, οἷς ἔνοχοι Λακεδαιμόνιοι μᾶλλον τυγχά-
νουσιν ὄντες, οὐκ ἀποροῦμεν τοῦ περὶ ἡμῶν ῥηθέντος
μεῖζον ἁμάρτημα κατ᾽ ἐκείνων εἰπεῖν. οἷον καὶ νῦν, ἢν
μνησθῶσι τῶν ἀγώνων τῶν τοῖς συμμάχοις ἐνθάδε
γιγνομένων, τίς ἐστιν οὕτως ἀφυής, ὅστις οὐχ εὑρήσει
πρὸς τοῦτ᾽ ἀντειπεῖν, ὅτι πλείους Λακεδαιμόνιοι τῶν
Ἑλλήνων ἀκρίτους ἀπεκτόνασι τῶν παρ᾽ ἡμῖν, ἐξ οὗ
τὴν πόλιν οἰκοῦμεν, εἰς ἀγῶνα καὶ κρίσιν καταστάντων;

(*Panathenaicus* 62–66)

DEMOSTHENES
383—322 B.C.
Orator

94. DEMOSTHENES *attacks the abuse of
government by* 'POLITICIANS'

τί δὴ τὸ πάντων αἴτιον τούτων, καὶ τί δή ποθ᾽ ἅπαντ᾽
εἶχε καλῶς τότε, καὶ νῦν οὐκ ὀρθῶς; ὅτι τότε μὲν
πράττειν καὶ στρατεύεσθαι τολμῶν αὐτὸς ὁ δῆμος,
δεσπότης ἦν καὶ κύριος πάντων τῶν ἀγαθῶν, κἀγαπη-
τὸν ἦν παρὰ τοῦ δήμου τῶν ἄλλων ἑκάστῳ καὶ τιμῆς
καὶ ἀρχῆς κἀγαθοῦ τινος μεταλαβεῖν· νῦν δὲ τοὐναντίον

κύριοι μὲν οἱ πολιτευόμενοι τῶν ἀγαθῶν, καὶ διὰ τούτων
ἅπαντα πράττεται· ὑμεῖς δ᾿ ὁ δῆμος ἐκνενευρισμένοι,
περιῃρημένοι χρήματα, συμμάχους, ἐν ὑπηρέτου καὶ
προσθήκης μέρει γεγένησθε, ἀγαπῶντες ἐὰν μεταδιδῶσι
θεωρικὸν ὑμῖν ἢ Βοηδρόμια πέμψωσιν οὗτοι, καὶ τὸ
πάντων ἀνδρειότατον, τῶν ὑμετέρων αὐτῶν χάριν προσ-
οφείλετε. οἱ δ᾿ ἐν αὐτῇ τῇ πόλει καθείρξαντες ὑμᾶς,
ἐπάγουσ᾿ ἐπὶ ταῦτα καὶ τιθασεύουσιν χειροήθεις αὐτοῖς
ποιοῦντες. ἔστι δ᾿ οὐδέποτ᾿ οἶμαι, μέγα καὶ νεανικὸν
φρόνημα λαβεῖν μικρὰ καὶ φαῦλα πράττοντας· ὁποῖ᾿
ἄττα γὰρ ἂν τἀπιτηδεύματα τῶν ἀνθρώπων ᾖ, τοιοῦτον
ἀνάγκη καὶ τὸ φρόνημ᾿ ἔχειν. ταῦτα μὰ τὴν Δήμητρ᾿ οὐκ
ἂν θαυμάσαιμ᾿ εἰ μείζων εἰπόντι μοι γένοιτο βλάβη τῶν
πεποιηκότων αὐτὰ γενέσθαι· οὐδὲ γὰρ παρρησία περὶ
πάντων ἀεὶ παρ᾿ ὑμῖν ἐστιν, ἀλλ᾿ ἔγωγ᾿ ὅτι καὶ νῦν
γέγονεν θαυμάζω.   (*Olynthiacs* III. 30–32)

95. Sound advice *in a critical time*

πῶς οὖν ταῦτα παύσεται; ὅταν ὑμεῖς ὦ ἄνδρες
Ἀθηναῖοι τοὺς αὐτοὺς ἀποδείξητε στρατιώτας καὶ μάρτυρας τῶν στρατηγουμένων καὶ δικαστὰς οἴκαδ᾿ ἐλθόντας τῶν εὐθυνῶν, ὥστε μὴ ἀκούειν μόνον ὑμᾶς τὰ
ὑμέτερ᾿ αὐτῶν, ἀλλὰ καὶ παρόντας ὁρᾶν. νῦν δ᾿ εἰς
τοῦθ᾿ ἥκει τὰ πράγματ᾿ αἰσχύνης, ὥστε τῶν στρατηγῶν
ἕκαστος δὶς καὶ τρὶς κρίνεται παρ᾿ ὑμῖν περὶ θανάτου,
πρὸς δὲ τοὺς ἐχθροὺς οὐδεὶς οὐδ᾿ ἅπαξ αὐτῶν ἀγωνί-
σασθαι περὶ θανάτου τολμᾷ, ἀλλὰ τὸν τῶν ἀνδραπο-
διστῶν καὶ λωποδυτῶν θάνατον μᾶλλον αἱροῦνται τοῦ
προσήκοντος· κακούργου μὲν γάρ ἐστι κριθέντ᾿ ἀποθανεῖν,
στρατηγοῦ δὲ μαχόμενον τοῖς πολεμίοις. ἡμῶν δ᾿ οἱ μὲν
περιιόντες μετὰ Λακεδαιμονίων φασὶ Φίλιππον πράττειν

τὴν Θηβαίων κατάλυσιν καὶ τὰς πολιτείας διασπᾶν, οἱ
δ᾽ ὡς πρέσβεις πέπομφεν ὡς βασιλέα, οἱ δ᾽ ἐν Ἰλλυριοῖς
πόλεις τειχίζειν, οἱ δὲ λόγους πλάττοντες ἕκαστος
περιερχόμεθα. ἐγὼ δ᾽ οἶμαι μὲν ὦ ἄνδρες Ἀθηναῖοι νὴ
τοὺς θεοὺς ἐκεῖνον μεθύειν τῷ μεγέθει τῶν πεπραγμένων
καὶ πολλὰ τοιαῦτ᾽ ὀνειροπολεῖν ἐν τῇ γνώμῃ, τήν τ᾽
ἐρημίαν τῶν κωλυσόντων ὁρῶντα καὶ τοῖς πεπραγμένοις
ἐπηρμένον, οὐ μέντοι μὰ Δί᾽ οὕτω προαιρεῖσθαι πράττειν,
ὥστε τοὺς ἀνοητοτάτους τῶν παρ᾽ ἡμῖν εἰδέναι τί μέλλει
ποιεῖν ἐκεῖνος· ἀνοητότατοι γάρ εἰσιν οἱ λογοποιοῦντες.
ἀλλ᾽ ἂν ἀφέντες ταῦτ᾽ ἐκεῖνα εἰδῶμεν, ὅτι ἐχθρὸς ἄνθρωπος, καὶ τὰ ἡμέτερ᾽ ἡμᾶς ἀποστερεῖ, καὶ χρόνον
πολὺν ὕβρικε, καὶ ἅπανθ᾽ ὅσα πώποτ᾽ ἠλπίσαμέν τινα
πράξειν ὑπὲρ ἡμῶν, καθ᾽ ἡμῶν εὕρηται, καὶ τὰ λοίπ᾽ ἐν
αὐτοῖς ἡμῖν ἐστί, κἂν μὴ νῦν ἐθέλωμεν ἐκεῖ πολεμεῖν
αὐτῷ, ἐνθάδ᾽ ἴσως ἀναγκασθησόμεθ᾽ αὐτὸ ποιεῖν, ἂν
ταῦτ᾽ εἰδῶμεν, καὶ τὰ δέοντ᾽ ἐσόμεθ᾽ ἐγνωκότες καὶ
λόγων ματαίων ἀπηλλαγμένοι· οὐ γὰρ ἅττα ποτ᾽ ἔσται
δεῖ σκοπεῖν, ἀλλ᾽ ὅτι φαῦλ᾽, ἂν μὴ προσέχητε τὸν νοῦν
καὶ τὰ προσήκοντα ποιεῖν ἐθέλητ᾽, εὖ εἰδέναι.

(*Philippics* I. 47–50)

96. DEMOSTHENES *tries earnestly to persuade* ATHENS *to prepare against* PHILIP

εἰ δέ τῳ δοκεῖ ταῦτα καὶ δαπάνης πολλῆς καὶ πόνων
πολλῶν καὶ πραγματείας εἶναι, καὶ μάλ᾽ ὀρθῶς δοκεῖ·
ἀλλ᾽ ἐὰν λογίσηται τὰ τῇ πόλει μετὰ ταῦτα γενησόμενα,
ἂν ταῦτα μὴ θέλῃ, εὑρήσει λυσιτελοῦν τὸ ἑκόντας ποιεῖν
τὰ δέοντα. εἰ μὲν γάρ ἐστί τις ἐγγυητής—θεῶν, οὐ γὰρ
ἀνθρώπων γ᾽ οὐδεὶς ἂν γένοιτ᾽ ἀξιόχρεως τηλικούτου

πράγματος—ὡς, ἂν ἄγηθ᾽ ἡσυχίαν καὶ ἄπαντα προῆσθε,
οὐκ ἐπ᾽ αὐτοὺς ὑμᾶς τελευτῶν ἐκεῖνος ἥξει, αἰσχρὸν μὲν
νὴ τὸν Δία καὶ πάντας θεοὺς καὶ ἀνάξιον ὑμῶν καὶ τῶν
ὑπαρχόντων τῇ πόλει καὶ πεπραγμένων τοῖς προγόνοις,
τῆς ἰδίας ἕνεκα ῥᾳθυμίας τοὺς ἄλλους πάντας Ἕλληνας
εἰς δουλείαν προέσθαι, καὶ τεθνάναι μᾶλλον ἂν ἢ ταῦτ᾽
εἰρηκέναι βουλοίμην· οὐ μὴν ἀλλ᾽ εἴ τις ἄλλος λέγει καὶ
ὑμᾶς πείθει, ἔστω, μὴ ἀμύνεσθ᾽, ἄπαντα πρόεσθε. εἰ δὲ
μήτε τοῦτο δοκεῖ, τοὐναντίον τε πρόϊσμεν ἄπαντες ὅτι,
ὅσῳ ἂν πλειόνων ἐάσωμεν ἐκεῖνον γενέσθαι κύριον,
τοσούτῳ χαλεπωτέρῳ καὶ ἰσχυροτέρῳ χρησόμεθ᾽ ἐχθρῷ,
ποῖ ἀναδυόμεθ᾽; ἢ τί μέλλομεν; ἢ πότ᾽ ὦ ἄνδρες Ἀθηναῖοι
τὰ δέοντα ποιεῖν ἐθελήσομεν; ὅταν νὴ Δί᾽ ἀναγκαῖον ᾖ.
ἀλλ᾽ ἣν μὲν ἄν τις ἐλευθέρων ἀνθρώπων ἀνάγκην εἴποι,
οὐ μόνον ἤδη πάρεστιν, ἀλλὰ καὶ πάλαι παρελήλυθε,
τὴν δὲ τῶν δούλων ἀπεύχεσθαι δήπου μὴ γενέσθαι δεῖ.
διαφέρει δὲ τί; ὅτι ἐστὶν ἐλευθέρῳ μὲν ἀνθρώπῳ μεγίστη
ἀνάγκη ἡ ὑπὲρ τῶν γιγνομένων αἰσχύνη, καὶ μείζω
ταύτης οὐκ οἶδ᾽ ἥντιν᾽ ἂν εἴποιμεν· δούλῳ δὲ πληγαὶ
χὠ τοῦ σώματος αἰκισμός, ἃ μήτε γένοιτ᾽ οὔτε λέγειν
ἄξιον. (De Chersoneso 48–51)

97. More warnings against PHILIP

καὶ μὴν εἰ μέχρι τούτου περιμενοῦμεν, ἕως ἂν ἡμῖν
ὁμολογήσῃ πολεμεῖν, πάντων ἐσμὲν εὐηθέστατοι· οὐδὲ
γὰρ ἂν ἐπὶ τὴν Ἀττικὴν αὐτὴν βαδίζῃ καὶ τὸν Πειραιᾶ,
τοῦτ᾽ ἐρεῖ, εἴπερ οἷς πρὸς τοὺς ἄλλους πεποίηκε δεῖ
τεκμαίρεσθαι. τοῦτο μὲν γὰρ Ὀλυνθίοις, τετταράκοντ᾽
ἀπέχων τῆς πόλεως στάδια, εἶπε ὅτι δεῖ δυοῖν θάτερον,
ἢ κείνους ἐν Ὀλύνθῳ μὴ οἰκεῖν ἢ αὐτὸν ἐν Μακεδονίᾳ,
πάντα τὸν ἄλλον χρόνον, εἴ τις αὐτὸν αἰτιάσαιτό τι

τοιοῦτον, ἀγανακτῶν καὶ πρέσβεις πέμπων τοὺς ἀπολο-
γησομένους· τοῦτο δ᾽ εἰς Φωκέας ὡς πρὸς συμμάχους
ἐπορεύετο, καὶ πρέσβεις Φωκέων ἦσαν οἱ παρηκολούθουν
αὐτῷ πορευομένῳ, καὶ παρ᾽ ἡμῖν ἤριζον οἱ πολλοί,
Θηβαίοις οὐ λυσιτελήσειν τὴν ἐκείνου πάροδον. καὶ
μὴν καὶ Φερὰς πρώην ὡς φίλος καὶ σύμμαχος εἰς
Θετταλίαν ἐλθὼν ἔχει καταλαβών, καὶ τὰ τελευταῖα
τοῖς ταλαιπώροις Ὠρείταις τουτοισί, ἐπισκεψομένους
ἔφη τοὺς στρατιώτας πεπομφέναι κατ᾽ εὔνοιαν· πυνθά-
νεσθαι γὰρ αὐτοὺς ὡς νοσοῦσι καὶ στασιάζουσιν,
συμμάχων δ᾽ εἶναι καὶ φίλων ἀληθινῶν ἐν τοῖς τοιούτοις
καιροῖς παρεῖναι. εἶτ᾽ οἴεσθ᾽ αὐτόν, οἳ μὲν ἐποίησαν μὲν
οὐδὲν ἂν κακόν, μὴ παθεῖν δ᾽ ἐφυλάξαντ᾽ ἂν ἴσως, τούτους
μὲν ἐξαπατᾶν αἱρεῖσθαι μᾶλλον, ἢ προλέγοντα βιά-
ζεσθαι, ὑμῖν δ᾽ ἐκ προρρήσεως πολεμήσειν, καὶ ταῦθ᾽ ἕως
ἂν ἑκόντες ἐξαπατᾶσθε; οὐκ ἔστι ταῦτα· καὶ γὰρ ἂν
ἀβελτερώτατος εἴη πάντων ἀνθρώπων, εἰ τῶν ἀδικου-
μένων ὑμῶν μηδὲν ἐγκαλούντων αὐτῷ, ἀλλ᾽ ὑμῶν αὐτῶν
τινὰς αἰτιωμένων, ἐκεῖνος ἐκλύσας τὴν πρὸς ἀλλήλους
ἔριν ὑμῶν καὶ φιλονικίαν, ἐφ᾽ αὐτὸν προείποι τρέπεσθαι,
καὶ τῶν παρ᾽ ἑαυτοῦ μισθοφορούντων τοὺς λόγους ἀφέ-
λοιτο, οἷς ἀναβάλλουσιν ὑμᾶς, λέγοντες ὡς ἐκεῖνός γ᾽ οὐ
πολεμεῖ τῇ πόλει.   (*Philippics* III. 10–14)

98. *The proper function of an* ATHENIAN
STATESMAN

ἀμφότεροί μοι δοκοῦσιν ἁμαρτάνειν ὦ ἄνδρες Ἀθηναῖοι, καὶ οἱ τοῖς Ἀρκάσιν καὶ οἱ τοῖς Λακεδαιμονίοις
συνειρηκότες· ὥσπερ γὰρ ἀφ᾽ ἑκατέρων ἥκοντες, οὐχ
ὑμῶν ὄντες, πρὸς οὓς ἀμφότεροι πρεσβεύονται, κατη-

γορούσι και διαβάλλουσιν αλλήλους. ην δε τούτο μεν
των αφιγμένων έργον, το δε κοινώς υπέρ των πραγμάτων
λέγειν και τα βέλτισθ' υπέρ υμών σκοπείν άνευ φιλο-
νεικίας, των ενθάδε συμβουλεύειν αξιούντων. νυν δ', εί
τις αυτών αφέλοι το γιγνώσκεσθαι και το τη φωνή
λέγειν Αττικιστί, πολλούς αν οίμαι τους μεν Αρκάδας,
τους δε Λάκωνας αυτών είναι νομίσαι. εγώ δ' οίδα μεν
ως χαλεπόν τα βέλτιστα λέγειν εστίν· εξηπατημένων
γαρ υμών, και των μεν ταυτί, των δε ταυτί βουλομένων,
αν τα μεταξύ τις εγχειρή λέγειν κάθ' υμείς μη περιμεί-
νητε μαθείν, χαριείται μεν ουδετέροις, διαβεβλήσεται δε
προς αμφοτέρους· ου μην αλλ' αιρήσομαι μάλλον αυτός,
αν άρα τούτο πάθω, δοκείν φλυαρείν, ή παρ' α βέλτιστα
νομίζω, προέσθαι τισίν υμάς εξαπατήσαι.

(*Pro Megalopolitanis* 1-3)

99. DEMOSTHENES *justifies his own and the* ATHENIANS' *policy of having fought* PHILIP

ει μεν τοίνυν τούτ' επεχείρουν λέγειν, ως εγώ προή-
γαγον υμάς άξια των προγόνων φρονείν, ουκ έσθ' όστις
ουκ αν εικότως επετίμησέ μοι. νυν δ' εγώ μεν υμετέρας
τας τοιαύτας προαιρέσεις αποφαίνω και δείκνυμ' ότι και
προ εμού τούτ' είχεν το φρόνημ' η πόλις, της μέντοι
διακονίας της εφ' εκάστοις των πεπραγμένων και εμαυτώ
μετείναί φημι, ούτος δε των όλων κατηγορών, και κελεύων υμάς εμοί πικρώς έχειν ως φόβων και κινδύνων
αιτίω τη πόλει, της μεν εις το παρόν τιμής έμ' αποστε-
ρήσαι γλίχεται, τα δ' εις άπαντα τον χρόνον εγκώμι'
υμών αφαιρείται. ει γαρ ως ου τα βέλτιστ' εμού πολι-
τευσαμένου τουδί καταψηφιείσθε, ημαρτηκέναι δόξετε,

οὐ τῇ τῆς τύχης ἀγνωμοσύνῃ τὰ συμβάντα παθεῖν.
ἀλλ' οὐκ ἔστ' οὐκ ἔστιν ὅπως ἡμάρτετ' ἄνδρες Ἀθηναῖοι,
τὸν ὑπὲρ τῆς ἀπάντων ἐλευθερίας καὶ σωτηρίας κίνδυνον
ἀράμενοι, μὰ τοὺς Μαραθῶνι προκινδυνεύσαντας τῶν
προγόνων, καὶ τοὺς ἐμ Πλαταιαῖς παραταξαμένους, καὶ
τοὺς ἐν Σαλαμῖνι ναυμαχήσαντας καὶ τοὺς ἐπ' Ἀρτε-
μισίῳ, καὶ πολλοὺς ἑτέρους τοὺς ἐν τοῖς δημοσίοις
μνήμασιν κειμένους ἀγαθοὺς ἄνδρας, οὓς ἅπαντας ὁμοίως
ἡ πόλις τῆς αὐτῆς ἀξιώσασα τιμῆς ἔθαψεν, Αἰσχίνη,
οὐχὶ τοὺς κατορθώσαντας αὐτῶν οὐδὲ τοὺς κρατήσαντας
μόνους. δικαίως. ὃ μὲν γὰρ ἦν ἀνδρῶν ἀγαθῶν ἔργον
ἅπασιν πέπρακται· τῇ τύχῃ δ', ἣν ὁ δαίμων ἔνειμεν
ἑκάστοις, ταύτῃ κέχρηνται. ἔπειτ' ὦ κατάρατε καὶ
γραμματοκύφων, σὺ μὲν τῆς παρὰ τουτωνὶ τιμῆς καὶ
φιλανθρωπίας ἔμ' ἀποστερῆσαι βουλόμενος, τρόπαια
καὶ μάχας καὶ παλαί' ἔργ' ἔλεγες, ὧν τίνος προσεδεῖθ'
ὁ παρὼν ἀγὼν οὑτοσί; ἐμὲ δ' ὦ τριταγωνιστὰ τὸν περὶ
τῶν πρωτείων σύμβουλον τῇ πόλει παριόντα, τὸ τίνος
φρόνημα λαβόντ' ἀναβαίνειν ἐπὶ τὸ βῆμ' ἔδει; τὸ τοῦ
τούτων ἀνάξι' ἐροῦντος; δικαίως μεντἂν ἀπέθανον.

(De Corona 206–209)

100. DEMOSTHENES *warns the* ATHENIANS *not to
be led away by* AESCHINES' *alleged beauty of
elocution*

καίτοι καὶ περὶ τῆς φωνῆς ἴσως εἰπεῖν ἀνάγκη· πάνυ
γὰρ μέγα κἀπὶ ταύτῃ φρονεῖν αὐτὸν ἀκούω, ὡς καθ-
υποκρινούμενον ὑμᾶς. ἐμοὶ δὲ δοκεῖτ' ἀτοπώτατον ἂν
πάντων ποιῆσαι, εἰ ὅτε μὲν τὰ Θυέστου καὶ τῶν ἐπὶ
Τροίᾳ κάκ' ἠγωνίζετο, ἐξεβάλλετ' αὐτὸν καὶ ἐξεσυρίττετ'
ἐκ τῶν θεάτρων καὶ μόνον οὐ κατελεύεθ' οὕτως ὥστε

τελευτῶντα τοῦ τριταγωνιστεῖν ἀποστῆναι, ἐπειδὴ δ᾽
οὐκ ἐπὶ τῆς σκηνῆς, ἀλλ᾽ ἐν τοῖς κοινοῖς καὶ μεγίστοις
τῆς πόλεως πράγμασι μυρί᾽ εἴργασται κακά, τηνικαῦθ᾽
ὡς καλὸν φθεγγομένῳ προσέχοιτε. μηδαμῶς· μηδὲν
ὑμεῖς ἀβέλτερον πάθητε, ἀλλὰ λογίζεσθ᾽ ὅτι δεῖ, κήρυκα
μὲν ἂν δοκιμάζητ᾽, εὔφωνον σκοπεῖν, πρεσβευτὴν δὲ καὶ
τῶν κοινῶν ἀξιοῦντά τι πράττειν, δίκαιον καὶ φρόνημ᾽
ἔχονθ᾽ ὑπὲρ μὲν ὑμῶν μέγα, πρὸς δ᾽ ὑμᾶς ἴσον, ὥσπερ
ἐγὼ Φίλιππον μὲν οὐκ ἐθαύμασα, τοὺς δ᾽ αἰχμαλώτους
ἐθαύμασ᾽ ἔσωσα, οὐδὲν ὑπεστειλάμην. οὗτος δ᾽ ἐκείνου
μὲν προὐκαλινδεῖτο, τοὺς παιᾶνας ᾖδεν, ὑμῶν δ᾽ ὑπερορᾷ.
ἔτι τοίνυν ὅταν μὲν ἴδητε δεινότητ᾽ ἢ εὐφωνίαν, ἤ τι τῶν
τοιούτων ἀγαθῶν, ἐπὶ χρηστοῦ καὶ φιλοτίμου γεγενη-
μένον ἀνθρώπου, συγχαίρειν καὶ συνασκεῖν πάντας δεῖ·
κοινὸν γὰρ ὑμῖν πᾶσι τοῖς ἄλλοις τοῦτ᾽ ἀγαθὸν γίγνεται·
ὅταν δ᾽ ἐπὶ δωροδόκου καὶ πονηροῦ καὶ παντὸς ἥττονος
λήμματος, ἀποκλείειν καὶ πικρῶς καὶ ἐναντίως ἀκούειν,
ὡς πονηρία δυνάμεως δόξαν εὑρομένη παρ᾽ ὑμῶν, ἐπὶ
τὴν πόλιν ἐστίν. ὁρᾶτε δ᾽, ἀφ᾽ ὧν οὗτος εὐδοκιμεῖ, ἡλίκα
τῇ πόλει περιέστηκε πράγματα. αἱ μὲν τοίνυν ἄλλαι
δυνάμεις ἐπιεικῶς εἰσιν αὐτάρκεις, ἡ δὲ τοῦ λέγειν, ἂν
τὰ παρ᾽ ὑμῶν τῶν ἀκουόντων ἀντιστῇ, διακόπτεται.
οὕτως οὖν ἀκούετε τούτου, ὡς πονηροῦ καὶ δωροδόκου
καὶ οὐδ᾽ ὁτιοῦν ἐροῦντος ἀληθές.

(*De Falsa Legatione* 337–340)

101. DEMOSTHENES *inveighs against the unfair ad-
vantages possessed by the* RICH *over the* POOR

τοῦτο μέντοι τὸ τοιοῦτον ἔθος καὶ τὸ κατασκεύασμα,
ὦ ἄνδρες Ἀθηναῖοι, τὸ τοῖς ὑπὲρ αὐτῶν ἐπεξιοῦσι
δικαίως ἔτι πλείω περιστάναι κακά, οὐκ ἐμοὶ μὲν ἄξιόν

ἐστ᾽ ἀγανακτεῖν καὶ βαρέως φέρειν, ὑμῖν δὲ τοῖς ἄλλοις
παριδεῖν, πολλοῦ γε καὶ δεῖ, ἀλλὰ πᾶσιν ὁμοίως ὀργι-
στέον, ἐκλογιζομένοις καὶ θεωροῦσιν ὅτι τοῦ μὲν, ὦ
ἄνδρες ᾿Αθηναῖοι, ῥᾳδίως κακῶς παθεῖν ἐγγύτατα ἡμῶν
εἰσιν οἱ πενέστατοι καὶ ἀσθενέστατοι, τοῦ δ᾽ ὑβρίσαι
καὶ τοῦ ποιήσαντας μὴ δοῦναι δίκην, ἀλλὰ τοὺς ἀντι-
παρέξοντας πράγματα μισθώσασθαι, οἱ βδελυροὶ καὶ
χρήματ᾽ ἔχοντες. οὐ δὴ δεῖ παρορᾶν τὰ τοιαῦτα, οὐδὲ
τὸν ἐξείργοντα δέει καὶ φόβῳ τὸ δίκην ὧν ἂν ἡμῶν
ἀδικηθῇ τις λαμβάνειν παρ᾽ αὐτοῦ ἄλλο τι χρὴ νομίζειν
ποιεῖν ἢ τὰς τῆς ἰσηγορίας καὶ τὰς τῆς ἐλευθερίας ἡμῶν
μετουσίας ἀφαιρεῖσθαι. ἐγὼ μὲν γὰρ ἴσως διεωσάμην,
καὶ ἄλλος τις ἂν, ψευδῆ λόγον καὶ συκοφαντίαν, καὶ
οὐκ ἀνήρπασμαι· οἱ δὲ πολλοὶ τί ποιήσετε, ἂν μὴ δημοσίᾳ πᾶσι φοβερὸν καταστήσητε τὸ εἰς ταῦτα ἀπο-
χρῆσθαι τῷ πλουτεῖν; δόντα λόγον καὶ ὑποσχόντα
κρίσιν περὶ ὧν ἄν τις ἐγκαλῇ, τότ᾽ ἀμύνεσθαι τοὺς
ἀδίκως ἐφ᾽ αὑτὸν ἐλθόντας χρή, καὶ τότ᾽, ἂν ἀδικοῦντα
ὁρᾷ τις, οὐ προαναρπάζειν, οὐδ᾽ ἐπάγοντ᾽ αἰτίας ψευ-
δεῖς ἄκριτον ζητεῖν ἀποφεύγειν, οὐδ᾽ ἐπὶ τῷ διδόναι
δίκην ἀσχάλλειν, ἀλλὰ μὴ ποιεῖν ἐξ ἀρχῆς ἀσελγὲς
μηδέν.   (*In Meidiam* 123–125)

102. DEMOSTHENES *appeals to a jury to vote according to* CONSCIENCE *and not acquit a* SCOUNDREL

ἓν δ᾽ εἰπὼν ἔτι παύσασθαι βούλομαι. ἔξιτε αὐτίκα
δὴ μάλα ἐκ τοῦ δικαστηρίου, θεωρήσουσι δ᾽ ὑμᾶς οἱ
περιεστηκότες καὶ ξένοι καὶ πολῖται, καὶ κατ᾽ ἄνδρα
εἰς ἕκαστον τὸν παριόντα βλέψονται καὶ φυσιογνωμο-
νήσουσι τοὺς ἀποψηφισαμένους. τί οὖν ἐρεῖτε, ὦ ἄνδρες

Ἀθηναῖοι, εἰ προέμενοι τοὺς νόμους ἔξιτε; ποίοις προσ-
ώποις ἢ τίσιν ὀφθαλμοῖς πρὸς ἕκαστον τούτων ἀντι-
βλέψετε; πῶς δ' εἰς τὸ μητρῷον βαδιεῖσθε, ἄν τι
βούλησθε; οὐ γὰρ δήπου εἰς καθ' ἕνα ὑμῶν ἕκαστος
ὥσπερ ἐπὶ κυρίους τοὺς νόμους πορεύσεται, εἰ νῦν μὴ
βεβαιώσαντες αὐτοὺς ἔξιτε ἅπαντες κοινῇ. πῶς δὲ ταῖς
νουμηνίαις εἰς τὴν ἀκρόπολιν ἀναβαίνοντες τἀγαθὰ τῇ
πόλει διδόναι καὶ ἕκαστος ἑαυτῷ τοῖς θεοῖς εὔξεται,
ὅταν ὄντος τούτου ἐκεῖ καὶ τοῦ ἀδελφοῦ αὐτοῦ τοῦ
χρηστοῦ τἀναντία τοῖς ὅρκοις καὶ τοῖς ἐκεῖ γράμμασιν
ἐγνωκότες ἦτε ; ἢ τί ἐρεῖτε, ὦ ἄνδρες Ἀθηναῖοι, τί ἐρεῖτε,
ἄν τις ὑμᾶς ἐρωτᾷ γνωρίσας τοὺς ἀπεψηφισμένους ; τί
φήσετε; ἀρέσκειν τοῦτον ὑμῖν ; καὶ τίς ὁ τοῦτο τολμή-
σων εἰπεῖν; τίς ὁ τῆς τούτου πονηρίας μετ' ἀρᾶς καὶ
κακῆς δόξης κληρονομεῖν βουλησόμενος ; ἀλλ' οὐκ
αὐτὸς ἕκαστος ἀποψηφίσασθαι ; οὐκοῦν καταράσεσθε
τοῖς ἀποψηφισαμένοις, τοῦτο τὸ πιστὸν ἕκαστος διδοὺς
ὡς οὐκ αὐτὸς οὗτός ἐστι. καὶ τί δεῖ ταῦτα ποιεῖν, ἐξὸν
εὐφημεῖν καὶ ἅπαντας ἅπασι πάντα τἀγαθὰ εὔχεσθαι,
καὶ ὑμᾶς ὑμῖν αὐτοῖς καὶ τοὺς ἄλλους Ἀθηναίους ἅπαντας ὑμῖν, προσθήσω δὲ καὶ τοὺς ξένους καὶ παῖδας καὶ
γυναῖκας ; ἐφῖκται γάρ, ἐφῖκται πάντων ἡ τούτου κακο-
πραγμοσύνη, καὶ πᾶσι βουλομένοις ἐστὶν ἀπαλλαγῆναι
τῆς τούτου πονηρίας καὶ δίκην δεδωκότα αὐτὸν ἐπιδεῖν.
(*Contra Aristogeitona* A. 98–101)

103. *Wicked* GUARDIANS

τοσαύτης τοίνυν οὐσίας μοι καταλειφθείσης ὅσην
ἐξ ἀρχῆς ἠκούσατε, καὶ τοῦ τρίτου μέρους πρόσοδον
αὐτῆς φερούσης πεντήκοντα μνᾶς, ἐξὸν τούτοις ἀπλη-
στοτάτοις οὖσι χρημάτων, καὶ εἰ μὴ μισθοῦν τὸν οἶκον

ἐβούλοντο, ἀπὸ μὲν τούτων τῶν προσιόντων, ἐῶντας ὥσπερ εἶχε κατὰ χώραν, ἡμᾶς τε τρέφειν καὶ τὰ πρὸς τὴν πόλιν διοικεῖν, καὶ ὅσα ἐξ αὐτῶν περιεγίγνετο, ταῦτα προσπεριποιεῖν, τὴν δ' ἄλλην οὐσίαν ἐνεργὸν ποιήσασιν, οὖσαν ταύτης διπλασίαν, αὐτοῖς τε, εἰ χρημάτων ἐπεθύμουν, μέτρια ἐξ αὐτῶν λαβεῖν ἐμοί τε σὺν τοῖς ἀρχαίοις τὸν οἶκον ἐκ τῶν προσόδων μείζω ποιῆσαι, τούτων μὲν οὐδὲν ἐποίησαν, ἀποδόμενοι δ' ἀλλήλοις τὰ πλείστου ἄξια τῶν ἀνδραπόδων, τὰ δὲ παντάπασιν ἀφανίσαντες, ἐμοῦ μὲν ἀνεῖλον καὶ τὴν ὑπάρχουσαν πρόσοδον, σφίσι δ' αὐτοῖς οὐ μικρὰν ἐκ τῶν ἐμῶν κατεσκευάσαντο. λαβόντες δὲ καὶ τἄλλα αἰσχρῶς οὑτωσὶ πάντα, πλέον ἢ τὰ ἡμίση τῶν χρημάτων μηδὲ καταλειφθῆναι κοινῇ πάντες ἀμφισβητοῦσιν, ὡς πεντεταλάντου δὲ μόνον τῆς οὐσίας οὔσης ἐκ τοσαύτης τοὺς λόγους ἀπενηνόχασιν, οὐ πρόσοδον μὲν ἐξ αὐτῶν οὐκ ἀποφαίνοντες, τὰ δὲ κεφάλαια φανερὰ ἀποδεικνύντες, ἀλλ' αὐτὰ τὰ ἀρχαῖα οὕτως ἀναιδῶς ἀνηλῶσθαι φάσκοντες. καὶ οὐδ' αἰσχύνονται ταῦτα τολμῶντες. καίτοι τί ποτ' ἂν ἔπαθον ὑπ' αὐτῶν, εἰ πλείω χρόνον ἐπετροπεύθην; οὐκ ἂν ἔχοιεν εἰπεῖν. ὅπου γὰρ δέκα ἐτῶν διαγενομένων παρὰ μὲν τῶν οὕτω μικρὰ κεκόμισμαι, τῷ δὲ καὶ προσοφείλων ἐγγέγραμμαι, πῶς οὐκ ἄξιον διαγανακτεῖν; δῆλον δὲ παντάπασιν· εἰ κατελείφθην μὲν ἐνιαύσιος, ἓξ ἔτη δὲ προσεπετροπεύθην ὑπ' αὐτῶν, οὐδ' ἂν τὰ μικρὰ ταῦτα παρ' αὐτῶν ἀπέλαβον. εἰ γὰρ ἐκεῖνα ἀνήλωται ὀρθῶς, οὐδὲν ἂν τῶν νῦν παραδοθέντων ἐξήρκεσεν εἰς ἕκτον ἔτος, ἀλλ' ἢ παρ' αὐτῶν ἄν με ἔτρεφον ἢ τῷ λιμῷ περιεῖδον ἀπολόμενον.   (*Contra Aphobum* A. 60–63)

104. *A rascally* DEBTOR

ἐγὼ γὰρ, ὦ ἄνδρες Ἀθηναῖοι, ἐδάνεισα Φορμίωνι τούτῳ εἴκοσι μνᾶς ἀμφοτερόπλουν εἰς τὸν Πόντον ἐπὶ ἑτέρᾳ ὑποθήκῃ, καὶ συγγραφὴν ἐθέμην παρὰ Κίττῳ τῷ τραπεζίτῃ. κελευούσης δὲ τῆς συγγραφῆς ἐνθέσθαι εἰς τὴν ναῦν τετρακισχιλίων φορτία ἄξια, πρᾶγμα ποιεῖ πάντων δεινότατον· εὐθὺς γὰρ ἐν τῷ Πειραιεῖ ἐπιδανείζεται λάθρᾳ ἡμῶν παρὰ μὲν Θεοδώρου τοῦ Φοίνικος τετρακισχιλίας πεντακοσίας δραχμὰς, παρὰ δὲ τοῦ ναυκλήρου Λάμπιδος χιλίας. δέον δ' αὐτὸν καταγοράσαι φορτία Ἀθήνηθεν μνῶν ἑκατὸν καὶ δέκα καὶ πέντε, εἰ ἔμελλε τοῖς δανεισταῖς πᾶσι ποιήσειν τὰ ἐν ταῖς συγγραφαῖς γεγραμμένα, οὐ κατηγόρασεν ἀλλ' ἢ πεντακισχιλίων καὶ πεντακοσίων δραχμῶν, σὺν τῷ ἐπισιτισμῷ· ὀφείλει δ' ἑβδομήκοντα μνᾶς καὶ πέντε. ἀρχὴ μὲν οὖν αὕτη ἐγένετο τοῦ ἀδικήματος, ὦ ἄνδρες Ἀθηναῖοι· οὔτε γὰρ τὴν ὑποθήκην παρέσχετο οὔτε τὰ χρήματ' ἐνέθετ' εἰς τὴν ναῦν, κελευούσης τῆς συγγραφῆς ἐπάναγκες ἐντίθεσθαι. καί μοι λαβὲ τὴν συγγραφήν.

(*In Phormionem* 6–7)

ARISTOTLE

384—322 B.C.

Philosopher and Critic

105. The REQUISITES of a perfect TRAGEDY

ἐπειδὴ οὖν δεῖ τὴν σύνθεσιν εἶναι τῆς καλλίστης τραγῳδίας μὴ ἁπλῆν ἀλλὰ πεπλεγμένην καὶ ταύτην φοβερῶν καὶ ἐλεεινῶν εἶναι μιμητικήν, τοῦτο γὰρ ἴδιον τῆς τοιαύτης μιμήσεως ἐστίν, πρῶτον μὲν δῆλον, ὅτι οὔτε τοὺς ἐπιεικεῖς ἄνδρας δεῖ μεταβάλλοντας φαίνεσθαι ἐξ εὐτυχίας εἰς δυστυχίαν—οὐ γὰρ φοβερὸν οὐδὲ ἐλεεινὸν τοῦτο ἀλλὰ μιαρόν ἐστιν—οὔτε τοὺς μοχθηροὺς ἐξ ἀτυχίας εἰς εὐτυχίαν—ἀτραγῳδότατον γὰρ τοῦτ᾽ ἐστὶ πάντων· οὐδὲν γὰρ ἔχει ὧν δεῖ, οὔτε γὰρ φιλάνθρωπον οὔτε ἐλεεινὸν οὔτε φοβερόν ἐστιν—οὐδ᾽ αὖ τὸν σφόδρα πονηρὸν ἐξ εὐτυχίας εἰς δυστυχίαν μεταπίπτειν—τὸ μὲν γὰρ φιλάνθρωπον ἔχοι ἂν ἡ τοιαύτη σύστασις ἀλλ᾽ οὔτε ἔλεον οὔτε φόβον, ὁ μὲν γὰρ περὶ τὸν ἀνάξιόν ἐστιν δυστυχοῦντα, ὁ δὲ περὶ τὸν ὅμοιον, ἔλεος μὲν περὶ τὸν ἀνάξιον, φόβος δὲ περὶ τὸν ὅμοιον, ὥστε οὔτε ἐλεεινὸν οὔτε φοβερὸν ἔσται τὸ συμβαῖνον—ὁ μεταξὺ ἄρα τούτων λοιπός. ἔστι δὲ τοιοῦτος ὁ μήτε ἀρετῇ διαφέρων καὶ δικαιοσύνῃ, μήτε διὰ κακίαν καὶ μοχθηρίαν μεταβάλλων εἰς τὴν δυστυχίαν ἀλλὰ δι᾽ ἁμαρτίαν τινά, τῶν ἐν μεγάλῃ δόξῃ ὄντων καὶ εὐτυχίᾳ, οἷον Οἰδίπους καὶ Θυέστης καὶ οἱ ἐκ τῶν τοιούτων γενῶν ἐπιφανεῖς ἄνδρες.

(*Poetics* 1452 *b*, 32–1453 *a*, 13)

106. *Political association beneficial to* MANKIND

ὅτι μὲν οὖν ἡ πόλις καὶ φύσει καὶ πρότερον ἢ ἕκαστος, δῆλον· εἰ γὰρ μὴ αὐτάρκης ἕκαστος χωρισθείς, ὁμοίως τοῖς ἄλλοις μέρεσιν ἕξει πρὸς τὸ ὅλον, ὁ δὲ μὴ δυνάμενος κοινωνεῖν ἢ μηδὲν δεόμενος δι' αὐτάρκειαν οὐδὲν μέρος πόλεως, ὥστε ἢ θηρίον ἢ θεός.
φύσει μὲν οὖν ἡ ὁρμὴ ἐν πᾶσιν ἐπὶ τὴν τοιαύτην κοινωνίαν· ὁ δὲ πρῶτος συστήσας μεγίστων ἀγαθῶν αἴτιος. ὥσπερ γὰρ καὶ τελεωθὲν βέλτιστον τῶν ζώων ὁ ἄνθρωπός ἐστιν, οὕτω καὶ χωρισθὲν νόμου καὶ δίκης χείριστον πάντων. χαλεπωτάτη γὰρ ἀδικία ἔχουσα ὅπλα· ὁ δὲ ἄνθρωπος ὅπλα ἔχων φύεται φρονήσει καὶ ἀρετῇ, οἷς ἐπὶ τἀναντία ἔστι χρῆσθαι μάλιστα. διὸ ἀνοσιώτατον καὶ ἀγριώτατον ἄνευ ἀρετῆς καὶ πρὸς ἀφροδίσια καὶ ἐδωδὴν χείριστον. ἡ δὲ δικαιοσύνη πολιτικόν· ἡ γὰρ δίκη πολιτικῆς κοινωνίας τάξις ἐστιν ἡ δὲ δίκη τοῦ δικαίου κρίσις. (*Politics* 1253 a, 25–38)

107. *The necessary* QUALIFICATIONS *for high State officials*

τρία δέ τινα χρὴ ἔχειν τοὺς μέλλοντας ἄρξειν τὰς κυρίας ἀρχάς, πρῶτον μὲν φιλίαν πρὸς τὴν καθεστῶσαν πολιτείαν, ἔπειτα δύναμιν μεγίστην τῶν ἔργων τῆς ἀρχῆς, τρίτον δ' ἀρετὴν καὶ δικαιοσύνην ἐν ἑκάστῃ πολιτείᾳ τὴν πρὸς τὴν πολιτείαν εἰ γὰρ μὴ ταὐτὸν τὸ δίκαιον κατὰ πάσας τὰς πολιτείας, ἀνάγκη καὶ τῆς δικαιοσύνης εἶναι διαφοράς. ἔχει δ' ἀπορίαν, ὅταν μὴ συμβαίνῃ ταῦτα πάντα περὶ τὸν αὐτόν, πῶς χρὴ ποιεῖσθαι τὴν αἵρεσιν· οἷον εἰ στρατηγικὸς μέν τις εἴη, πονη-

ρὸς δὲ καὶ μὴ τῇ πολιτείᾳ φίλος, ὃ δὲ δίκαιος καὶ φίλος,
πῶς δεῖ ποιεῖσθαι τὴν αἵρεσιν; ἔοικε δὲ δεῖν βλέπειν
εἰς δύο, τίνος πλεῖον μετέχουσι πάντες καὶ τίνος ἔλατ-
τον· διὸ ἐν στρατηγίᾳ μὲν εἰς τὴν ἐμπειρίαν μᾶλλον
τῆς ἀρετῆς ἔλαττον γὰρ στρατηγίας μετέχουσι, τῆς δ'
ἐπιεικείας πλεῖον, ἐν δὲ φυλακῇ καὶ ταμιείᾳ τοὐναντίον
πλείονος γὰρ ἀρετῆς δεῖται ἢ ὅσην οἱ πολλοὶ ἔχουσιν, ἡ
δὲ ἐπιστήμη κοινὴ πᾶσιν. ἀπορήσειε δ' ἄν τις κἂν
δύναμις ὑπάρχῃ τῆς πολιτείας καὶ φιλία, τί δεῖ τῆς
ἀρετῆς; ποιήσει γὰρ τὰ συμφέροντα καὶ τὰ δύο. ἢ ὅτι
ἐνδέχεται τοὺς τὰ δύο ταῦτα ἔχοντας ἀκρατεῖς εἶναι,
ὥστε καθάπερ καὶ αὑτοῖς οὐχ ὑπηρετοῦσιν εἰδότες καὶ
φιλοῦντες αὑτούς, οὕτω καὶ πρὸς τὸ κοινὸν οὐδὲν κωλύει
ἔχειν ἐνίους;   (Id. 1309 a, 33–b, 14)

108. City WALLS

περὶ δὲ τειχῶν, οἱ μὴ φάσκοντες δεῖν ἔχειν τὰς τῆς
ἀρετῆς ἀντιποιουμένας πόλεις λίαν ἀρχαίως ὑπολαμβάνουσιν, καὶ ταῦθ' ὁρῶντες ἐλεγχομένας ἔργῳ τὰς ἐκείνως
καλλωπισαμένας. ἔστι δὲ πρὸς μὲν τοὺς ὁμοίους καὶ
μὴ πολὺ τῷ πλήθει διαφέροντας οὐ καλὸν τὸ πειρᾶσθαι
σῴζεσθαι διὰ τῆς τῶν τειχῶν ἐρυμνότητος· ἐπεὶ δὲ καὶ
συμβαίνει καὶ ἐνδέχεται πλείω τὴν ὑπεροχὴν γίνεσθαι
τῶν ἐπιόντων καὶ τῆς ἀνθρωπίνης καὶ τῆς ἐν τοῖς ὀλί-
γοις ἀρετῆς, εἰ δεῖ σῴζεσθαι καὶ μὴ πάσχειν κακῶς μηδὲ
ὑβρίζεσθαι, τὴν ἀσφαλεστάτην ἐρυμνότητα τῶν τειχῶν
οἰητέον εἶναι πολεμικωτάτην, ἄλλως τε καὶ νῦν εὑρη-
μένων τῶν περὶ τὰ βέλη καὶ τὰς μηχανὰς εἰς ἀκρίβειαν
πρὸς τὰς πολιορκίας. ὅμοιον γὰρ τὸ τείχη μὴ περιβάλλειν ταῖς πόλεσιν ἀξιοῦν καὶ τὸ τὴν χώραν εὐέμβολον
ζητεῖν καὶ περιαιρεῖν τοὺς ὀρεινοὺς τόπους, ὁμοίως δὲ

καὶ ταῖς ἰδίαις οἰκήσεσι μὴ περιβάλλειν τοίχους ὡς
ἀνάνδρων ἐσομένων τῶν κατοικούντων. ἀλλὰ μὴν οὐδὲ
τοῦτό γε δεῖ λανθάνειν, ὅτι τοῖς μὲν περιβεβλημένοις
τείχη περὶ τὴν πόλιν ἔξεστιν ἀμφοτέρως χρῆσθαι ταῖς
πόλεσιν, καὶ ὡς ἐχούσαις τείχη καὶ ὡς μὴ ἐχούσαις,
τοῖς δὲ μὴ κεκτημένοις οὐκ ἔξεστιν. εἰ δὴ τοῦτον ἔχει
τὸν τρόπον, οὐχ ὅτι τείχη μόνον περιβλητέον, ἀλλὰ καὶ
τούτων ἐπιμελητέον, ὅπως καὶ πρὸς κόσμον ἔχῃ τῇ
πόλει πρεπόντως καὶ πρὸς τὰς πολεμικὰς χρείας, τάς τε
ἄλλας καὶ τὰς νῦν ἐπεξευρημένας. ὥσπερ γὰρ τοῖς ἐπι-
τιθεμένοις ἐπιμελές ἐστι δι' ὧν τρόπων πλεονεκτήσου-
σιν, οὕτω τὰ μὲν εὕρηται τὰ δὲ ζητεῖν δεῖ καὶ φιλοσοφεῖν
καὶ τοὺς φυλαττομένους· ἀρχὴν γὰρ οὐδ' ἐπιχειροῦσιν
ἐπιτίθεσθαι τοῖς εὖ παρεσκευασμένοις.

(*Id.* 1330 *b*, 32–1331 *a*, 18)

THEOPHRASTUS
372—287 (?) B.C.

*Philosopher (especially noted for his
famous* 'Characters')

109. *The* LATE-LEARNER

ἡ δὲ ὀψιμαθία φιλοπονία δόξειεν ἂν εἶναι ὑπὲρ τὴν
ἡλικίαν, ὁ δὲ ὀψιμαθὴς τοιοῦτός τις οἷος ῥήσεις μανθάνειν ἑξήκοντα ἔτη γεγονὼς καὶ ταύτας λέγων παρὰ πότον
ἐπιλανθάνεσθαι· καὶ παρὰ τοῦ υἱοῦ μανθάνειν τὸ ἐπὶ
δόρυ καὶ ἐπὶ ἀσπίδα καὶ ἐπ' οὐράν· καὶ εἰς ἥρωα συμ-
βάλλεσθαι τοῖς μειρακίοις λαμπάδα τρέχειν. ἀμέλει δὲ
κἄν που κληθῇ εἰς Ἡράκλειον, ῥίψας τὸ ἱμάτιον τὸν

βοῦν αἱρεῖν ἵνα τραχηλίσῃ· καὶ προσανατρίβεσθαι
εἰσιὼν εἰς τὰς παλαίστρας· καὶ ἐν τοῖς θαύμασι τρία ἢ
τέτταρα πληρώματα ὑπομένειν τὰ ᾄσματα ἐκμανθάνων·
καὶ τελούμενος τῷ Σαβαζίῳ σπεῦσαι ὅπως καλλιστεύσῃ
παρὰ τῷ ἱερεῖ· καὶ εἰς ἀγρὸν ἐφ᾽ ἵππου ἀλλοτρίου
κατοχούμενος ἅμα μελετᾶν ἱππάζεσθαι, καὶ πεσὼν τὴν
κεφαλὴν κατεαγέναι· καὶ ἐν δεκάταις συνάγειν τοὺς μεθ᾽
αὑτοῦ συναυλήσοντας· καὶ μακρὸν ἀνδριάντα παίζειν
πρὸς τὸν ἑαυτοῦ ἀκόλουθον· καὶ διατοξεύεσθαι καὶ
διακοντίζεσθαι τῷ τῶν παίδων παιδαγωγῷ καὶ ἅμα
μανθάνειν παρ᾽ αὐτοῦ κελεύειν ὡς ἂν καὶ ἐκείνου μὴ
ἐπισταμένου· καὶ ὡς παλαίων δ᾽ ἐν τῷ βαλανείῳ πυκνὰ
ἕδραν στρέφειν ὅπως πεπαιδεῦσθαι δοκῇ· καὶ ὅταν ὦσι
πλησίον γυναῖκες μελετᾶν ὀρχεῖσθαι αὐτὸς αὑτῷ τε-
ρετίζων.   (Characters VIII (XXVII))

110. The Tactless Man

ἡ μὲν οὖν ἀκαιρία ἐστὶν ἐπίτευξις λυποῦσα τοὺς
ἐντυγχάνοντας, ὁ δὲ ἄκαιρος τοιοῦτός τις οἷος ἀσχολου-
μένῳ προσελθὼν ἀνακοινοῦσθαι· καὶ πρὸς τὴν αὑτοῦ
ἐρωμένην κωμάζειν πυρέττουσαν· καὶ δίκην ὠφληκότι
ἐγγύης προσελθὼν κελεῦσαι αὐτὸν ἀναδέξασθαι· καὶ
μαρτυρήσων παρεῖναι τοῦ πράγματος ἤδη κεκριμένου·
καὶ κεκλημένος εἰς γάμους τοῦ γυναικείου γένους κατη-
γορεῖν· καὶ ἐκ μακρᾶς ὁδοῦ ἥκοντας ἄρτι παρακαλεῖν
εἰς περίπατον. δεινὸς δὲ καὶ προσάγειν ὠνητὴν πλείω
διδόντα ἤδη πεπρακότι· καὶ ἀκηκοότας καὶ μεμαθηκότας
ἀνίστασθαι ἐξ ἀρχῆς διδάσκων· καὶ πρόθυμος δὲ ἐπι-
μεληθῆναι ἃ μὴ βούλεταί τις γενέσθαι αἰσχύνεται δὲ
ἀπείπασθαι· καὶ θύοντας καὶ ἀναλίσκοντας ἥκειν τόκον
ἀπαιτήσων· καὶ μαστιγουμένου οἰκέτου παρεστὼς διη-

γεῖσθαι ὅτι καὶ αὐτοῦ ποτε παῖς οὕτω πληγὰς λαβὼν
ἀπήγξατο· καὶ παρὼν διαίτῃ συγκρούειν ἀμφοτέρων
βουλομένων διαλύεσθαι· καὶ ὀρχησάμενος ἅψασθαι
ἑτέρου μηδέπω μεθύοντος. (Id. ix (xii))

III. *The* DISTRUSTFUL *Man*

ἔστιν ἀμέλει ἀπιστία ὑπόληψίς τις ἀδικίας κατὰ
πάντων, ὁ δὲ ἄπιστος τοιοῦτός τις οἷος ἀποστείλας τὸν
παῖδα ὀψωνήσοντα ἕτερον παῖδα πέμπειν πευσόμενον
πόσου ἐπρίατο· καὶ φέρειν αὐτὸς τὸ ἀργύριον καὶ κατὰ
στάδιον καθίζων ἀριθμεῖν πόσον ἐστί· καὶ τὴν γυναῖκα
τὴν αὑτοῦ ἐρωτᾶν κατακείμενος εἰ κέκλεικε τὴν κιβωτὸν
καὶ εἰ σεσήμανται τὸ κυλικούχιον καὶ εἰ ὁ μοχλὸς εἰς
τὴν θύραν τὴν αὐλείαν ἐμβέβληται, καὶ ἂν ἐκείνη φῇ,
μηδὲν ἧττον αὐτὸς ἀναστὰς γυμνὸς ἐκ τῶν στρωμάτων
καὶ ἀνυπόδητος τὸν λύχνον ἅψας ταῦτα πάντα περι-
δραμὼν ἐπισκέψασθαι καὶ οὕτω μόλις ὕπνου τυγχάνειν·
καὶ τοὺς ὀφείλοντας αὐτῷ ἀργύριον μετὰ μαρτύρων
ἀπαιτεῖν τοὺς τόκους ὅπως μὴ δύνωνται ἔξαρνοι γενέ-
σθαι· καὶ τὸ ἱμάτιον δὲ ἐκδοῦναι δεινός, οὐχ ὃς βέλτιστα
ἐργάσεται, ἀλλ᾽ ὅταν ᾖ ἄξιος ἐγγυητὴς τοῦ κναφέως·
καὶ ὅταν ἥκῃ τις αἰτησόμενος ἐκπώματα, μάλιστα μὲν
μὴ δοῦναι, ἂν δ᾽ ἄρα τις οἰκεῖος ᾖ καὶ ἀναγκαῖος, μόνον
οὐ πυρώσας καὶ στήσας καὶ σχεδὸν ἐγγυητὴν λαβὼν
χρῆσαι· καὶ τὸν παῖδα δὲ ἀκολουθοῦντα κελεύειν αὑτοῦ
ὄπισθεν μὴ βαδίζειν ἀλλ᾽ ἔμπροσθεν, ἵνα φυλάττηται
αὐτὸν μὴ ἐν τῇ ὁδῷ ἀποδράσῃ· καὶ τοῖς εἰληφόσι τι
παρ᾽ αὐτοῦ καὶ λέγουσι, πόσου; κατάθου· οὐ γὰρ σχο-
λάζω πω πέμπειν, εἰπεῖν· μηδὲν πραγματεύου· ἐγὼ
γὰρ, ἂν σὺ μὴ σχολάσῃς, συνακολουθήσω.

(Id. xxiii (xviii))

DINARCHUS

361—(?) B.C.

Orator

112.-DINARCHUS *recalls the exploits of former*
ATHENIANS

οὐκ ἀναμνήσεσθε ὦ ἄνδρες τὰς τῶν πρεσβυτέρων
πράξεις, οἳ πολλῶν καὶ μεγάλων κινδύνων καταλαμβα-
νόντων τὴν πόλιν ἀξίως τῆς πατρίδος καὶ τῆς ἑαυτῶν
ἐλευθερίας καὶ τῆς δόξης τῆς δικαίας ὑπὲρ τῶν τοῦ
δήμου συμφερόντων ἐκινδύνευσαν; ὧν τοὺς μὲν ἀρχαίους
ἐκείνους μακρὸν ἂν εἴη λέγειν, Ἀριστείδην καὶ Θεμιστοκλέα, τοὺς ὀρθώσαντας τὰ τείχη τῆς πόλεως καὶ τοὺς
φόρους εἰς ἀκρόπολιν ἀνενεγκόντας παρ' ἑκόντων καὶ
βουλομένων τῶν Ἑλλήνων, ἀλλὰ ταυτὶ τὰ μικρὸν πρὸ
τῆς ἡμετέρας ἡλικίας γεγενημένα ὑπὸ Κεφάλου τοῦ
ῥήτορος καὶ Θράσωνος τοῦ Ἐρχιέως καὶ Ἠλείου καὶ
Φορμισίου καὶ ἑτέρων ἀνδρῶν ἀγαθῶν, ὧν ἐνίων ἔτι καὶ
νῦν ζῇ καὶ τὰ σώματα. τούτων γὰρ οἱ μὲν φρουρου-
μένης ὑπὸ Λακεδαιμονίων τῆς Καδμείας βοηθήσαντες
τοῖς εἰς Θήβας κατιοῦσι τῶν φυγάδων τοῖς ἰδίοις κινδύ-
νοις ἠλευθέρωσαν πόλιν ἀστυγείτονα καὶ πολὺν χρόνον
δουλεύουσαν, οἱ δὲ πείσαντες ἐξελθεῖν ὑμῶν τοὺς προ-
γόνους, Κεφάλου τὸ ψήφισμα γράψαντος, ὃς οὐ κατα-
πλαγεὶς τὴν Λακεδαιμονίων δύναμιν, οὐδὲ λογισάμενος
ὅτι τὸ κινδυνεύειν καὶ τὸ γράφειν ὑπὲρ τῆς πόλεως
ἐπισφαλές ἐστιν, ἔγραψεν ἐξιέναι βοηθήσοντας Ἀθηναίους τοῖς κατειληφόσι τῶν φυγάδων Θήβας· καὶ
ἐξελθόντων ἐκεῖσε τῶν ὑμετέρων πατέρων ὀλίγαις

ἡμέραις ἐξεβλήθη ὁ Λακεδαιμονίων φρούραρχος, ἠλευ-
θέρωντο Θηβαῖοι, διεπέπρακτο ἡ πόλις ἡ ὑμετέρα ἄξια
τῶν προγόνων. ἐκεῖνοι ἦσαν, ἐκεῖνοι ὦ Ἀθηναῖοι ἄξιοι
σύμβουλοι καὶ ἡγεμόνες ὑμῶν καὶ τοῦ δήμου, μὰ Δί'
οὐ τὰ τοιαῦτα κινάδη, οἱ πεποιήκασι μὲν οὐδὲν οὐδὲ
πράξουσιν ἀγαθὸν ὑπὲρ τῆς πόλεως, τὴν δὲ αὐτῶν
ἀσφάλειαν τηροῦντες καὶ πανταχόθεν ἀργυριζόμενοι
καὶ πεποιηκότες τὴν πόλιν ἀδοξοτέραν ἑαυτῶν, καὶ νῦν
εἰλημμένοι δῶρα καθ' ὑμῶν εἰληφότες, παρακρούονθ'
ὑμᾶς, καὶ ἀξιοῦσι τοιοῦτοι γεγενημένοι περὶ τῆς ἑαυτῶν
πλεονεξίας παραγγέλλειν· οὓς χρῆν τεθνάναι πάλαι
κατὰ τὸ ἑαυτῶν ψήφισμα, τοιαῦτα διαπεπραγμένους.

(*Contra Demosthenem* 37–40)

MENANDER

342–291 B.C.

Writer of Comedy

113. SYRISCUS *protests to an old man who is acting as*
ARBITER *that* DAVUS *must return the* 'TOKENS' *he
has taken from a foundling child*

βλέψον δὲ κἀκεῖ, πάτερ· ἴσως ἔσθ' οὑτοσὶ
ὁ παῖς ὑπὲρ ἡμᾶς, καὶ τραφεὶς ἐν ἐργάταις
ὑπερόψεται ταῦτ', εἰς δὲ τὴν αὐτοῦ φύσιν
ᾄξας ἐλεύθερόν τι τολμήσει ποιεῖν—
θηρᾶν λέοντας, ὅπλα βαστάζειν, τρέχειν
ἐν ἀγῶσι. τεθέασαι τραγῳδούς, οἶδ' ὅτι,
καὶ ταῦτα κατέχεις πάντα. Νηλέα τινὰ
Πελίαν τ' ἐκείνους εὗρε πρεσβύτης ἀνὴρ

αἰπόλος, ἔχων οἵαν ἐγὼ νῦν διφθέραν·
ὡς δ' ἤσθετ' αὐτοὺς ὄντας αὑτοῦ κρείττονας,
λέγει τὸ πρᾶγμ', ὡς εὗρεν, ὡς ἀνείλετο,
ἔδωκε δ' αὐτοῖς πηρίδιον γνωρισμάτων,
ἐξ οὗ μαθόντες πάντα τὰ καθ' αὑτοὺς σαφῶς
ἐγένοντο βασιλεῖς οἱ τότ' ὄντες αἰπόλοι.
εἰ δ' ἐκλαβὼν ἐκεῖνα Δᾶος ἀπέδοτο,
αὐτὸς ἵνα κερδάνειε δραχμὰς δώδεκα,
ἀγνῶτες ἂν τὸν πάντα διετέλουν χρόνον
οἱ τηλικοῦτοι καὶ τοιοῦτοι τῷ γένει.
οὐ δὴ καλῶς ἔχει τὸ μὲν σῶμ' ἐκτρέφειν
ἐμὲ τοῦτο, τὴν αὐτοῦ δὲ τῆς σωτηρίας
ἐλπίδα λαβόντα Δᾶον ἀφανίσαι, πάτερ.
γαμῶν ἀδελφήν τις διὰ γνωρίσματα
ἐπέσχε, μητέρ' ἐντυχὼν ἐρρύσατο,
ἔσωσ' ἀδελφόν. ὄντ' ἐπισφαλῆ φύσει
τὸν βίον ἁπάντων τῇ προνοίᾳ δεῖ, πάτερ,
τηρεῖν, πρὸ πολλοῦ ταῦθ' ὁρῶντ' ἐξ ὧν ἔνι.

(*Epitrepontes* 103–128)

THEOCRITUS

Circa 280 B.C.

Bucolic Poet

114. *A* LOVER'S *complaint*

ὦ χαρίεσσ' Ἀμαρυλλί, τί μ' οὐκέτι τοῦτο κατ' ἄντρον
παρκύπτοισα καλεῖς; τὸν ἐρωτύλον ἦ ῥά με μισεῖς;
ἦ ῥά γέ τοι σιμὸς καταφαίνομαι ἐγγύθεν ἦμεν,
νύμφα, καὶ προγένειος; ἀπάγξασθαί με ποησεῖς.

ἠνίδε τοι δέκα μᾶλα φέρω· τηνῶθε καθεῖλον,
ὦ μ᾽ ἐκέλευ καθελεῖν τυ, καὶ αὔριον ἄλλα τοι οἰσῶ.
θᾶσαι μάν. θυμαλγὲς ἐμὶν ἄχος. αἴθε γενοίμαν
ἁ βομβεῦσα μέλισσα καὶ ἐς τεὸν ἄντρον ἱκοίμαν
τὸν κισσὸν διαδὺς καὶ τὰν πτέριν, ᾇ τυ πυκάσδεις.
νῦν ἔγνων τὸν Ἔρωτα· βαρὺς θεός· ἦρα λεαίνας
μαζὸν ἐθήλαζεν, δρυμῷ τέ νιν ἔτραφε μάτηρ,
ὅς με κατασμύχων καὶ ἐς ὀστέον ἄχρις ἰάπτει.
ὦ τὸ καλὸν ποθορεῦσα, τὸ πᾶν λίθος, ὦ κυάνοφρυ
νύμφα, πρόσπτυξαί με τὸν αἰπόλον, ὥς τυ φιλήσω.
ἔστι καὶ ἐν κενεοῖσι φιλήμασιν ἁδέα τέρψις.
τὸν στέφανον τῖλαί με κατ᾽ αὐτίκα λεπτὰ ποησεῖς,
τόν τοι ἐγών, Ἀμαρυλλὶ φίλα, κισσοῖο φυλάσσω
ἀμπλέξας καλύκεσσι καὶ εὐόδμοισι σελίνοις.
ὤμοι ἐγών, τί πάθω, τί ὁ δύσσοος; οὐχ ὑπακούεις.

(III. 6–24)

115. The CYCLOPS seeks GALATEA'S love

ὦ λευκὰ Γαλάτεια, τί τὸν φιλέοντ᾽ ἀποβάλλῃ,
λευκοτέρα πακτᾶς ποτιδεῖν, ἁπαλωτέρα ἀρνός,
μόσχω γαυροτέρα, φιαρωτέρα ὄμφακος ὠμᾶς;
φοιτῇς δ᾽ αὖθ᾽ οὕτως, ὅκκα γλυκὺς ὕπνος ἔχῃ με,
οἴχῃ δ᾽ εὐθὺς ἰοῖσ᾽, ὅκκα γλυκὺς ὕπνος ἀνῇ με,
φεύγεις δ᾽ ὥσπερ ὄις πολιὸν λύκον ἀθρήσασα.
ἠράσθην μὲν ἔγωγε τεοῦς, κόρα, ἀνίκα πρᾶτον
ἦνθες ἐμᾷ σὺν ματρὶ θέλοισ᾽ ὑακίνθινα φύλλα
ἐξ ὄρεος δρέψασθαι, ἐγὼ δ᾽ ὁδὸν ἁγεμόνευον.
παύσασθαι δ᾽ ἐσιδών τυ καὶ ὕστερον οὐδ᾽ ἔτι πᾳ νῦν
ἐκ τήνω δύναμαι· τὶν δ᾽ οὐ μέλει οὐ μὰ Δί᾽ οὐδέν.
γινώσκω, χαρίεσσα κόρα, τίνος οὕνεκα φεύγεις·
οὕνεκά μοι λασία μὲν ὀφρὺς ἐπὶ παντὶ μετώπῳ

ἐξ ὠτὸς τέταται ποτὶ θώτερον ὡς μία μακρά,
εἰς δ᾽ ὀφθαλμὸς ὕπεστι, πλατεῖα δὲ ῥὶς ἐπὶ χείλει.
ἀλλ᾽ οὗτος τοιοῦτος ἐὼν βοτὰ χίλια βόσκω,
κἠκ τούτων τὸ κράτιστον ἀμελγόμενος γάλα πίνω·
τυρὸς δ᾽ οὐ λείπει μ᾽ οὔτ᾽ ἐν θέρει οὔτ᾽ ἐν ὀπώρᾳ,
οὐ χειμῶνος ἄκρω· ταρσοὶ δ᾽ ὑπεραχθέες αἰεί.

(XI. 19–37)

116. HYLAS *is captured by the* NYMPHS

κὤχεθ᾽ Ὕλας ὁ ξανθὸς ὕδωρ ἐπιδόρπιον οἴσων
αὐτῷ θ᾽ Ἡρακλῆϊ καὶ ἀστεμφεῖ Τελαμῶνι,
οἳ μίαν ἄμφω ἑταῖροι ἀεὶ δαίνυντο τράπεζαν,
χάλκεον ἄγγος ἔχων. τάχα δὲ κράναν ἐνόησεν
ἡμένῳ ἐν χώρῳ· περὶ δὲ θρύα πολλὰ πεφύκει,
κυάνεόν τε χελιδόνιον χλωρόν τ᾽ ἀδίαντον
καὶ θάλλοντα σέλινα καὶ εἰλιτενὴς ἄγρωστις.
ὕδατι δ᾽ ἐν μέσσῳ Νύμφαι χορὸν ἀρτίζοντο,
Νύμφαι ἀκοίμητοι, δειναὶ θεαὶ ἀγροιώταις,
Εὐνίκα καὶ Μαλὶς ἔαρ θ᾽ ὁρόωσα Νύχεια.
ἤτοι ὁ κοῦρος ἐπεῖχε ποτῷ πολυχανδέα κρωσσόν
βάψαι ἐπειγόμενος· ταὶ δ᾽ ἐν χερὶ πᾶσαι ἔφυσαν.
πασάων γὰρ ἔρως ἁπαλὰς φρένας ἐξεφόβησεν
Ἀργείῳ ἐπὶ παιδί. κατήριπε δ᾽ ἐς μέλαν ὕδωρ
ἀθρόος, ὡς ὅτε πυρσὸς ἀπ᾽ οὐρανοῦ ἤριπεν ἀστήρ
ἀθρόος ἐν πόντῳ, ναύταις δέ τις εἶπεν ἑταίροις
"κουφότερ᾽ ὦ παῖδες ποιεῖσθ᾽ ὅπλα· πλευστικὸς οὖρος."

(XIII. 36–52)

MOSCHUS

Circa 250 B.C.

Bucolic Poet

117. *Description of* LOVE, *the Runaway*

γυμνὸς ὅλος τό γε σῶμα, νόος δέ οἱ εὖ πεπύκασται.
καὶ πτερόεις ὡς ὄρνις ἐφίπταται ἄλλον ἐπ' ἄλλῳ,
ἀνέρας ἠδὲ γυναῖκας, ἐπὶ σπλάγχνοις δὲ κάθηται.
τόξον ἔχει μάλα βαιόν, ὑπὲρ τόξῳ δὲ βέλεμνον,
τυτθὸν μὲν τὸ βέλεμνον, ἐς αἰθέρα δ' ἄχρι φορεῖται.
καὶ χρύσεον περὶ νῶτα φαρέτριον, ἔνδοθι δ' ἐντί
τοὶ πικροὶ κάλαμοι, τοῖς πολλάκι κἀμὲ τιτρώσκει.
πάντα μὲν ἄγρια ταῦτα, πολὺ πλέον ἁ δαῒς αὐτῷ·
βαιὰ λαμπὰς ἐοῖσα τὸν Ἅλιον αὐτὸν ἀναίθει.
ἢν τύ γ' ἕλῃς τῆνον, δήσας ἄγε μηδ' ἐλεήσῃς.
κἢν ποτίδῃς κλαίοντα, φυλάσσεο μή σε πλανάσῃ.
κἢν γελάῃ, τύ νιν ἕλκε, καὶ ἢν ἐθέλῃ σε φιλᾶσαι,
φεῦγε· κακὸν τὸ φίλαμα, τὰ χείλεα φάρμακον ἐντί.
ἢν δὲ λέγῃ "λάβε ταῦτα, χαρίζομαι ὅσσα μοι ὅπλα,"
μὴ τὺ θίγῃς πλάνα δῶρα· τὰ γὰρ πυρὶ πάντα βέβαπται.

(VIII. 15–29)

APOLLONIUS RHODIUS
Born *circa* 280 B.C.

Epic Poet

118. *The sons of* BOREAS *rid* PHINEUS *of the*
HARPIES

τὼ μὲν ἔπειθ᾽ ὅρκοισιν ἀλαλκέμεναι μενέαινον.
αἶψα δὲ κουρότεροι πεπονήατο δαῖτα γέροντι,
λοίσθιον ῾Αρπυίῃσιν ἑλώριον· ἐγγύθι δ᾽ ἄμφω
στῆσαν, ἵνα ξιφέεσσιν ἐπεσσυμένας ἐλάσειαν.
καὶ δὴ τὰ πρώτισθ᾽ ὁ γέρων ἔψανεν ἐδωδῆς·
αἱ δ᾽ ἄφαρ ἠύτ᾽ ἄελλαι ἀδευκέες, ἢ στεροπαὶ ὥς,
ἀπρόφατοι νεφέων ἐξάλμεναι ἐσσεύοντο
κλαγγῇ μαιμώωσαι ἐδητύος· οἱ δ᾽ ἐσιδόντες
ἥρωες μεσσηγὺς ἀνίαχον· αἱ δ᾽ ἅμ᾽ αὐτῇ
πάντα καταβρόξασαι ὑπὲρ πόντοιο φέροντο
τῆλε παρέξ· ὀδμὴ δὲ δυσάσχετος αὖθι λέλειπτο.
τάων δ᾽ αὖ κατόπισθε δύω υἷες Βορέαο
φάσγαν᾽ ἐπισχόμενοι ὀπίσω θέον. ἐν γὰρ ἔηκεν
Ζεὺς μένος ἀκάματόν σφιν· ἀτὰρ Διὸς οὔ κεν ἐπέσθην
νόσφιν, ἐπεὶ ζεφύροιο παραΐσσεσκον ἀέλλας
αἰέν, ὅτ᾽ ἐς Φινῆα καὶ ἐκ Φινῆος ἴοιεν.
ὡς δ᾽ ὅτ᾽ ἐνὶ κνημοῖσι κύνες δεδαημένοι ἄγρης
ἢ αἶγας κεραοὺς ἠὲ πρόκας ἰχνεύοντες
θείωσιν, τυτθὸν δὲ τιταινόμενοι μετόπισθεν
ἄκρῃς ἐν γενύεσσι μάτην ἀράβησαν ὀδόντας·
ὣς Ζήτης Κάλαΐς τε μάλα σχεδὸν ἀΐσσοντες
τάων ἀκροτάτῃσιν ἐπέχραον ἤλιθα χερσίν.

καί νύ κε δή σφ' ἀέκητι θεῶν διεδηλήσαντο
πολλὸν ἐκὰς νήσοισιν ἔπι Πλωτῆσι κιχόντες,
εἰ μὴ ἄρ' ὠκέα Ἶρις ἴδεν, κατὰ δ' αἰθέρος ἇλτο
οὐρανόθεν, καὶ τοῖα παραιφαμένη κατέρυκεν·
"Οὐ θέμις, ὦ υἱεῖς Βορέω, ξιφέεσσιν ἐλάσσαι
Ἁρπυίας, μεγάλοιο Διὸς κύνας· ὅρκια δ' αὐτὴ
δώσω ἐγών, ὡς οὔ οἱ ἔτι χρίμψουσιν ἰοῦσαι."

(*Argonautica* II. 262–290)

119. MEDEA *first contemplates* SUICIDE *but then
throws aside* DESPAIR

ἦ, καὶ φωριαμὸν μετεκίαθεν, ᾗ ἔνι πολλὰ
φάρμακά οἱ, τὰ μὲν ἐσθλά, τὰ δὲ ῥαιστήρι', ἔκειτο.
ἐνθεμένη δ' ἐπὶ γούνατ' ὀδύρετο. δεῦε δὲ κόλπους
ἄλληκτον δακρύοισι, τὰ δ' ἔρρεεν ἀσταγὲς αὔτως,
αἴν' ὀλοφυρομένης τὸν ἑὸν μόρον. ἵετο δ' ἥγε
φάρμακα λέξασθαι θυμοφθόρα, τόφρα πάσαιτο.
ἤδη καὶ δεσμοὺς ἀνελύετο φωριαμοῖο,
ἐξελέειν μεμαυῖα, δυσάμμορος. ἀλλά οἱ ἄφνω
δεῖμ' ὀλοὸν στυγεροῖο κατὰ φρένας ἦλθ' Ἀίδαο.
ἔσχετο δ' ἀμφασίῃ δηρὸν χρόνον, ἀμφὶ δὲ πᾶσαι
θυμηδεῖς βιότοιο μεληδόνες ἰνδάλλοντο.
μνήσατο μὲν τερπνῶν, ὅσ' ἐνὶ ζωοῖσι πέλονται,
μνήσαθ' ὁμηλικίης περιγηθέος, οἷά τε κούρη·
καί τέ οἱ ἠέλιος γλυκίων γένετ' εἰσοράασθαι,
ἢ πάρος, εἰ ἐτεόν γε νόῳ ἐπεμαίεθ' ἕκαστα.
καὶ τὴν μέν ῥα πάλιν σφετέρων ἀποκάτθετο γούνων,
Ἥρης ἐννεσίῃσι μετάτροπος, οὐδ' ἔτι βουλὰς
ἄλλῃ δοιάζεσκεν· ἐέλδετο δ' αἶψα φανῆναι
ἠῶ τελλομένην, ἵνα οἱ θελκτήρια δοίη
φάρμακα συνθεσίῃσι, καὶ ἀντήσειεν ἐς ὠπήν.

πυκνὰ δ' ἀνὰ κληῖδας ἑῶν λύεσκε θυράων,
αἴγλην σκεπτομένη· τῇ δ' ἀσπάσιον βάλε φέγγος
Ἠριγενής, κίνυντο δ' ἀνὰ πτολίεθρον ἕκαστοι.

(*Id.* III. 802–824)

120. AEETES' *anger against* MEDEA

ἤδη δ' Αἰήτῃ ὑπερήνορι πᾶσί τε Κόλχοις
Μηδείης περίπυστος ἔρως καὶ ἔργ' ἐτέτυκτο.
ἐς δ' ἀγορὴν ἀγέροντ' ἐνὶ τεύχεσιν· ὅσσα δὲ πόντου
κύματα χειμερίοιο κορύσσεται ἐξ ἀνέμοιο,
ἢ ὅσα φύλλα χαμᾶζε περικλαδέος πέσεν ὕλης
φυλλοχόῳ ἐνὶ μηνί—τίς ἂν τάδε τεκμήραιτο;—
ὣς οἱ ἀπειρέσιοι ποταμοῦ παρεμέτρεον ὄχθας,
κλαγγῇ μαιμώοντες· ὁ δ' εὐτύκτῳ ἐνὶ δίφρῳ
Αἰήτης ἵπποισι μετέπρεπεν, οὕς οἱ ὄπασσεν
Ἥλιος, πνοιῇσιν ἐειδομένους ἀνέμοιο,
σκαιῇ μέν ῥ' ἐνὶ χειρὶ σάκος δινωτὸν ἀείρων,
τῇ δ' ἑτέρῃ πεύκην περιμήκεα· πὰρ δέ οἱ ἔγχος
ἀντικρὺ τετάνυστο πελώριον. ἡνία δ' ἵππων
γέντο χεροῖν Ἄψυρτος. ὑπεκπρὸ δὲ πόντον ἔταμνεν
νηῦς ἤδη κρατεροῖσιν ἐπειγομένη ἐρέτῃσιν,
καὶ μεγάλου ποταμοῖο καταβλώσκοντι ῥεέθρῳ.
αὐτὰρ ἄναξ ἄτῃ πολυπήμονι χεῖρας ἀείρας
Ἥλιον καὶ Ζῆνα κακῶν ἐπιμάρτυρας ἔργων
κέκλετο· δεινὰ δὲ παντὶ παρασχεδὸν ἤπυε λαῷ,
εἰ μή οἱ κούρην αὐτάγρετον, ἢ ἀνὰ γαῖαν,
ἢ πλωτῆς εὑρόντες ἔτ' εἰν ἁλὸς οἴδματι νῆα,
ἄξουσιν, καὶ θυμὸν ἐνιπλήσει μενεαίνων
τίσασθαι τάδε πάντα, δαήσονται κεφαλῇσιν
πάντα χόλον καὶ πᾶσαν ἑὴν ὑποδέγμενοι ἄτην.

(*Id.* IV. 212–235)

121. *The* ARGONAUTS *visit* CIRCE

καρπαλίμως δ' ἐνθένδε διὲξ ἁλὸς οἶδμα νέοντο
Αὐσονίης ἀκτὰς Τυρσηνίδας εἰσορόωντες·
ἷξον δ' Αἰαίης λιμένα κλυτόν· ἐκ δ' ἄρα νηὸς
πείσματ' ἐπ' ἠιόνων σχεδόθεν βάλον. ἔνθα δὲ Κίρκην
εὗρον ἁλὸς νοτίδεσσι κάρη ἐπιφαιδρύνουσαν·
τοῖον γὰρ νυχίοισιν ὀνείρασιν ἐπτοίητο.
αἵματί οἱ θάλαμοί τε καὶ ἔρκεα πάντα δόμοιο
μύρεσθαι δόκεον· φλὸξ δ' ἀθρόα φάρμακ' ἔδαπτεν,
οἷσι πάρος ξείνους θέλγ' ἀνέρας, ὅστις ἵκοιτο·
τὴν δ' αὐτὴ φονίῳ σβέσεν αἵματι πορφύρουσαν,
χερσὶν ἀφυσσαμένη· λῆξεν δ' ὀλοοῖο φόβοιο.
τῶ καὶ ἐπιπλομένης ἠοῦς νοτίδεσσι θαλάσσης
ἐγρομένη πλοκάμους τε καὶ εἵματα φαιδρύνεσκεν.
θῆρες δ' οὐ θήρεσσιν ἐοικότες ὠμηστῇσιν,
οὐδὲ μὲν οὐδ' ἄνδρεσσιν ὁμὸν δέμας, ἄλλο δ' ἀπ' ἄλλων
συμμιγέες μελέων, κίον ἀθρόοι, ἠΰτε μῆλα
ἐκ σταθμῶν ἅλις εἶσιν ὀπηδεύοντα νομῆι.
τοίους καὶ προτέρης ἐξ ἰλύος ἐβλάστησε
χθὼν αὐτὴ μικτοῖσιν ἀρηρεμένους μελέεσσιν,
οὔπω διψαλέῳ μάλ' ὑπ' ἠέρι πιληθεῖσα,
οὐδέ πω ἀζαλέοιο βολαῖς τόσον ἠελίοιο
ἰκμάδας αἰνυμένη· τὰ δ' ἐπὶ στίχας ἤγαγεν αἰὼν
συγκρίνας· τὼς οἵγε φυὴν ἀίδηλοι ἕποντο.
ἥρωας δ' ἕλε θάμβος ἀπείριτον· αἶψα δ' ἕκαστος
Κίρκης εἴς τε φυήν, εἴς τ' ὄμματα παπταίνοντες
ῥεῖα κασιγνήτην φάσαν ἔμμεναι Αἰήταο.

(*Id.* IV. 659–684)

CALLIMACHUS

Died *circa* 240 B.C.

Alexandrian Poet

122. *The story of* BRITOMARTIS, *whom* ARTEMIS
loved

τίς δέ νύ τοι νήσων, ποῖον δ' ὄρος εὔαδε πλεῖστον;
τίς δὲ λιμήν; ποίη δὲ πόλις; τίνα δ' ἔξοχα νυμφέων
φίλαο, καὶ ποίας ἡρωΐδας ἔσχες ἑταίρας;
εἰπέ, θεά, σὺ μὲν ἄμμιν, ἐγὼ δ' ἑτέροισιν ἀείσω.
νήσων μὲν Δολίχη, πολίων δέ τοι εὔαδε Πέργη,
Τηΰγετον δ' ὀρέων, λιμένες γε μὲν Εὐρίποιο.
ἔξοχα δ' ἀλλάων Γορτυνίδα φίλαο νύμφην,
ἐλλοφόνον Βριτόμαρτιν, εὔσκοπον· ἧς ποτὲ Μίνως
πτοιηθεὶς ὑπ' ἔρωτι κατέδραμεν οὔρεα Κρήτης.
ἡ δ' ὁτέ μὲν λασίῃσιν ὑπὸ δρυσὶ κρύπτετο νύμφη,
ἄλλοτε δ' εἰαμενῇσιν. ὁ δ' ἐννέα μῆνας ἐφοίτα
παίπαλά τε κρημνοὺς τε· καὶ οὐκ ἀνέπαυσε διωκτύν,
μέσφ' ὅτε, μαρπτομένη καὶ δὴ σχεδὸν, ἥλατο πόντον
πρηόνος ἐξ ὑπάτοιο· καὶ ἔνθορεν εἰς ἁλιήων
δίκτυα, τά σφ' ἐσάωσεν. ὅθεν μετέπειτα Κύδωνες
νύμφαν μὲν Δίκτυναν, ὄρος δ', ὅθεν ἥλατο νύμφη,
Δικταῖον καλέουσιν· ἀνεστήσαντο δὲ βωμούς,
ἱερά τε ῥέζουσι· τὸ δὲ στέφος ἤματι κείνῳ,
ἢ πίτυς, ἢ σχῖνος· μύρτοιο δὲ χεῖρες ἄθικτοι,
δὴ τότε γὰρ πέπλοισιν ἐνέσχετο μύρσινος ὄζος
τῆς κούρης, ὅτ' ἔφευγεν· ὅθεν μέγα χώσατο μύρτῳ.

(*Hymns* III. 183–203)

PLUTARCH

46—120 A.D.

Biographer

123. *Unrest in* ATHENS

οἱ δ' Ἀθηναῖοι τῆς Κυλωνείου πεπαυμένης ταραχῆς καὶ μεθεστώτων, ὥσπερ εἴρηται, τῶν ἐναγῶν τὴν παλαιὰν αὖθις στάσιν ὑπὲρ τῆς πολιτείας ἐστασίαζον, ὅσας ἡ χώρα διαφορὰς εἶχεν, εἰς τοσαῦτα μέρη τῆς πόλεως διαστάσης. ἦν γὰρ τὸ μὲν τῶν Διακρίων γένος δημοκρατικώτατον, ὀλιγαρχικώτατον δὲ τὸ τῶν Πεδιέω· τρίτοι δ' οἱ Πάραλοι μέσον τινὰ καὶ μεμιγμένον αἱρούμενοι πολιτείας τρόπον ἐμποδὼν ἦσαν καὶ διεκώλυον τοὺς ἑτέρους κρατῆσαι. τότε δὲ τῆς τῶν πενήτων πρὸς τοὺς πλουσίους ἀνωμαλίας ὥσπερ ἀκμὴν λαβούσης παντάπασιν ἐπισφαλῶς ἡ πόλις διέκειτο καὶ μόνως ἂν ἐδόκει καταστῆναι καὶ παύσασθαι ταραττομένη τυραννίδος γενομένης. ἅπας μὲν γὰρ ὁ δῆμος ἦν ὑπόχρεως τῶν πλουσίων. ἢ γὰρ ἐγεώργουν ἐκείνοις ἕκτα τῶν γινομένων τελοῦντες, ἑκτημόριοι προσαγορευόμενοι καὶ θῆτες, ἢ χρέα λαμβάνοντες ἐπὶ τοῖς σώμασιν ἀγώγιμοι τοῖς δανείζουσιν ἦσαν, οἱ μὲν αὐτοῦ δουλεύοντες, οἱ δ' ἐπὶ τὴν ξένην πιπρασκόμενοι. πολλοὶ δὲ καὶ παῖδας ἰδίους ἠναγκάζοντο πωλεῖν (οὐδεὶς γὰρ νόμος ἐκώλυε) καὶ τὴν πόλιν φεύγειν διὰ τὴν χαλεπότητα τῶν δανειστῶν. οἱ δὲ πλεῖστοι καὶ ῥωμαλεώτατοι συνίσταντο καὶ παρεκάλουν ἀλλήλους μὴ περιορᾶν, ἀλλ' ἑλομένους ἕνα προστάτην ἄνδρα πιστὸν ἀφελέσθαι τοὺς ὑπερημέρους καὶ τὴν γῆν ἀναδάσασθαι καὶ ὅλως μεταστῆσαι τὴν πολιτείαν.

(*Solon* XIII)

124. *General reflections*

ξένους τινὰς ἐν Ῥώμῃ πλουσίους κυνῶν τέκνα καὶ
πιθήκων ἐν τοῖς κόλποις περιφέροντας καὶ ἀγαπῶντας
ἰδὼν ὁ Καῖσαρ, ὡς ἔοικεν, ἠρώτησεν, εἰ παιδία παρ'
αὐτοῖς οὐ τίκτουσιν αἱ γυναῖκες, ἡγεμονικῶς σφόδρα
νουθετήσας τοὺς τὸ φύσει φιλητικὸν ἐν ἡμῖν καὶ φιλό-
στοργον εἰς θηρία καταναλίσκοντας ἀνθρώποις ὀφειλό-
μενον. ἆρ' οὖν, ἐπεὶ φιλομαθές τι κέκτηται καὶ φιλο-
θέαμον ἡμῶν ἡ ψυχὴ φύσει, λόγον ἔχει ψέγειν τοὺς
καταχρωμένους τούτῳ πρὸς τὰ μηδεμιᾶς ἄξια σπουδῆς
ἀκούσματα καὶ θεάματα, τῶν δὲ καλῶν καὶ ὠφελίμων
παραμελοῦντας; τῇ μὲν γὰρ αἰσθήσει κατὰ πάθος τῆς
πληγῆς ἀντιλαμβανομένῃ τῶν προστυγχανόντων ἴσως
ἀνάγκη πᾶν τὸ φαινόμενον, ἄν τε χρήσιμον ἄν τ' ἄχρη-
στον ᾖ, θεωρεῖν, τῷ νῷ δ' ἕκαστος εἰ βούλοιτο χρῆσθαι,
καὶ τρέπειν ἑαυτὸν ἀεὶ καὶ μεταβάλλειν ῥᾷστα πρὸς τὸ
δοκοῦν πέφυκεν, ὥστε χρὴ διώκειν τὸ βέλτιστον, ἵνα
μὴ θεωρῇ μόνον, ἀλλὰ καὶ τρέφηται τῷ θεωρεῖν. ὡς
γὰρ ὀφθαλμῷ χρόα πρόσφορος, ἧς τὸ ἀνθηρὸν ἅμα καὶ
τερπνὸν ἀναζωπυρεῖ καὶ τρέφει τὴν ὄψιν, οὕτω τὴν
διάνοιαν ἐπάγειν δεῖ θεάμασιν ἃ τῷ χαίρειν πρὸς τὸ οἰ-
κεῖον αὐτὴν ἀγαθὸν ἐκκαλεῖ. ταῦτα δὲ ἔστιν ἐν τοῖς ἀπ'
ἀρετῆς ἔργοις, ἃ καὶ ζῆλόν τινα καὶ προθυμίαν ἀγωγὸν
εἰς μίμησιν ἐμποιεῖ τοῖς ἱστορήμασιν· ἐπεὶ τῶν γ' ἄλλων
οὐκ εὐθὺς ἀκολουθεῖ τῷ θαυμάσαι τὸ πραχθὲν ὁρμὴ
πρὸς τὸ πρᾶξαι. πολλάκις δὲ καὶ τοὐναντίον χαίροντες
τῷ ἔργῳ τοῦ δημιουργοῦ καταφρονοῦμεν, ὡς ἐπὶ τῶν
μύρων καὶ τῶν ἁλουργῶν, τούτοις μὲν ἡδόμεθα, τοὺς
δὲ βαφεῖς καὶ μυρεψοὺς ἀνελευθέρους ἡγούμεθα καὶ
βαναύσους.   (*Pericles* 1.)

125. DEMOSTHENES *and* CICERO *compared*

ἔστι δέ τις καὶ τοῦ ἤθους ἐν τοῖς λόγοις ἑκατέρου διόψις. ὁ μὲν γὰρ Δημοσθενικὸς ἔξω παντὸς ὡραϊσμοῦ καὶ παιδιᾶς εἰς δεινότητα καὶ σπουδὴν συνηγμένος οὐκ ἐλλυχνίων ὄδωδεν, ὥσπερ ὁ Πυθέας ἔσκωπτεν, ἀλλ' ὑδροποσίας καὶ φροντίδων καὶ τῆς λεγομένης πικρίας τοῦ τρόπου καὶ στυγνότητος, Κικέρων δὲ πολλαχοῦ τῷ σκωπτικῷ πρὸς τὸ βωμολόχον ἐκφερόμενος καὶ πράγματα σπουδῆς ἄξια γέλωτι καὶ παιδιᾷ κατειρωνευόμενος ἐν ταῖς δίκαις εἰς τὸ χρειῶδες ἠφείδει τοῦ πρέποντος, ὥσπερ ἐν τῇ Κεκιλίου συνηγορίᾳ μηδὲν ἄτοπον ποιεῖν αὐτὸν ἐν τοσαύτῃ τρυφῇ καὶ πολυτελείᾳ ταῖς ἡδοναῖς χρώμενον· τὸ γὰρ ὧν ἔξεστι μὴ μετέχειν, μανικὸν εἶναι, καὶ ταῦτα ἐν ἡδονῇ τὸ εὔδαιμον τῶν ἐπιφανεστάτων φιλοσόφων τιθεμένων. λέγεται δὲ Κάτωνος Μουρήναν διώκοντος ὑπατεύων ἀπολογεῖσθαι καὶ πολλὰ διὰ τὸν Κάτωνα κωμῳδεῖν τὴν Στωικὴν αἵρεσιν ἐπὶ ταῖς ἀτοπίαις τῶν παραδόξων λεγομένων δογμάτων· γέλωτος δὲ λαμπροῦ κατιόντος ἐκ τῶν περιεστώτων πρὸς τοὺς δικαστάς, ἡσυχῇ διαμειδιάσας [ὁ Κάτων] πρὸς τοὺς καθημένους εἰπεῖν· "ὡς γελοῖον, ὦ ἄνδρες, ἔχομεν ὕπατον." δοκεῖ δὲ καὶ γέλωτος οἰκεῖος ὁ Κικέρων γεγονέναι καὶ φιλοσκώπτης, τό τε πρόσωπον αὐτοῦ μειδίαμα καὶ γαλήνην παρεῖχε. τῷ δὲ Δημοσθένους ἀεί τις ἐπῆν σπουδὴ καὶ τὸ πεφροντικὸς τοῦτο καὶ σύννουν οὐ ῥᾳδίως ἀπέλιπεν· ὅθεν καὶ δύσκολον αὐτὸν οἱ ἐχθροὶ καὶ δύστροπον, ὡς αὐτός φησιν, ἀπεκάλουν.

(*Dem. et Cic. comp.* 1)

LUCIAN

Born c. 125 A.D.

Miscellaneous prose writer

126. *A* SENSIBLE *teacher*

οὐ μικρὰ δὲ οὐδὲ ἐκεῖνα παρέχει τοῖς ζηλοῦν ἐθέλουσι
παραδείγματα, τῆς τροφῆς τὸ ἀπέριττον καὶ τῶν γυμνασίων τὸ σύμμετρον καὶ τοῦ προσώπου τὸ αἰδέσιμον
καὶ τῆς ἐσθῆτος τὸ μέτριον, ἐφ᾽ ἅπασι δὲ τούτοις τῆς
διανοίας τὸ ἡρμοσμένον καὶ τὸ ἥμερον τοῦ τρόπου.
παρῄνει δὲ τοῖς συνοῦσι μήτ᾽ ἀναβάλλεσθαι τὸ ἀγαθόν,
ὅπερ τοὺς πολλοὺς ποιεῖν προθεσμίας ὁριζομένους ἑορτὰς
ἢ πανηγύρεις, ὡς ἀπ᾽ ἐκείνων ἀρξομένους τοῦ μὴ ψεύ-
σασθαι καὶ τοῦ τὰ δέοντα ποιῆσαι· ἠξίου γὰρ ἀμέλλητον
εἶναι τὴν πρὸς τὸ καλὸν ὁρμήν. δῆλος δὲ ἦν καὶ τῶν
τοιούτων κατεγνωκὼς φιλοσόφων, οἳ ταύτην ἄσκησιν
ἀρετῆς ὑπελάμβανον, ἢν πολλαῖς ἀνάγκαις καὶ πόνοις
τοὺς νέους ἀντέχειν καταγυμνάσωσιν, τοῦτο μὲν ψυχρο-
λουτεῖν οἱ πολλοὶ κελεύοντες, ἄλλοι δὲ μαστιγοῦντες,
οἱ δὲ χαριέστεροι καὶ σιδήρῳ τὰς ἐπιφανείας αὐτῶν
καταξύοντες. ἡγεῖτο γὰρ χρῆναι πολὺ πρότερον ἐν ταῖς
ψυχαῖς τὸ στέρρον τοῦτο καὶ ἀπαθὲς κατασκευάσαι,
καὶ τὸν ἄριστα παιδεύειν ἀνθρώπους προαιρούμενον
τοῦτο μὲν ψυχῆς, τοῦτο δὲ σώματος, τοῦτο δὲ ἡλικίας
τε καὶ τῆς πρότερον ἀγωγῆς ἐστοχάσθαι, ἵνα μὴ τὰ
παρὰ δύναμιν ἐπιτάττων ἐλέγχηται· πολλοὺς γοῦν καὶ
τελευτᾶν ἔφασκεν οὕτως ἀλόγως ἐπιταθέντας· ἕνα δὲ
καὶ αὐτὸς εἶδον, ὃς καὶ γευσάμενος τῶν παρ᾽ ἐκείνοις
κακῶν, ἐπειδὴ τάχιστα λόγων ἀληθῶν ἐπήκουσεν,
ἀμεταστρεπτὶ φεύγων ὡς αὐτὸν ἀφίκετο καὶ δῆλος ἦν
ῥᾷον διακείμενος.   (*Nigrinus* 26–28)

127. LIGHT *literature*

ὥσπερ τοῖς ἀθλητικοῖς καὶ περὶ τὴν τῶν σωμάτων
ἐπιμέλειαν ἀσχολουμένοις οὐ τῆς εὐεξίας μόνον οὐδὲ τῶν
γυμνασίων φροντίς ἐστιν, ἀλλὰ καὶ τῆς κατὰ καιρὸν
γινομένης ἀνέσεως—μέρος γοῦν τῆς ἀσκήσεως τὸ μέγιστον αὐτὴν ὑπολαμβάνουσιν—οὕτω δὴ καὶ τοῖς περὶ
τοὺς λόγους ἐσπουδακόσιν ἡγοῦμαι προσήκειν μετὰ τὴν
πολλὴν τῶν σπουδαιοτέρων ἀνάγνωσιν ἀνιέναι τε τὴν
διάνοιαν καὶ πρὸς τὸν ἔπειτα κάματον ἀκμαιοτέραν
παρασκευάζειν. γένοιτο δ᾽ ἂν ἐμμελὴς ἡ ἀνάπαυσις
αὐτοῖς, εἰ τοῖς τοιούτοις τῶν ἀναγνωσμάτων ὁμιλοῖεν,
ἃ μὴ μόνον ἐκ τοῦ ἀστείου τε καὶ χαρίεντος ψιλὴν
παρέξει τὴν ψυχαγωγίαν, ἀλλά τινα καὶ θεωρίαν οὐκ
ἄμουσον ἐπιδείξεται, οἷόν τι καὶ περὶ τῶνδε τῶν συγ-
γραμμάτων αὐτοὺς φρονήσειν ὑπολαμβάνω· οὐ γὰρ
μόνον τὸ ξένον τῆς ὑποθέσεως οὐδὲ τὸ χαρίεν τῆς
προαιρέσεως ἐπαγωγὸν ἔσται αὐτοῖς οὐδ᾽ ὅτι ψεύσματα
ποικίλα πιθανῶς τε καὶ ἐναλήθως ἐξενηνόχαμεν, ἀλλ᾽
ὅτι καὶ τῶν ἱστορουμένων ἕκαστον οὐκ ἀκωμῳδήτως
ᾔνικται πρός τινας τῶν παλαιῶν ποιητῶν τε καὶ συγ-
γραφέων καὶ φιλοσόφων πολλὰ τεράστια καὶ μυθώδη
συγγεγραφότων, οὓς καὶ ὀνομαστὶ ἂν ἔγραφον, εἰ μὴ
καὶ αὐτῷ σοι ἐκ τῆς ἀναγνώσεως φανεῖσθαι ἔμελλον.

(Vera Historia I. 1, 2)

128. SLANDER

ὁ δὲ Ἀπελλῆς ὧν παρεκινδύνευσε μεμνημένος τοιᾷδέ
τινι εἰκόνι ἠμύνατο τὴν διαβολήν. ἐν δεξιᾷ τις ἀνὴρ
κάθηται τὰ ὦτα παμμεγέθη ἔχων μικροῦ δεῖν τοῖς τοῦ
Μίδου προσεοικότα, τὴν χεῖρα προτείνων πόρρωθεν ἔτι
προσιούσῃ τῇ Διαβολῇ. περὶ δὲ αὐτὸν ἑστᾶσι δύο
γυναῖκες, Ἄγνοιά μοι δοκεῖ καὶ Ὑπόληψις· ἑτέρωθεν

δὲ προσέρχεται ἡ Διαβολή, γύναιον ἐς ὑπερβολὴν
πάγκαλον, ὑπόθερμον δὲ καὶ παρακεκινημένον, οἷον δὴ
τὴν λύτταν καὶ τὴν ὀργὴν δεικνύουσα, τῇ μὲν ἀριστερᾷ
δᾷδα καιομένην ἔχουσα, τῇ ἑτέρᾳ δὲ νεανίαν τινὰ τῶν
τριχῶν σύρουσα τὰς χεῖρας ὀρέγοντα εἰς τὸν οὐρανὸν
καὶ μαρτυρόμενον τοὺς θεούς. ἡγεῖται δὲ ἀνὴρ ὠχρὸς
καὶ ἄμορφος, ὀξὺ δεδορκὼς καὶ ἐοικὼς τοῖς ἐκ νόσου
μακρᾶς κατεσκληκόσι. τοῦτον οὖν εἶναι τὸν Φθόνον ἄν
τις εἰκάσειε. καὶ μὴν καὶ ἄλλαι τινὲς δύο παρομαρτοῦσι
προτρέπουσαι καὶ περιστέλλουσαι καὶ κατακοσμοῦσαι
τὴν Διαβολήν. ὡς δέ μοι καὶ ταύτας ἐμήνυσεν ὁ περιη-
γητὴς τῆς εἰκόνος, ἡ μέν τις Ἐπιβουλὴ ἦν, ἡ δὲ Ἀπάτη.
κατόπιν δὲ ἠκολούθει πάνυ πενθικῶς τις ἐσκευασμένη,
μελανείμων καὶ κατεσπαραγμένη, Μετάνοια, οἶμαι, αὕτη
ἐλέγετο· ἐπεστρέφετο γοῦν εἰς τοὐπίσω δακρύουσα καὶ
μετ' αἰδοῦς πάνυ τὴν Ἀλήθειαν προσιοῦσαν ὑπέβλεπεν.

(Calumnia 4, 5)

129. BUFFOONERY

διαλιπόντων δὲ ὀλίγον, ὥσπερ εἰώθασι, τῶν παρα-
κομιζόντων τὰ ὄψα μηχανώμενος Ἀρισταίνετος μηδ'
ἐκεῖνον ἀτερπῆ τὸν καιρὸν εἶναι μηδὲ κενὸν ἐκέλευσε
τὸν γελωτοποιὸν εἰσελθόντα εἰπεῖν τι ἢ πρᾶξαι γελοῖον,
ὡς ἔτι μᾶλλον οἱ συμπόται διαχυθεῖεν. καὶ παρῆλθεν
ἄμορφός τις ἐξυρημένος τὴν κεφαλήν, ὀλίγας ἐπὶ τῇ
κορυφῇ τρίχας ὀρθὰς ἔχων· οὗτος ὠρχήσατό τε κατα-
κλῶν ἑαυτὸν καὶ διαστρέφων, ὡς γελοιότερος φανείη,
καὶ ἀνάπαιστα συγκροτῶν διεξῆλθεν αἰγυπτιάζων τῇ
φωνῇ, καὶ τέλος ἐπέσκωπτεν ἐς τοὺς παρόντας. οἱ μὲν
οὖν ἄλλοι ἐγέλων ὁπότε σκωφθεῖεν, ἐπεὶ δὲ καὶ εἰς τὸν
Ἀλκιδάμαντα ὅμοιόν τι ἀπέρριψε Μελιταῖον κυνίδιον

προσειπὼν αὐτόν, ἀγανακτήσας ἐκεῖνος—καὶ πάλαι δὲ
δῆλος ἦν φθονῶν αὐτῷ εὐδοκιμοῦντι καὶ κατέχοντι τὸ
συμπόσιον—ἀπορρίψας τὸν τρίβωνα προὐκαλεῖτό οἱ
παγκρατιάζειν, εἰ δὲ μή, κατοίσειν αὐτοῦ ἔφη τὴν βακ-
τηρίαν. οὕτω δὴ ὁ κακοδαίμων Σατυρίων—τοῦτο γὰρ
ὁ γελωτοποιὸς ἐκαλεῖτο—συστὰς ἐπαγκρατίαζε. καὶ τὸ
πρᾶγμα ὑπερήδιστον ἦν, φιλόσοφος ἀνὴρ γελωτοποιῷ
ἀνταιρόμενος καὶ παίων καὶ παιόμενος ἐν τῷ μέρει. οἱ
παρόντες δὲ οἱ μὲν ᾐδοῦντο, οἱ δὲ ἐγέλων, ἄχρι ἀπηγό-
ρευσε παιόμενος ὁ Ἀλκιδάμας ὑπὸ συγκεκροτημένου
ἀνθρωπίσκου καταγωνισθείς. γέλως οὖν πολὺς ἐξεχύθη
ἐπ᾽ αὐτοῖς. (Convivium, 18, 19)

130. *Unworthy* PHILOSOPHERS

τὸ δὲ πάντων αἴσχιστον, ὅτι μηδενὸς δεῖσθαι λέγων
ἕκαστος αὐτῶν, ἀλλὰ μόνον πλούσιον εἶναι τὸν σοφὸν
κεκραγὼς μικρὸν ὕστερον προσελθὼν αἰτεῖ καὶ ἀγανακτεῖ
μὴ λαβών, ὅμοιον ὡς εἴ τις ἐν βασιλικῷ σχήματι ὀρθὴν
τιάραν ἔχων καὶ διάδημα καὶ τὰ ἄλλα ὅσα βασιλείας
γνωρίσματα προσαιτοίη τῶν ὑποδεεστέρων δεόμενος.

ὅταν μὲν οὖν λαβεῖν αὐτοὺς δέῃ, πολὺς ὁ περὶ τοῦ
κοινωνικὸν εἶναι δεῖν λόγος καὶ ὡς ἀδιάφορον ὁ πλοῦτος
καί, "Τί γὰρ τὸ χρυσίον ἢ τἀργύριον, οὐδὲν τῶν ἐν τοῖς
αἰγιαλοῖς ψήφων διαφέρον;" ὅταν δέ τις ἐπικουρίας
δεόμενος ἑταῖρος ἐκ παλαιοῦ καὶ φίλος ἀπὸ πολλῶν
ὀλίγα αἰτῇ προσελθών, σιωπὴ καὶ ἀπορία καὶ ἀμαθία
καὶ παλινῳδία τῶν δογμάτων πρὸς τὸ ἐναντίον· οἱ δὲ
πολλοὶ περὶ φιλίας ἐκεῖνοι λόγοι καὶ ἡ ἀρετὴ καὶ τὸ
καλὸν οὐκ οἶδα ὅποι ποτὲ οἴχεται ταῦτα ἀποπτάμενα
πάντα, πτερόεντα ὡς ἀληθῶς ἔπη, μάτην ὁσημέραι πρὸς
αὐτῶν ἐν ταῖς διατριβαῖς σκιαμαχούμενα. μέχρι γὰρ

τούτου φίλος ἕκαστος αὐτῶν, εἰς ὅσον ἂν μὴ ἀργύριον ἢ
χρυσίον ᾖ προκείμενον ἐν τῷ μέσῳ· ἢν δέ τις ὀβολὸν
ἐπιδείξῃ μόνον, λέλυται μὲν ἡ εἰρήνη, ἄσπονδα δὲ κἀκή-
ρυκτα πάντα, καὶ τὰ βιβλία ἐξαλήλιπται καὶ ἡ ἀρετὴ
πέφευγεν. οἷόν τι καὶ οἱ κύνες πάσχουσιν ἐπειδάν τις
ὀστοῦν εἰς μέσους αὐτοὺς ἐμβάλῃ· ἀναπηδήσαντες δάκ-
νουσιν ἀλλήλους καὶ τὸν προαρπάσαντα τὸ ὀστοῦν
ὑλακτοῦσιν.   (Piscator 35, 36)

131. The IGNORANT book-collector

καίτοι οὐδέ, εἰ καὶ πάνυ ἀναίσχυντος εἶ καὶ ἀνδρεῖος
τὰ τοιαῦτα, τολμήσειας ἄν ποτε εἰπεῖν ὡς ἐπαιδεύθης
ἢ ἐμέλησέ σοι πώποτε τῆς ἐν χρῷ πρὸς τὰ βιβλία
συνουσίας ἢ ὡς διδάσκαλός σοι ὁ δεῖνα ἢ τῷ δεῖνι
συνεφοίτας. ἀλλ᾿ ἑνὶ τούτῳ μόνῳ πάντα ἐκεῖνα ἀναδρα-
μεῖσθαι νῦν ἐλπίζεις, τῷ κτᾶσθαι πολλὰ βιβλία. κατὰ
δὴ ταῦτα, ἐκεῖνα ἔχε συλλαβὼν τὰ τοῦ Δημοσθένους
ὅσα τῇ χειρὶ τῇ αὐτοῦ ὁ ῥήτωρ ἔγραψε, καὶ τὰ τοῦ
Θουκυδίδου ὅσα παρὰ τοῦ Δημοσθένους καὶ αὐτὰ ὀκτάκις
μεταγεγραμμένα εὑρέθη, καὶ ὅλως ἅπαντα ἐκεῖνα ὅσα ὁ
Σύλλας Ἀθήνηθεν εἰς Ἰταλίαν ἐξέπεμψε· τί ἂν πλέον
ἐκ τούτου εἰς παιδείαν κτήσαιο, κἂν ὑποβαλόμενος αὐτὰ
ἐπικαθεύδῃς ἢ συγκολλήσας καὶ περιβαλόμενος περι-
νοστῇς; πίθηκος γὰρ ὁ πίθηκος, ἡ παροιμία φησί, κἂν
χρύσεα ἔχῃ σύμβολα. καὶ σὺ τοίνυν βιβλίον μὲν ἔχεις
ἐν τῇ χειρὶ καὶ ἀναγιγνώσκεις ἀεί, τῶν δὲ ἀναγιγνω-
σκομένων οἶσθα οὐδέν, ἀλλ᾿ ὄνος λύρας ἀκούεις κινῶν
τὰ ὦτα.

ὡς εἴ γε τὸ κεκτῆσθαι τὰ βιβλία καὶ πεπαιδευμένον
ἀπέφαινε τὸν ἔχοντα, πολλοῦ ἂν ὡς ἀληθῶς τὸ κτῆμα
ἦν ἄξιον καὶ μόνων ὑμῶν τῶν πλουσίων, εἰ ὥσπερ ἐξ

ἀγορᾶς ἦν πρίασθαι τοὺς πένητας ἡμᾶς ὑπερβάλλοντας.
τίς δὲ τοῖς ἐμπόροις καὶ τοῖς βιβλιοκαπήλοις ἤρισεν ἂν
περὶ παιδείας τοσαῦτα βιβλία ἔχουσι καὶ πωλοῦσιν;
ἀλλ᾽ εἴ γε διελέγχειν ἐθέλεις, ὄψει μηδ᾽ ἐκείνους πολύ
σου τὰ εἰς παιδείαν ἀμείνους, ἀλλὰ βαρβάρους μὲν τὴν
φωνὴν ὥσπερ σύ, ἀξυνέτους δὲ τῇ γνώσει, οἵους εἰκὸς
εἶναι τοὺς μηδὲν τῶν καλῶν καὶ αἰσχρῶν καθεωρακότας.
καίτοι σὺ μὲν δύο ἢ τρία παρ᾽ αὐτῶν ἐκείνων πριάμενος
ἔχεις, οἱ δὲ νύκτωρ καὶ μεθ᾽ ἡμέραν διὰ χειρὸς ἔχουσιν
αὐτά. τίνος οὖν ἀγαθοῦ ὠνῇ ταῦτα, εἰ μὴ καὶ τὰς ἀπο-
θήκας αὐτὰς τῶν βιβλίων ἡγῇ πεπαιδεῦσθαι τοσαῦτα
περιεχούσας παλαιῶν ἀνδρῶν συγγράμματα;

(*Aduersus Indoctum* 3–5)

LONGINUS

? A.D.

Critic

132. The NECESSITY of *literary art*

ἡμῖν δ᾽ ἐκεῖνο διαπορητέον ἐν ἀρχῇ, εἰ ἔστιν ὕψους
τις ἢ βάθους τέχνη, ἐπεί τινες ὅλως οἴονται διηπατῆσ-
θαι τοὺς τὰ τοιαῦτα ἄγοντας εἰς τεχνικὰ παραγγέλματα.
γεννᾶται γάρ, φησί, τὰ μεγαλοφυῆ καὶ οὐ διδακτὰ
παραγίνεται, καὶ μία τέχνη πρὸς αὐτὰ τὸ πεφυκέναι·
χείρω τε τὰ φυσικὰ ἔργα, ὡς οἴονται, καὶ τῷ παντὶ
δειλότερα καθίσταται ταῖς τεχνολογίαις κατασκελετευό-
μενα. ἐγὼ δὲ ἐλεγχθήσεσθαι τοῦθ᾽ ἑτέρως ἔχον φημί, εἰ
ἐπισκέψαιτό τις, ὅτι ἡ φύσις, ὥσπερ τὰ πολλὰ ἐν τοῖς
παθητικοῖς καὶ διῃρμένοις αὐτόνομον, οὕτως οὐκ εἰκαῖόν
τι κἀκ παντὸς ἀμέθοδον εἶναι φιλεῖ, καὶ ὅτι αὕτη μὲν

πρῶτόν τι καὶ ἀρχέτυπον γενέσεως στοιχεῖον ἐπὶ πάντων ὑφέστηκεν, τὰς δὲ ποσότητας καὶ τὸν ἐφ' ἑκάστου
καιρόν, ἔτι δὲ τὴν ἀπλανεστάτην ἄσκησίν τε καὶ χρῆσιν
ἱκανὴ παρορίσαι καὶ συνενεγκεῖν ἡ μέθοδος, καὶ ὡς ἐπι-
κινδυνότερα, αὐτὰ ἐφ' αὑτῶν δίχα ἐπιστήμης, ἀστήρικτα
καὶ ἀνερμάτιστα ἐαθέντα τὰ μεγάλα, ἐπὶ μόνῃ τῇ φορᾷ
καὶ ἀμαθεῖ τόλμῃ λειπόμενα· δεῖ γὰρ αὐτοῖς ὡς κέντρου
πολλάκις, οὕτω δὲ καὶ χαλινοῦ. ὅπερ γὰρ ὁ Δημοσθένης
ἐπὶ τοῦ κοινοῦ τῶν ἀνθρώπων ἀποφαίνεται βίου, μέγιστον μὲν εἶναι τῶν ἀγαθῶν τὸ εὐτυχεῖν, δεύτερον δὲ καὶ
οὐκ ἔλαττον τὸ εὖ βουλεύεσθαι, ὅπερ οἷς ἂν μὴ παρῇ
συναναιρεῖ πάντως καὶ θάτερον, τοῦτ' ἂν καὶ ἐπὶ τῶν
λόγων εἴποιμεν, ὡς ἡ μὲν φύσις τὴν τῆς εὐτυχίας τάξιν
ἐπέχει, ἡ τέχνη δὲ τὴν τῆς εὐβουλίας. τὸ δὲ κυριώτατον,
ὅτι καὶ αὐτὸ τὸ εἶναί τινα τῶν ἐν λόγοις ἐπὶ μόνῃ τῇ
φύσει οὐκ ἄλλοθεν ἡμᾶς ἢ παρὰ τῆς τέχνης ἐκμαθεῖν
δεῖ.   (*De Sublimitate* 2)

MUSAEUS

? A.D.

Poet

133. *The deaths of* HERO *and* LEANDER

νὺξ ἦν, εὖτε μάλιστα βαρυπνείοντες ἀῆται,
χειμερίης πνοιῇσιν ἀκοντίζοντες ἀῆται,
ἀθρόον ἐμπίπτουσιν ἐπὶ ῥηγμῖνι θαλάσσης.
δὴ τότε καὶ Λείανδρος, ἐθήμονος ἐλπίδι νύμφης,
δυσκελάδων πεφόρητο θαλασσαίων ἐπὶ νώτων.
ἤδη κύματι κῦμα κυλίνδετο, σύγχυτο δ' ὕδωρ·
αἰθέρι μίσγετο πόντος· ἀνέγρετο πάντοθεν ἠχὴ

μαρναμένων ἀνέμων· Ζεφύρῳ δ' ἀντέπνεεν Εὖρος,
καὶ Νότος ἐς Βορέην μεγάλας ἀφέηκεν ἀπειλάς·
καὶ κτύπος ἦν ἀλίαστος ἐρισμαράγοιο θαλάσσης.
αἰνοπαθὴς δὲ Λέανδρος ἀκηλήτοις ἐνὶ δίναις
πολλάκι μὲν λιτάνευσε θαλασσαίην Ἀφροδίτην,
πολλάκι δ' αὐτὸν ἄνακτα Ποσειδάωνα θαλάσσης·
Ἀτθίδος οὐ Βορέην ἀμνήμονα κάλλιπε νύμφης·
ἀλλά οἱ οὔτις ἄρηγεν, Ἔρως δ' οὐκ ἤρκεσε Μοίρας.
πάντοθι δ' ἀγρομένοιο δυσαντέϊ κύματος ὁρμῇ
τυπτόμενος πεφόρητο, ποδῶν δέ οἱ ὤκλασεν ὁρμὴ
καὶ σθένος ἦν ἀδόνητον ἀκοιμήτων παλαμάων.
πολλὴ δ' αὐτόματος χύσις ὕδατος ἔρρεε λαιμῷ,
καὶ ποτὸν ἀχρήϊστον ἀμαιμακέτου πίεν ἅλμης·
καὶ δὴ λύχνον ἄπιστον ἀπέσβεσε πικρὸς ἀήτης,
καὶ ψυχὴν καὶ ἔρωτα πολυτλήτοιο Λεάνδρου.
ἡ δ', ἔτι δηθύνοντος, ἐπ' ἀγρύπνοισιν ὀπωπαῖς
ἵστατο, κυμαίνουσα πολυκλαύτοισι μερίμναις.
ἤλυθε δ' Ἠριγένεια, καὶ οὐκ ἴδε νυμφίον Ἡρώ.
πάντοθι δ' ὄμμα τίταινεν ἐπ' εὐρέα νῶτα θαλάσσης,
εἴ που ἐσαθρήσειεν ἀλώμενον ὃν παρακοίτην
λύχνου σβεννυμένοιο. παρὰ κρηπῖδα δὲ πύργου
θρυπτόμενον σπιλάδεσσιν ὅτ' ἔδρακε νεκρὸν ἀκοίτην.
δαιδαλέον ῥήξασα περὶ στήθεσσι χιτῶνα,
ῥοιζηδὸν προκάρηνος ἀπ' ἠλιβάτου πέσε πύργου.
κὰδ δ' Ἡρὼ τέθνηκεν ἐπ' ὀλλυμένῳ παρακοίτῃ,
ἀλλήλων δ' ἀπόναντο καὶ ἐν πυμάτῳ περ ὀλέθρῳ.

(Hero and Leander 308–340)

ANACREONTEA

(Uncertain date)

Light Verse

134. *The* BELOVED's *Portrait*

ἄγε ζωγράφων ἄριστε,
γράφε ζωγράφων ἄριστε,
'Ροδίης κοίρανε τέχνης,
ἀπεοῦσαν, ὡς ἂν εἴπω,
γράφε τὴν ἐμὴν ἑταίρην.
γράφε μοι τρίχας τὸ πρῶτον
ἁπαλάς τε καὶ μελαίνας·
ὁ δὲ κηρὸς ἂν δύνηται,
γράφε καὶ μύρου πνεούσας.
γράφε δ' ἐξ ὅλης παρειῆς
ὑπὸ πορφυραῖσι χαίταις
ἐλεφάντινον μέτωπον.
τὸ μεσόφρυον δὲ μή μοι
διάκοπτε, μήτε μίσγε·
ἐχέτω δ', ὅπως ἐκείνη,
τὸ λεληθότως σύνοφρυ,
βλεφάρων ἴτυν κελαινήν.
τὸ δὲ βλέμμα νῦν ἀληθῶς
ἀπὸ τοῦ πυρὸς ποίησον,
ἅμα γλαυκόν, ὡς 'Αθήνης,
ἅμα δ' ὑγρόν, ὡς Κυθήρης.
γράφε ῥῖνα καὶ παρειάς,
ῥόδα τῷ γάλακτι μίξας.

γράφε χεῖλος, οἷα Πειθοῦς,
προκαλούμενον φίλημα.
τρυφεροῦ δ' ἔσω γενείου
περὶ λυγδίνῳ τραχήλῳ
Χάριτες πέτοιντο πᾶσαι.
στόλισον τὸ λοιπὸν αὐτήν
ὑποπορφύροισι πέπλοις·
διαφαινέτω δὲ σαρκῶν
ὀλίγον, τὸ σῶμ' ἐλέγχον.
ἀπέχει· βλέπω γὰρ αὐτήν.
τάχα κηρὲ καὶ λαλήσεις.　　　　(Poem 15)

ANTHOLOGIA PALATINA

A Collection of epigrams from many centuries

135. (a) Love the RUNAWAY

κηρύσσω τὸν Ἔρωτα, τὸν ἄγριον· ἄρτι γὰρ ἄρτι
　ὀρθρινὸς ἐκ κοίτας ᾤχετ' ἀποπτάμενος.
ἔστι δ' ὁ παῖς γλυκύδακρυς, ἀείλαλος, ὠκύς, ἀθαμβής,
　σιμὰ γελῶν, πτερόεις νῶτα, φαρετροφόρος.
πατρὸς δ' οὐκέτ' ἔχω φράζειν τίνος· οὔτε γὰρ Αἰθήρ,
　οὐ Χθών φησι τεκεῖν τὸν θρασύν, οὐ Πέλαγος.
πάντη γὰρ καὶ πᾶσιν ἀπέχθεται. ἀλλ' ἐσορᾶτε
　μή που νῦν ψυχαῖς ἄλλα τίθησι λίνα.
καίτοι κεῖνος, ἰδού, περὶ φωλεόν· οὔ με λέληθας,
　τοξότα, Ζηνοφίλας ὄμμασι κρυπτόμενος.

　　　　　　　　　　　　　　　　(v, 177)

(b) *Love for* SALE

πωλείσθω, καὶ ματρὸς ἔτ' ἐν κόλποισι καθεύδων·
πωλείσθω· τί δ' ἐμοὶ τὸ θρασὺ τοῦτο τρέφειν;
καὶ γὰρ σιμὸν ἔφυ καὶ ὑπόπτερον· ἄκρα δ' ὄνυξιν
κνίζει· καὶ κλαῖον πολλὰ μεταξὺ γελᾷ.
πρὸς δ' ἔτι λοιπὸν ἄτρεπτον, ἀείλαλον, ὀξὺ δεδορκός,
ἄγριον οὐδ' αὐτῇ μητρὶ φίλη τιθασόν·
πάντα τέρας. τοίγαρ πεπράσεται. εἴ τις ἀπόπλους
ἔμπορος ὠνεῖσθαι παῖδα θέλει, προσίτω.
καίτοι λίσσετ', ἰδού, δεδακρυμένος. οὔ σ' ἔτι πωλῶ·
θάρσει· Ζηνοφίλᾳ σύντροφος ὧδε μένε.   (v, 178)

136. (a) *Wicked* GNATS

ὀξυβόαι κώνωπες, ἀναιδέες, αἵματος ἀνδρῶν
σίφωνες, νυκτὸς κνώδαλα διπτέρυγα,
βαιὸν Ζηνοφίλαν, λίτομαι, πάρεθ' ἥσυχον ὕπνον
εὕδειν, τἀμὰ δ' ἰδοὺ σαρκοφαγεῖτε μέλη.
καίτοι πρὸς τί μάτην αὐδῶ; καὶ θῆρες ἄτεγκτοι
τέρπονται τρυφερῷ χρωτὶ χλιαινόμενοι.
ἀλλ' ἔτι νῦν προλέγω, κακὰ θρέμματα, λήγετε τόλμης
ἢ γνώσεσθε χερῶν ζηλοτύπων δύναμιν.   (v, 151)

(b) *The* SLEEPLESS *lover abuses the morning* SWALLOWS

πᾶσαν ἐγὼ τὴν νύκτα κινύρομαι· εὖτε δ' ἐπέλθῃ
ὄρθρος ἐλινῦσαι μικρὰ χαριζόμενος,
ἀμφιπεριτρύζουσι χελιδόνες, ἐς δέ με δάκρυ
βάλλουσιν, γλυκερὸν κῶμα παρωσάμεναι.
ὄμματα δὲ σταλάοντα φυλάσσεται· ἡ δὲ Ῥοδάνθης
αὖθις ἐμοῖς στέρνοις φροντὶς ἀναστρέφεται.

ὦ φθονεραὶ παύσασθε λαλητρίδες· οὐ γὰρ ἔγωγε
τὴν Φιλομηλείην γλῶσσαν ἀπεθρισάμην.
ἀλλ᾽ Ἴτυλον κλαίοιτε κατ᾽ οὔρεα, καὶ γοάοιτε
εἰς ἔποπος κραναὴν αὖλιν ἐφεζόμεναι,
βαιὸν ἵνα κνώσσοιμεν· ἴσως δέ τις ἥξει ὄνειρος,
ὅς με Ῥοδανθείοις πήχεσιν ἀμφιβάλοι.   (v. 237)

137. (a) 'Vitae summa breuis'

μυρίος ἦν, ὤνθρωπε, χρόνος προτοῦ, ἄχρι πρὸς ἠῶ
ἦλθες, χὠ λοιπὸς μυρίος εἰς Ἀΐδην.
τίς μοῖρα ζωῆς ὑπολείπεται, ἢ ὅσον ὅσσον
στιγμή, καὶ στιγμῆς εἴ τι χαμηλότερον;
μικρή σευ ζωὴ τεθλιμμένη· οὐδὲ γὰρ αὐτὴ
ἡδεῖ᾽, ἀλλ᾽ ἐχθροῦ στυγνοτέρη θανάτου.
ἐκ τοίης, ὤνθρωπε, ἀπηκριβωμένοι ὀστῶν
ἁρμονίης, ὕψος, ἠέρα, καὶ νεφέλας·
ὦνερ, ἴδ᾽ ὡς ἀχρεῖον, ἐπεὶ περὶ νήματος ἄκρον
εὐλὴ ἀκέρκιστον λῶπος ἐφεζομένη·
οἷον τὸ ψαλάθριον ἀπεψιλωμένον, οἷον
πολλὸν ἀραχναίου στυγνότερον σκελετοῦ·
ἠοῦν ἐξ ἠοῦς ὅσσον σθένος, ὦνερ, ἐρευνῶν
εἴης ἐν λιτῇ κεκλιμένος βιοτῇ.
αἰὲν τούτων σῷ μεμνημένος ἄχρις ὁμιλῆς
ζωῆς, ἐξ οἵης ἡρμόνισας καλάμης.   (VII. 472)

(b) 'In their DEATH they were not DIVIDED'

ἠῷοι Μελάνιππον ἐθάπτομεν, ἠελίου δὲ
δυομένου Βασιλὼ κάτθανε παρθενικὴ
αὐτοχερί· ζώειν γάρ, ἀδελφεὸν ἐν πυρὶ θεῖσα,
οὐκ ἔτλη. δίδυμον δ᾽ οἶκος ἐσεῖδε κακὸν

πατρὸς Ἀριστίπποιο· κατήφησεν δὲ Κυρήνη
πᾶσα, τὸν εὔτεκνον χῆρον ἰδοῦσα δόμον.

(VII, 517)

138. (*a*) *A fine* OCULIST

ἰητρὸς Καπίτων Χρύσην ἐνέχρισεν, ὁρῶντα
ὀκτὼ μὲν μακρὸν πύργον ἀπὸ σταδίων
ἄνδρα δ᾽ ἀπὸ σταδίου, διὰ δώδεκα δ᾽ ὄρτυγα πηχῶν,
φθεῖρα δ᾽ ἀπὸ σπιθαμῶν καὶ δύο δερκόμενον.
νῦν δ᾽ ἀπὸ μὲν σταδίου πόλιν οὐ βλέπει, ἐκ δὲ
διπλέθρου
καιόμενον κατιδεῖν τὸν φάρον οὐ δύναται.
ἵππον ἀπὸ σπιθαμῆς δὲ μόλις βλέπει, ἀντὶ δὲ τοῦ πρὶν
ὄρτυγος οὐδὲ μέγαν στρουθὸν ἰδεῖν δύναται.
ἂν δὲ προσεγχρίσας αὐτὸν φθάσῃ, οὐδ᾽ ἐλέφαντα
οὐκέτι μήποτ᾽ ἴδῃ πλησίον ἑσταότα.   (XI. 117)

(*b*) *A fine* ESTATE

ἀγρὸν Μηνοφάνης ὠνήσατο, καὶ διὰ λιμὸν
ἐκ δρυὸς ἀλλοτρίας αὐτὸν ἀπηγχόνισεν.
γῆν δ᾽ αὐτῷ τεθνεῶτι βαλεῖν οὐκ ἔσχον ἄνωθεν,
ἀλλ᾽ ἐτάφη μισθοῦ πρός τινα τῶν ὁμόρων.
εἰ δ᾽ ἔγνω τὸν ἀγρὸν τὸν Μηνοφάνους Ἐπίκουρος,
πάντα γέμειν ἀγρῶν εἶπεν ἄν, οὐκ ἀτόμων.

(XI. 249)

(*c*) *A fine* VESSEL

εἶχε Φίλων λέμβον Σωτήριχον· ἀλλ᾽ ἐν ἐκείνῳ
σωθῆν᾽ οὐδὲ Ζεὺς αὐτὸς ἴσως δύναται.
οὔνομα γὰρ μόνον ἦν Σωτήριχος· οἱ δ᾽ ἐπιβάντες
ἔπλεον ἢ παρὰ γῆν, ἢ παρὰ Φερσεφόνην.

(XI. 331)

For EU product safety concerns, contact us at Calle de José Abascal, 56–1°, 28003 Madrid, Spain or eugpsr@cambridge.org.

www.ingramcontent.com/pod-product-compliance
Ingram Content Group UK Ltd.
Pitfield, Milton Keynes, MK11 3LW, UK
UKHW012328130625
459647UK00009B/153